CONSCIÊNCIA PLENA NO TRABALHO

DAVID GELLES

CONSCIÊNCIA PLENA NO TRABALHO

COMO A MEDITAÇÃO REVOLUCIONA OS NEGÓCIOS

*Tradução de
Eduardo Rieche*

1ª edição

best.
business

Rio de Janeiro, 2020

CIP-BRASIL. CATALOGAÇÃO NA PUBLICAÇÃO
SINDICATO NACIONAL DOS EDITORES DE LIVROS, RJ

G282c
Gelles, David
Consciência plena no trabalho: como a meditação revoluciona os negócios / David Gelles; tradução Eduardo Rieche. – 1ª ed. – Rio de Janeiro: Best Business, 2020.

Tradução de: Mindful work
ISBN 978-85-68905-21-0

1. Trabalho - Aspectos psicológicos. 2. Meditação. 3. Corpo e mente. 4. Qualidade de vida no trabalho. I. Rieche, Eduardo. II. Título.

20-62453

CDD: 158.7
CDU: 005.32:331.101.32

Meri Gleice Rodrigues de Souza - Bibliotecária CRB-7/6439

Copyright © David Gelles, 2015

Título original em inglês: Mindful work

Todos os direitos reservados. Proibida a reprodução, armazenamento ou transmissão de partes deste livro, através de quaisquer meios, sem prévia autorização por escrito.
Texto revisado segundo o novo Acordo Ortográfico da Língua Portuguesa.

Direitos exclusivos de publicação em língua portuguesa para o Brasil adquiridos pela Best Business, um selo da Editora Best Seller Ltda.
Rua Argentina, 171 – 20921-380 – Rio de Janeiro, RJ – Tel.: (21) 2585-2000, que se reserva a propriedade literária desta tradução.

Impresso no Brasil

ISBN 978-85-68905-21-0

Seja um leitor preferencial Best Business.
Cadastre-se em www.record.com.br
e receba informações sobre nossos lançamentos e nossas promoções.

Atendimento e venda direta ao leitor:
sac@record.com.br

Para FRANNY

Sumário

Introdução • 9

1. O momento da consciência plena • 23
2. Como os cisnes chegaram ao lago • 45
3. A ciência das sessões de meditação • 69
4. Menos estressados • 95
5. Mais focados • 125
6. Compassivos • 157
7. Socialmente responsáveis • 181
8. O espaço para liderar • 217
9. McConsciência Plena • 241
10. O futuro em microcosmo • 275

Agradecimentos • 305
Instruções • 309
Fontes • 311
Notas • 319
Índice • 329

Introdução

Sábado, 6 de junho de 1981.

É um dia úmido de verão em Boston. No Park Plaza, um imenso hotel situado em pleno parque Common, uma multidão de nerds ocupa o salão de festas de pé-direito alto, alvoroçando-se sob os lustres, aguardando um homem que é venerado como um visionário. A massa de pessoas apinhadas — a maioria, homens jovens — é fã incondicional do computador pessoal, entusiasta de tecnologia, e está na vanguarda de uma revolução que, em pouco tempo, mudará radicalmente a forma como vivemos e trabalhamos. O convidado de honra é Steve Jobs.[1]

Com apenas 26 anos, Jobs foi catapultado ao estrelato internacional nos últimos meses. A Apple, empresa que ele ajudou a fundar e administra, acaba de abrir o capital na Bolsa de Valores. Seu principal produto, o Apple III, está revolucionando a maneira como as pessoas utilizam a tecnologia. Sua fortuna já está avaliada em US$ 250 milhões.

Jobs está em Boston para participar da Applefest, um evento direcionado aos aficionados por seus produtos, organizado por um gênio da computação de 18 anos, chamado Jonathan Rotenberg. A Applefest foi preparada sem o conhecimento de Jobs, e ele só confirmou presença na última hora, talvez por sentir alguma afinidade com o jovem e ambicioso organizador. Magro e esguio, Jobs exibe uma barba cerrada e cabelos negros volumosos que cobrem suas orelhas, caindo sobre os ombros. Ele poderia ser um cantor popular se não fosse o terno escuro, a camisa social azul e a gravata preta. O par de óculos com uma grossa armação cobre praticamente metade do rosto anguloso. Por causa do calor, ele retirou o paletó, deixando-o pendurado sobre o ombro esquerdo.

Após o almoço, Jobs e Rotenberg retornam ao Park Plaza. Ao longo do dia, centenas de fãs estiveram se divertindo com os mais novos dispositivos da Apple, trocando informações e sonhando com o modo como os computadores podem mudar a vida deles e o mundo nos próximos anos. Neste momento, eles estão acomodados no salão de festas, esperando para ouvir o homem que fez com que seus sonhos futuristas se tornassem realidade.

Apesar de jovem, Jobs parece calmo e controlado. Um sorriso de satisfação ilumina seu rosto, algo provavelmente compreensível para um multimilionário. Porém, com quase mil de seus mais leais consumidores na plateia, até mesmo Jobs deve se sentir um pouco nervoso. Aqueles são os primeiros a utilizar seus produtos, os usuários fiéis com os quais ele contará para sustentar sua empresa nos próximos anos. Nos bastidores, dez minutos antes do início da palestra de abertura, o adolescente Rotenberg também está uma pilha de nervos. Ele e Jobs conversam um pouco, mas ambos estão ansiosos com o discurso de abertura. E, então, Jobs diz: "Jonathan, você pode me dar licença um minutinho?"

Rotenberg vira-se de costas, e Jobs desaparece. Será que é medo do palco? Será que ele simplesmente foi ao banheiro? Ou Jobs, já conhecido por seu comportamento enigmático, executa um de seus truques? Longos minutos se arrastam. A multidão diante do palco se agita, reagindo inquieta ao calor. Agora faltam quatro minutos para o início da palestra, e Rotenberg começa a entrar em pânico. Se Jobs se arrepender e desistir de participar, a Applefest será um fracasso. Rotenberg será humilhado. O anfitrião anda a passos largos nos bastidores, procura o palestrante momentos antes do principal evento da tarde. Passam-se mais alguns minutos. Ninguém consegue encontrar Jobs. Então, finalmente, Rotenberg o avista em um dos cantos da confusa área dos bastidores.

Jobs está sentado no chão. Suas pernas estão cruzadas. Com a postura ereta, ele está voltado para a parede, imóvel. Na iminência de um dos momentos mais importantes de sua carreira, Jobs fez uma pausa para meditar.

Enquanto Rotenberg observa, Jobs desfruta de mais alguns instantes de tranquilidade em meio ao tumulto dos bastidores. Por fim, Jobs se levanta devagar, sorri para Rotenberg e se encaminha para o palco. Ele aparece por trás da cortina e ocupa sua posição sob a luz dos holofotes. A multidão urra.

• • •

A habilidade de Steve Jobs de se manter calmo e concentrado em meio ao caos foi uma das características que o transformaram em um grande líder. Embora ele estivesse longe da perfeição, seu foco, seu discernimento e sua criatividade o colocaram — e a Apple — a léguas de distância da concorrência. E, naquele momento, nos bastidores, Jobs não rezava para nenhuma divindade, visualizando alguma mandala ou recitando um mantra qualquer. Muito provavelmente, ele colocava em prática o treinamento que havia recebido de seus instrutores de meditação — simplesmente, prestava muita atenção às sensações corporais da própria respiração, e observava os pensamentos que lhe vinham à mente, sem criticá-los. Ele estava reservando alguns momentos para a *consciência plena*.

Jobs foi o primeiro dentre os grandes CEOs norte-americanos a praticar meditação, discípulo da tradição zen-budista e estudioso aplicado das filosofias orientais. Na maior parte do tempo, ele praticava de forma isolada, estudando intensamente com seu professor japonês, e compartilhava esse interesse com alguns amigos íntimos, mas quase nunca levava as práticas de meditação ao ambiente de trabalho. Entretanto, atualmente, a consciência plena está em todos os lugares, quase tão onipresente e transformadora quanto os próprios produtos da Apple.

O que era um movimento marginal quando Jobs discursou na Applefest em 1981 desempenha, hoje, um papel cada vez mais proeminente no cenário cultural, manifesta-se no meio empresarial, nos governos e nas instituições educacionais do mundo todo. Os executivos seniores da Ford, da Google e de outras empresas líderes de mercado utilizam a meditação e incorporam práticas contemplativas aos locais de trabalho. Os membros do Congresso dos Estados Unidos meditam no Capitólio. Algumas sedes de grandes corporações dispõem de salas de meditação em cada uma das instalações, e os planos de saúde cobrem aulas de meditação. O Vale do Silício está infestado de especialistas em tecnologia que praticam meditação, dando continuidade ao legado de Jobs. Até mesmo os gerentes de fundos de investimento especulativos usam a meditação para conquistar algum diferencial em suas transações.

Nos mais variados setores da indústria, existe uma subcultura de elite formada por profissionais bem-sucedidos que estão descobrindo o poder da consciência plena. Eles vêm se tornando mais eficientes e mais focados, e, ao longo desse processo, aprimoram o desempenho profissional. A consciência plena também tem permitido que os trabalhadores adeptos da prática tomem decisões menos impulsivas e ainda se sintam mais felizes, produzindo uma vantagem competitiva nos escritórios e em todos os domínios da vida.

Em poucas palavras, a consciência plena é a habilidade de enxergar o que se passa em nossa mente, sem nos deixar dominar por isso. É a capacidade de vivenciar as sensações — até mesmo as mais dolorosas —, sem permitir que elas nos controlem. A consciência plena significa dar atenção às nossas experiências, observá-las sem emitir julgamentos e reagir a partir de uma posição de clareza e compaixão, em vez de uma posição de medo, insegurança ou ganância.

Pesquisas científicas esclarecem os benefícios. Estudos mostram que a consciência plena fortalece nosso sistema imunológico, reforça o poder de concentração e reprograma o cérebro.

Da mesma forma que levantar pesos na academia fortalece os músculos, a prática da consciência plena também fortifica a mente. E o método mais testado e comprovado de cultivar a consciência plena é a meditação.

A meditação não nos obriga a usar mantos, cantar em uma língua estrangeira ou sentar com as pernas cruzadas. Ao contrário, a meditação da consciência plena simplesmente pede que assumamos uma posição confortável — sentados, deitados ou até mesmo em pé — e observemos nossos pensamentos, emoções e sensações. Escolha uma sensação, como o ar que entra e sai das narinas, e se concentre nisso. Sinta as sutilezas da passagem do ar entrando e saindo; observe o corpo todo expandindo e contraindo a cada inspiração e expiração. Quando sua mente divagar, como inevitavelmente acontecerá, perceba qual é o pensamento que lhe ocorre — sem se deixar aprisionar por ele — e volte a prestar atenção à respiração. Quando a mente, de modo inevitável, divagar de novo, às vezes apenas alguns segundos depois, traga mais uma vez a atenção à respiração, e comece tudo outra vez.

Como prática, trata-se apenas do começo. Existem outras técnicas mais complexas, mas os ensinamentos básicos da meditação da consciência plena não poderiam ser mais simples. E, ainda assim, esse exercício mental elementar é incrivelmente transformador. Como Steve Jobs já sabia, e muitos profissionais bem-sucedidos vêm descobrindo ultimamente, a consciência plena nos deixa mais focados, mais eficientes e mais felizes, para mencionar apenas alguns benefícios. Portanto, não é de se admirar que, atualmente, mais e mais pessoas estejam meditando no trabalho, seja em corporações multinacionais ou em pequenas empresas.

Decidido a explorar esse fascinante entrelaçamento de culturas, empreendi uma jornada aos aspectos contemplativos nas corporações norte-americanas. Por mais de um ano, cruzei o país entrevistando aqueles que se comprometeram a utilizar técnicas de consciência plena no trabalho. Minha pesquisa me levou às pequenas cidades industriais ao norte de Vermont e ao interior das maiores empresas de tecnologia do mundo, no Vale do Silício. Meditei com funcionários em Minneapolis, Minnesota; Madison, Wisconsin; e Manhattan. Conheci CEOs que transformaram a consciência plena em uma parte essencial de suas estratégias de liderança, instrutores espirituais que estão aprendendo a lidar com o súbito aumento do interesse popular nas técnicas que eles praticam há décadas, e trabalhadores comuns de vários ramos de negócios que usam a meditação para diminuir o nível de estresse e se tornar mais eficientes em seus empregos. Nesse percurso, também reavivei a minha própria relação com a consciência plena, algo que começou como uma curiosidade intelectual quando eu era adolescente, mas que transformou profundamente todos os aspectos da minha vida.

Na véspera do Ano Novo de 1998, depois de concluir meu primeiro semestre na faculdade, eu estava em minha casa, em Sausalito, Califórnia, indeciso quanto à festa que deveria escolher naquela noite. Os colegas do ensino médio haviam combinado de se reunir em uma enorme casa em Oakland. Os novos amigos da universidade estavam armando uma fogueira na praia. Porém, antes de tomar uma decisão, retirei um pequeno volume sobre budismo da estante de livros de minha mãe. Eu sabia que, em menos de um mês, meu curso de Introdução às Ciências Humanas iria abordar aquele tema, e então comecei a ler as primeiras páginas. Imediatamente, a sofisticação daqueles ensinamentos me chamou a atenção.

Antes disso, eu já havia pesquisado com atenção livros de filosofia e religião, em busca de respostas para as grandes questões da vida, após passar por algumas experiências adolescentes com substâncias que alteram o estado da consciência. Mas as mensagens cristalinas daquele livro eram reanimadoras e práticas e, além de tudo, pareciam tangíveis — nunca estamos satisfeitos, mesmo quando temos tudo; perdemos a capacidade de discernimento ao querer que as coisas sejam diferentes do que são, em vez de simplesmente observar o mundo tal como é; e podemos nos livrar do redemoinho de nossa mente e aprender a ficar em paz. Simples e profundos, ao mesmo tempo, para mim, os princípios fundamentais do budismo tiveram uma repercussão única. Continuei lendo, e terminei o livro bem depois da meia-noite. Não fui a nenhuma das duas festas.

Na manhã seguinte, me encontrei com meus colegas. Uma delas ainda estava debruçada sobre o vaso sanitário. Outro tinha levado um soco no rosto. Um terceiro viu quando sua irmã teve uma recaída com cocaína. E, no nível mais simplista, a equação com a qual eu havia me deparado na noite anterior — que o desejo leva à infelicidade — fazia com que tudo aquilo tivesse muito mais sentido. Fui dar uma volta na praia, pensei sobre o que eu lera e, naquela tarde, abri as páginas amarelas em busca de um centro de meditação. No dia seguinte, entrei no Centro Zen Fazenda Green Gulch, um complexo utópico ao norte de São Francisco, e meditei pela primeira vez.

Ao longo do ano e meio seguinte, pratiquei o zen-budismo, a mesma tradição austera pela qual Steve Jobs se sentira atraído. Então, durante o terceiro ano da faculdade, viajei à Índia, como participante de um programa de estudos budistas. Por seis meses, morei em mosteiros e viajei pelo subcontinente indiano, aprendi com mestres de meditação e pratiquei semanas a fio, em silêncio absoluto. Durante essa época, aprofundei minha rotina meditativa, começando a compreender, por meio da experiência, como a consciência plena pode ser transformadora.

Ao voltar para casa para cursar os dois semestres finais na Universidade de Boston, fui procurar oportunidades para praticar. Na manhã de 11 de setembro de 2001, eu estava em um chalé isolado na região Oeste de Massachusetts, em um retiro de meditação, matando as aulas do primeiro dia do meu último ano de faculdade. Fazia quatro dias que eu estava lá, em companhia de Chökyi Nyima Rinpoche, professor tibetano com quem eu havia estudado na Índia, e mais uma dúzia de seus alunos, inclusive o ator Richard Gere e os célebres praticantes de meditação Sharon Salzberg e Joseph Goldstein. Não havia televisão no chalé, e, por isso, quando as notícias a respeito dos ataques chegaram em algumas apavorantes chamadas de celular, nos reunimos em torno de um velho Volvo estacionado na via de acesso ao local do retiro. Estávamos ouvindo o rádio do carro quando o segundo avião colidiu. Ficamos perturbados e ansiosos para chegar em casa, de modo que Chökyi Nyima suspendeu o retiro mais cedo — não sem antes nos fazer praticar várias horas de meditação compassiva, nos estimulando a sentir um amor profundo conjugado com uma raiva atroz, o que nos tornava conscientes do aparecimento e da transitoriedade de nossas emoções complexas.

Desde então, minha prática de meditação oscila bastante. Há períodos em que mantenho uma rotina regular, com permanência de uma hora sentado sobre a almofada de meditação todas as manhãs. De tempos em tempos, participo de retiros de silêncio, momentos prazerosos, mas desafiadores e de prática intensiva, quando me abstenho de falar por vários dias seguidos. E há meses em que pareço não encontrar tempo para me dedicar às sessões. Um emprego exigente, uma vida social intensa e uma filha recém-nascida tornam tudo isso ainda mais desafiador. Ainda assim, me esforço ao máximo para colocar em prática a consciência plena em minha vida cotidiana.

Apesar do tempo que passei nos mosteiros e de minha dedicação a uma prática de meditação cujas raízes vêm do budismo, não me considero nem um pouco religioso. Quando se trata de questionamentos sobre as origens do universo ou sobre a vida após a morte, sou um perfeito agnóstico: não tenho a menor ideia de onde viemos ou para onde vamos, e isso não é um problema para mim.

Sei ao certo que muitas das técnicas aprendidas com meus professores budistas, agora ensinadas em todo o país de forma puramente laica, são métodos eficazes que podem nos ajudar a aumentar nossa felicidade neste exato momento, nesta vida. Mais ainda, a meditação da consciência plena, da forma pela qual vem sendo ensinada hoje, não requer nenhum sistema de crença particular. Complementa-se a outros sistemas de crença, em vez de entrar em conflito. Neste livro, há católicos, judeus e ateus, e todos acreditam que a consciência plena é um suplemento, e não um adversário de sua fé. E a meditação, evidentemente, não é exclusiva dos budistas.

Toda grande tradição religiosa inclui elementos de prática de meditação. Santa Teresa d'Ávila, freira do século XVI, praticava a oração contemplativa uma hora de cada vez, duas vezes ao dia, e ensinava que a meditação era uma forma de se aproximar de Deus. Muitas outras tradições cristãs — desde os monges trapistas até os quakers — cultivam a meditação como uma de suas práticas principais. O judaísmo também tem um profundo fundamento contemplativo, que varia de práticas hassídicas até a vertente meditativa da cabala. E outras religiões orientais, como o hinduísmo, o jainismo e o sufismo, também incorporam algumas formas de meditação. É claro que nem todas essas práticas são equivalentes. Algumas se propõem a nos aproximar de um espírito divino, enquanto outras se dedicam a esvaziar nossa mente. A meditação da consciência plena, conforme é praticada atualmente, tem como objetivo nos manter mais atentos aos nossos pensamentos, emoções e sensações físicas.

Estou longe de ser um especialista na meditação, e, certamente, não posso ser considerado um instrutor dessa prática. Em vez disso, passei a maior parte da última década como repórter de negócios do *Financial Times* e do *New York Times*. Ainda assim, me familiarizei suficientemente com a prática ao longo dos anos e, quando soube que a consciência plena era praticada nas empresas, percebi que deveria investigar isso. Porque a consciência plena não é simplesmente uma técnica de autoajuda. Quando praticada de maneira assídua, ela pode ajudar a diminuir o nível de estresse, nos tornar mais produtivos e impulsionar a felicidade. Tem a capacidade de transformar não apenas o modo pelo qual executamos nosso trabalho, mas o próprio trabalho que fazemos. E, além de ser uma prática capaz de aprimorar nossa vida, também é um modo de ser — atentos, cordiais, curiosos, conscienciosos e compassivos.

Este livro é sobre operários, estilistas, advogados e CEOs que usaram a meditação para mudar a própria vida para melhor. Também é sobre como as organizações têm se tornado mais conscientes — cuidando melhor de seus colaboradores, reduzindo seu impacto negativo no planeta e encontrando maneiras de melhorar a vida das pessoas. E é sobre o aspecto que uma sociedade consciente assumirá no futuro. Ao entrar em contato com trabalhadores de todo o país, fui me sentindo inspirado, emocionado e, algumas vezes, cético. Nestas páginas, portanto, apareço, em alguns momentos, como um observador neutro; em outros, como um crítico; e, quase sempre, como um defensor. Tento defender a ideia de que a consciência plena se tornou parte do firmamento cultural por uma boa razão: a prática da meditação modifica nosso cérebro, corpo e temperamento, na maior parte das vezes para melhor; e de que quando a consciência plena permeia os indivíduos e as organizações, pode transformar a maneira pela qual trabalhamos.

No capítulo 1, vamos nos familiarizar com os princípios básicos da consciência plena e observar como se processa a prática da meditação no interior de uma grande empresa. É dentro das organizações multinacionais que muitas pessoas estão descobrindo a consciência plena, e é lá, também, que alguns dos fundamentos éticos da prática são desafiados. Isso faz com que as grandes empresas se tornem um autêntico laboratório para a popularização da consciência plena e um lugar ideal para iniciar nossa jornada.

Mas, para entender para onde vamos, é preciso saber como chegamos até aqui. No capítulo 2, exploraremos a história da consciência plena. Aquilo que começou como uma prática espiritual na antiga Índia atravessou milênios e continentes, até chegar, enfim, ao território dos Estados Unidos, não muito tempo depois da fundação do país. Adotada a princípio pelos transcendentalistas, temporariamente ignorada e redescoberta pelos *beats* e hippies, a consciência plena no Ocidente pegou carona em vários movimentos sociais ao longo dos anos. E, em décadas mais recentes, uma série de avanços importantes na medicina, na ciência e na tecnologia permitiu que a prática se tornasse generalizada.

Um desses avanços mais importantes tem sido a emergência da neurociência contemplativa — que estuda a maneira como a meditação afeta o cérebro. No capítulo 3, vamos adentrar o laboratório, procurando entender como a consciência plena provoca um impacto não apenas em nosso comportamento, mas também em nossas estruturas neurológicas. Vamos conhecer os cientistas que lideram os esforços nessa disciplina florescente e ouvir a opinião de céticos, para os quais alguns dos resultados são superestimados. E compartilharei minha experiência pessoal de ter sido examinado por instrumentos que nos mostram o aspecto do meu cérebro durante a prática da meditação.

Entretanto, confirmar se os estudos científicos estão imunes a contestações não é a questão mais pertinente. O mais importante é saber se a consciência plena funciona. Ajuda as pessoas a serem mais felizes? Pode nos deixar menos estressados? A resposta, como veremos no capítulo 4, parece ser afirmativa. Eu mesmo constatei isso, ao frequentar uma aula da vertente mais popular do treinamento em consciência plena atualmente — a Redução do Estresse Baseada na Consciência Plena —, e entrar em contato com um vasto número de trabalhadores de diversas áreas, que utilizaram a meditação para reduzir o estresse, aumentar a felicidade e aprimorar a saúde.

A consciência plena propicia uma série de benefícios para além da redução do estresse. Um dos benefícios mais imediatamente alcançáveis é a intensificação do foco. No capítulo 5, conheceremos trabalhadores dos mais variados segmentos que descobriram isso em primeira mão. A prática reiterada de trazer a atenção de volta à nossa respiração sempre que a mente divaga, uma e outra vez, estimula a concentração, uma habilidade valiosa, não importa qual seja nossa vocação.

Ser mais consciente também desenvolve a compaixão. A princípio, isso pode soar surpreendente. Como prestar atenção à *minha* respiração pode fazer com que eu me importe mais com os *outros*? E falar sobre amor universal pode parecer deslocado em ambientes profissionais conservadores. Porém, como veremos no capítulo 6, a compaixão despertada pela consciência plena vem sendo adotada tanto por políticos quanto por homens de negócios e empresários. Eles estão descobrindo que a compaixão, embora não esteja normalmente associada à vida corporativa, pode conferir ampla vantagem em todos os tipos de negócios.

A boa notícia é que muitos trabalhadores conscientes não apenas praticam a compaixão consigo mesmos e com os outros, mas também ampliam esforços para fazer o bem no mundo, para além das relações interpessoais. No capítulo 7, as empresas conscientes, partidárias da responsabilidade social, ocuparão o centro das atenções. Desde as melhorias nas condições de trabalho de operários, passando pela redução da degradação ambiental, até a iniciativa de levar a assistência de saúde para milhares de pessoas, os resultados práticos da consciência plena são bastante variados.

No capítulo 8, vamos examinar aquela que se tornou uma das mais populares aplicações da meditação nos ambientes de trabalho atuais: a formação de líderes conscientes. Embora, talvez, menos facilmente quantificável do que a redução do estresse, a liderança consciente não é menos importante. Os executivos dominam os locais de trabalho, e quando se tornam menos reativos, mais focados e bondosos, podem criar ambientes de trabalho mais compassivos e desenvolver negócios com maior responsabilidade social.

Mas nem todos estão satisfeitos com a popularização da consciência plena. O capítulo 9 nos levará à dianteira dos ataques ao que vem sendo apelidado de "McConsciência Plena". Os dissidentes afirmam que a consciência plena é subvertida e usada sem critérios éticos, a serviço dos lucros das grandes empresas. Os puristas dizem que ela não deveria ser dissociada das tradições que lhe deram origem. E alguns, reticentes em relação à meditação de modo geral, querem apenas que ela seja abandonada.

Para o bem ou para o mal — principalmente para o bem, devo argumentar —, é improvável que isso aconteça. A consciência plena já existe há muitos anos, e, nessa nova encarnação, é bem provável que perdure por muito mais tempo. No capítulo 10, em uma tentativa de vislumbrar qual poderá ser o aspecto desse novo e mais consciente mundo do trabalho, chegaremos ao epicentro desse emergente movimento: o Vale do Silício. Das conversas informais que celebram a consciência plena e a tecnologia até uma infinidade de programas organizacionais que ensinam a meditar nos escritórios, a área da baía de São Francisco abriga a mais ampla concentração de trabalhadores conscientes do mundo. Juntos, eles estão invadindo as culturas corporativas para estimular a adoção da concentração, reorganizando seus algoritmos sob a perspectiva do amor universal e tentando fazer com que a compaixão se torne uma coisa tão corriqueira quanto a codificação. E, levando-se em conta que, tal como antes, a Califórnia continua a ser uma vanguarda cultural, os trabalhadores conscientes do Vale do Silício estão estabelecendo um precedente que, provavelmente, deverá ser seguido por grande parte do restante do mundo.

Quando conheci essa nova geração de trabalhadores conscientes, fiquei impressionado não apenas com sua prática assídua e sua sabedoria intuitiva, mas também com sua coragem de nadar contra a maré na atual cultura competitiva dos ambientes de trabalho. E, conforme eu apurava os fatos, aprendia. E, conforme eu ia aprendendo, me sentia estimulado a me tornar mais consciente. Tenho esperança de que, ao apresentar várias dessas histórias e algumas outras pessoais, este livro possa inspirar ainda mais trabalhadores — desde os operários até os que ocupam cargos de chefia — a se tornarem mais conscientes. Se você estiver apenas curioso para entender a razão de todo esse alvoroço, ou ávido por dar início a uma prática consistente, eis aqui um convite para embarcar em uma jornada pessoal de consciência plena. E se você já estiver meditando em seu ambiente de trabalho, ou se estiver imaginando como a meditação poderia ser implementada em sua própria organização, encontrará exemplos de pessoas que fizeram isso com sucesso, em uma série de profissões. Seja como for, tenho esperança de que, ao usar essas histórias como fonte de inspiração, todos nós possamos experimentar os inúmeros benefícios da consciência plena no trabalho.

1. O momento da consciência plena

O SAGUÃO PRINCIPAL da sede da General Mills estava movimentado, repleto de compenetrados executivos do Centro-Oeste, vestidos com calças cáqui ou saias-lápis, emendando uma reunião atrás da outra, enquanto planejavam o futuro daquele conglomerado mundial de alimentos e bebidas, com valor estimado em US$ 30 bilhões. Estávamos no meio de uma tarde de terça-feira, e eu havia acabado de chegar ao ambiente corporativo em Minneapolis, Minnesota. Cartazes afixados nas paredes do prédio espaçoso e modernista lembravam aos colaboradores as marcas que eram promovidas: Betty Crocker, Hamburger Helper, Pillsbury, Wheaties e outros destaques das despensas norte-americanas. Porém, em um amplo salão de conferências, localizado logo após a recepção, um tipo incomum de reunião vespertina estava prestes a começar. Líderes de todas as áreas da empresa adentravam o ambiente no devido tempo. Entretanto, em vez de trazer consigo notebooks prateados, eles levavam tapetes de ioga roxos. Em vez de entrar às pressas, eles entravam cuidadosamente, tiravam os sapatos e os deixavam próximos da porta. Em vez de ocupar lugares em uma mesa de conferências, eles se acomodavam em almofadas redondas no chão, dispostas em um grande círculo. Em vez de jogar conversa fora, eles fechavam os olhos e faziam uma série de inspirações profundas. E, em seguida, começavam a meditar.

Ocupei meu lugar entre eles e observei o grupo. Cerca de sessenta colaboradores representavam uma gama heterogênea dentro da hierarquia corporativa da General Mills. Um dos homens usava terno e gravata, enquanto uma mulher à sua esquerda vestia uma camiseta amarela vibrante, com uma estampa do Cheerios. Mas gerentes de marketing, especialistas em tecnologia e funcionários da área de finanças também haviam comparecido ao mesmo encontro semanal, e todos estavam lá pelo mesmo motivo. O objetivo era praticar a *consciência plena*, uma prática ilusoriamente simples, que tem se mostrado eficaz para reduzir o estresse, impulsionar a felicidade, e, possivelmente, nos tornar mais produtivos e mudar a forma como encaramos a vida.

Basicamente, a consciência plena significa aumentar nossa atenção ao que se passa em nossa mente, em nosso corpo e no mundo à nossa volta. Significa perceber essas coisas, e, ainda, aceitá-las como são, em vez de perder a cabeça querendo que elas fossem diferentes. E alguns milhares de anos de evidências empíricas sugerem que uma das modalidades de cultivar a consciência plena supera todas as outras: a meditação.

No salão de conferências da General Mills, alguns dos participantes que nunca haviam frequentado uma reunião semelhante pareciam inquietos em meio àquele ambiente sereno que se estabelecera. Era uma reação compreensível à vibração que estava prazerosamente fora do contexto da cultura corporativa de alta voltagem impregnada na maioria dos ambientes de trabalho norte-americanos. É incomum parar e não fazer nada durante o expediente, e aquela dinâmica profissional deixava alguns participantes tensos. Mas a mulher que ministrava a aula era uma das mais antigas executivas da empresa, e isso era um bom sinal.

Ao longo de mais de uma década, a vice-conselheira geral da General Mills na época, Janice Marturano, conquistara a confiança de seus superiores e de sua equipe. Ela havia trabalhado em fusões e aquisições multibilionárias, e negociado diretamente com as autoridades reguladoras da Câmara de Comércio Federal. Assim, quando se propôs a ministrar um curso sobre liderança consciente, a empresa permitiu que ela levasse a ideia adiante. Discreta e de baixa estatura, com cabelos negros curtos, vestida com uma roupa básica de trabalho composta por calça e blusa pretas, Marturano não se parecia em nada com a hippie que alguém poderia imaginar no papel de professora de uma aula de meditação. Mas lá estava a renomada advogada, sentada em meio aos colegas em um círculo, com as pernas cruzadas na posição de meio-lótus.

Logo depois de acomodar o grupo, Marturano tocou um sino, fazendo com que o som da campainha ecoasse na sala. "Assumam uma postura que, nesse momento, expresse para vocês dignidade e força", disse ela, em um tom suave e profissionalmente monótono. "Deixem o corpo descansar e se desligar do excesso de tarefas, trazendo a atenção à sensação despertada por cada inspiração."

O bando comandado por Marturano exalou profundamente, fazendo com que o estresse do dia de trabalho começasse a se atenuar. Ela pediu que todos se concentrassem na respiração, o primeiro passo da meditação da consciência plena básica. "Quando a atenção se desviar para os pensamentos, como inevitavelmente acontecerá, apenas tragam o foco de volta à respiração", explicou ela. "Percebam o quanto a atenção é instável, o quanto a mente tende a se dispersar, mesmo quando queremos que ela se mantenha firme. Percebam como a sensação da respiração aparece, para logo depois ir embora, e como nossos pensamentos, por mais vívidos que sejam, também são igualmente transitórios." Em seguida, Marturano convidou os colegas a expandir sua atenção para além da respiração, para as sensações multifacetadas que reverberavam ao longo do corpo. "Percebam a dormência nas mãos, a pulsação nos pés, o calor da pele. Quando a mente começar a se dispersar, como certamente acontecerá, tragam a atenção novamente ao momento presente e a essas sensações."

Sentado entre os funcionários da General Mills, como um repórter no meio deles, acompanhei as orientações o máximo que pude. E, apesar de eu ter praticado meditação intermitentemente ao longo de 15 anos, minha mente ainda perambulava sem propósito. Em dado momento, eu senti a delicada corrente de ar entrar e sair de minhas narinas. No momento seguinte, eu me perguntava se encontraria alguma comida decente perto do hotel onde estava hospedado. Em determinado momento, minha atenção era absorvida pela sensação estranhamente agradável do sangue correndo pelas veias; e, logo depois, eu começava a pensar em um sushi. Decorridos trinta minutos, Marturano tocou o sino para encerrar a sessão de meditação. Eu havia experimentado alguns momentos fugazes de foco sustentado e me sentia tranquilo quando comecei a alongar os membros. Na maior parte do tempo, porém, minha mente ficou saltitando como um macaco-rhesus malcriado; deslocava-se para o passado e depois para o futuro, mas raramente levava em consideração a verdadeira experiência que eu tivera naqueles agradáveis momentos de silêncio.

O treinamento em Liderança Consciente de Marturano ainda prosseguiria por uma hora e meia, inicialmente com um período de ioga de intensidade moderada, e, em seguida, com um debate em grupo, leitura de poemas e, finalmente, mais um pouco de meditação. Como repórter de negócios, eu já havia passado bastante tempo visitando as grandes empresas, mas nunca tinha visto nada assim. No fim da sessão, os funcionários da General Mills pareciam decididamente mais relaxados do que estavam quando chegaram àquela sala. Sem dúvida, eles ainda tinham inúmeras queixas e resquícios de estresse provocados por seus trabalhos. Praticar a consciência plena durante o expediente não é nenhum elixir mágico. Mas, ao mesmo tempo, também ficou claro que, ao término de uma aula de duas horas de duração, uma autêntica dose de cordialidade tomava conta do ambiente.

Algumas manifestações de pura emoção também vieram à tona. No dia em que eu estive em Minneapolis, a General Mills passava pela primeira rodada de cortes de pessoal em toda uma geração. Pelo menos uma das mulheres que participaram da sessão de Liderança Consciente havia sido informada de que seria dispensada. Ela chorou bastante durante a etapa de perguntas e respostas. Então, conforme os integrantes do grupo seguiam os respectivos rumos, vários colegas, incluindo alguns desconhecidos, se aproximaram dela para abraçá-la e oferecer palavras de apoio. No geral, era uma atmosfera mais humana do que a implacável adrenalina que eu havia identificado tantas vezes nas sedes das corporações. As pessoas estavam interagindo umas com as outras mais como amigas do que como colegas de trabalho.

Eu tinha ido à General Mills com a intenção de preparar um artigo sobre o programa de Liderança Consciente para o *Financial Times*, o jornal de negócios sediado em Londres para o qual eu trabalhava na época. Aquela reportagem acabaria se tornando a matéria de capa da *FT Weekend Magazine*, intitulada "The Mind Business" ["O negócio da mente", em tradução livre], um intervalo nos meus trabalhos habituais para o jornal como correspondente de fusões e aquisições nos Estados Unidos. Por mais excêntrica que parecesse, a perspectiva de encontrar a consciência plena no ambiente de trabalho era uma história profundamente atraente para mim.

Quando ainda estava na universidade, viajei para a Índia e para o Nepal, onde fui orientado pelos mais influentes professores de meditação do século XX. Ao longo de todo o processo, as técnicas que aprendi tiveram um impacto profundo na minha visão de mundo, afetaram quase todos os aspectos da minha vida. Porém, nos últimos anos, à medida que minhas responsabilidades pessoais e profissionais aumentavam, passei a ter dificuldades para manter minha prática. Minha rotina de sessões arrefeceu. Retiros de meditação silenciosa, antes parte do meu calendário anual, tornaram-se esporádicos. Assim, quando soube que algumas empresas estavam estimulando e, até mesmo, facilitando a meditação nos ambientes de trabalho, fiquei mais do que intrigado. Eu precisava fazer aquela matéria.

A General Mills foi minha primeira escala nessa jornada. Eu estava curioso quando cheguei a Minneapolis, mas também um pouco inseguro sobre o que poderia encontrar. Os colaboradores estariam realmente sentados em silêncio, como se o escritório fosse um mosteiro? Em caso afirmativo, seria uma forma de consciência plena que eu pudesse reconhecer, ou algo totalmente diferente? Isso causava algum impacto nos indivíduos, e quem sabe até na própria organização? Alguém iria aparecer de fato?

Em Minneapolis, meu ceticismo foi prontamente derrubado. Para além da participação maciça naquela tarde de terça-feira, passei dias conversando com os funcionários da General Mills e pude sentir que a consciência plena não apenas estava sendo praticada em Minneapolis de forma autêntica e bem-intencionada, como também estava exercendo uma influência significativa nos funcionários e na cultura corporativa. Marturano, certamente, era a força propulsora. Mas as sementes que ela havia plantado já estavam gerando frutos. Dois outros gerentes seniores tinham assumido a causa, ministrando aulas para o amplo grupo quando Marturano não estava presente. Centenas de funcionários fizeram o curso de Liderança Consciente. E a consciência plena estava provocando um impacto que ia muito além das aulas semanais. Na ocasião, todos os prédios de todas as instalações da General Mills contavam com uma sala de meditação, onde os trabalhadores podiam se refugiar para desfrutar de um momento de silêncio antes de uma reunião ou apresentação mais difícil. Nas equipes com que os gerentes vinham praticando a consciência plena, os trabalhadores se diziam mais felizes e mais produtivos. Seus gerentes eram mais admirados. Os negócios também seguiam a pleno vapor. E tudo isso surgiu porque uma mulher estava tentando lidar melhor com seu próprio nível de estresse.

● ● ●

No início dos anos 2000, Janice Marturano havia atingido os mais altos escalões da General Mills e estava envolvida em alguns dos projetos de maior prioridade da empresa. Ela comandava a política referente às regulamentações de comércio, atuando como preposto da empresa perante o Food and Drug Administration. Ela também trabalhava em sintonia com a Câmara de Comércio Federal, com foco na legislação antitruste, uma vez que a General Mills pretendia se expandir por meio de novas aquisições.

Em 2000, a General Mills fez uma oferta de US$ 10,5 bilhões pela Pillsbury, uma empresa de produtos de panificação conhecida por seu mascote Doughboy. A fusão de ambas criaria a quarta maior empresa alimentícia do mundo, uma grande corporação que dominaria as gôndolas dos supermercados, bem como os armários das cozinhas. Exatamente por essa razão, as autoridades reguladoras criavam empecilhos para a transação, preocupadas com o fato de que o acordo poderia prejudicar a concorrência. Como repórter especializado em fusões e aquisições, eu me sentia solidário à enorme quantidade de estresse que isso deveria ter representado para Marturano. A cobertura jornalística de uma negociação como aquela já era suficientemente tensa, quanto mais ser responsável por conseguir as aprovações na Câmara de Comércio e no Departamento de Justiça. Era Marturano quem conduzia o diálogo da empresa com Washington, trabalhando ininterruptamente por 18 meses para evitar que a negociação fosse obstruída com base nas leis antitruste.

A tensão não era exclusiva daquela fusão específica, nem mesmo da área de Marturano. Muitos de nós sabem o que é trabalhar com uma urgência devoradora, quando nossas atribuições profissionais parecem desafios de vida ou morte. Porém, em meio às negociações de Marturano com as autoridades reguladoras, uma situação que já seria por si só suficientemente dura se tornou insuportável. Em um curto intervalo de tempo, ela perdeu o pai e a mãe. Esse golpe na vida pessoal, somado à carga de trabalho, a deixou emocional e intelectualmente esgotada. No fim, ela conseguiu levar a negociação adiante, permitindo que a General Mills se tornasse uma força ainda mais prevalente na indústria de alimentos embalados. Porém, ao retornar à sua rotina diária no escritório em Minneapolis, ela já não dispunha de mais nenhuma energia. "Achei que iria me recuperar. Eu já tinha enfrentado outras negociações antes", disse ela. "Mas não foi o que aconteceu. Minha resiliência mental foi completamente esgotada."[1]

Marturano ainda se encontrava em um momento difícil, exausta, estressada e desestimulada, quando uma amiga a encorajou a participar de um retiro no deserto do Arizona, conduzido por um homem chamado Jon Kabat-Zinn. A princípio, ela se mostrou incrédula. Uma solução da Nova Era não parecia ser a resposta para seus problemas mais do que concretos. Ainda assim, sem nenhuma outra boa opção, Marturano partiu para Miraval, uma estância turística perto de Tucson que oferece uma infinidade de retiros restauradores e tratamentos em spas luxuosos.

Não se tratava, porém, de um período de folga. Em vez de ser paparicada, Marturano ingressou em um curso intensivo de seis dias de duração em uma técnica cansativa, e algumas vezes desafiadora, chamada Redução do Estresse Baseada na Consciência Plena, [Mindfulness Based Stress Reduction] ou MBSR, na sigla em inglês. "Logo no início, Jon disse: 'Certo, vamos meditar por cerca de uma hora'", lembra Marturano. "E eu pensei: *O quê?* Você ficou maluco? Vamos fazer o *que* por uma hora?'."

Em pouco tempo, já não parecia mais tão assustador assim. Ao longo dos dias seguintes, Marturano aprendeu a acompanhar a própria respiração, a vivenciar as sutis sensações de seu corpo e a perceber seus pensamentos e suas emoções sem esboçar qualquer reação. Com o tempo, sua mente começou a se acalmar. Ela descobriu que, sob os tormentosos fluxos dos pensamentos, havia um enorme reservatório de paz. Os extenuantes agentes estressores já não eram mais tão paralisantes. O luto pessoal pela perda dos pais enfraqueceu, tornando-se mais administrável. Na última manhã do retiro, ela acordou cedo e foi andar pelo deserto. Lá, encontrou um local perto de uma câmara subterrânea onde se entregou a uma meditação profunda. Mais tarde, naquele mesmo dia, quando chegou a hora de ir embora, ela não queria mais sair dali.

De volta a Minneapolis, Marturano continuou a praticar, meditando um pouco todas as manhãs, antes de iniciar seus dias frenéticos. Depois de alguns meses, ela se deu conta de algo impressionante. Todas as coisas que a deixavam estressada anteriormente ainda estavam presentes — o trabalho ainda era intenso, ela ainda sentia falta de seus pais —, mas já era possível lidar melhor com tudo aquilo. Ela estava mais resiliente do ponto de vista emocional, mais focada no trabalho e mais compassiva consigo mesma. Ainda sentia o peso da dor, mas já não sofria tanto.

Apesar de tais benefícios, inicialmente ela preferiu não revelar sua rotina de meditação aos amigos e colegas. Assim como muitos outros profissionais que se beneficiam da consciência plena, Marturano temia que seus colegas de trabalho lhe lançassem olhares de reprovação caso ela admitisse que passava uma parte de seus dias sentada em silêncio sobre uma almofada. "Eu era uma praticante secreta de meditação", disse ela. Mas só conseguiu sustentar essa farsa por certo tempo. Depois de alguns anos, começou a soar artificial praticar a consciência plena em casa, e, em seguida, sair para trabalhar como se nada tivesse mudado. Embora ela tivesse modificado o próprio comportamento no trabalho — se mostrando mais presente e mais atenta às reuniões e às tarefas, agindo de forma mais bondosa com os colegas —, não era possível ir muito além disso por conta própria. A vida como praticante secreta de meditação havia se tornado insustentável.

Então Marturano começou a buscar aliados. Depois de reuniões estressantes, quando os colegas lhe perguntavam como ela conseguia se manter serena quando todos os outros estavam tensos, Marturano passou a mencionar a consciência plena e a perguntar se eles queriam saber mais sobre aquilo. Alguns responderam que sim. Em pouco tempo, Marturano já contava com uma lista de executivos da General Mills que diziam estar interessados na consciência plena. Com aquela lista em mãos, ela ligou para Saki Santorelli, diretor executivo do Centro de Consciência Plena em Medicina, Saúde e Sociedade da Universidade de Massachusetts, e colega de longa data de Jon Kabat-Zinn, que havia ministrado aulas para Marturano no deserto. Juntos, eles desenvolveram um conteúdo programático, e, no início de 2006, levaram 13 executivos da General Mills até uma pequena pousada em Spicer, Minnesota, para um retiro de cinco dias. Lá, à beira de um lago no meio da floresta, eles passaram o tempo meditando em silêncio, aprendendo sobre a consciência plena e dando início a uma transformação silenciosa.

Aqueles primeiros alunos voltaram modificados à General Mills. "Houve certo alvoroço quando aquele primeiro grupo passou pela experiência", lembrou Beth Gunderson, diretora de eficácia organizacional da General Mills. "Todos queriam fazer. Aquilo começou a ganhar vida própria." Em pouco tempo, Marturano estava ensinando aos funcionários durante os intervalos de almoço, e, logo depois, surgiu o programa de Liderança Consciente. O fato de Marturano ter vendido o programa como um treinamento para aprimorar a competência dos executivos ajudou bastante. Mas depois de ter observado a professora Marturano em ação, não resta a menor dúvida sobre a essência do programa: é a mesmíssima prática milenar de consciência plena e compaixão que aprendi com os professores na Índia. Até o momento da publicação deste livro, mais de mil colaboradores da General Mills já receberam o treinamento.

Quando meu artigo "The Mind Business" foi publicado, eu não tinha certeza de como os leitores iriam reagir. Em anos anteriores, eu havia entrevistado o fundador do Facebook, Mark Zuckerberg, no Vale do Silício, e o operador do esquema Ponzi, Bernie Madoff, na prisão. Aquelas matérias haviam passado de mão em mão, e eu estava me firmando como repórter de negócios. Mas como os assinantes do *Financial Times* reagiriam a um artigo sobre meditação?

"The Mind Business" se tornou viral. Os leitores me procuravam e me perguntavam quais eram as outras empresas que vinham realizando um trabalho semelhante. Eles queriam saber quem mais estava ensinando consciência plena nas corporações. Os praticantes e os instrutores de consciência plena ficaram empolgados ao ver seu florescente movimento ganhando alguma cobertura por parte da grande mídia, e ansiosos para saber quando meu próximo artigo sobre o assunto seria publicado. Naquela época, eu não tinha todas as respostas para suas perguntas. Mas eu pretendia descobrir.

Logo ficou evidente que aquilo que estava acontecendo na General Mills não era um fenômeno incomum. Um pouco mais de investigação revelou que outras empresas, incluindo a Aetna, a Salesforce.com e a Green Mountain Coffee, dentre outras, já estavam, de algum modo, incorporando a consciência plena às suas operações. E, nos últimos anos, a consciência plena se popularizou, ganhando impulso no mundo dos negócios. No Fórum Econômico Mundial de 2013, em Davos, Suíça, estrategistas de políticas econômicas de vários países aproveitaram para fazer uma sessão de treinamento em consciência plena; o evento estava lotado e foi transmitido pela rede de televisão BBC.[2] Um mês depois, a revista *Mindful* foi lançada, dando ao incipiente movimento um lugar nas bancas de jornal. Naquele ano, um artigo sobre "liderança consciente"[3] publicado na *Harvard Business Review* se tornou um dos mais compartilhados da revista. De 2004 a 2013, o número de buscas no Google para "conscientização" e "consciência plena" mais do que duplicou.[4] A consciência plena vem sendo praticada em empresas recém-fundadas de tecnologia, pautadas em um modelo de negócios inovador, como a Etsy e a Medium, nas quais os jovens fundadores e os colaboradores mais antigos a incorporam à cultura corporativa, fazendo a sua parte para estabelecer um novo paradigma relativo ao equilíbrio entre a vida profissional e a vida privada. A técnica tem sido adotada por grandes empresas como a General Mills e, até mesmo, a Goldman Sachs, que oferece sessões de meditação para seus colaboradores em seu prédio avaliado em US$ 2,1 bilhões, no centro de Manhattan.

Por um lado, a disseminação da consciência plena nos ambientes de trabalho é uma etapa lógica na transição para uma maior responsabilidade social corporativa. Muitas empresas que se esforçam para aumentar os lucros também desejam contribuir para a melhoria da sociedade e se pautam pela consciência ambiental. Essa é a base do "tripé da sustentabilidade", a denominação moderna por meio da qual as empresas avaliam seu impacto holístico no mundo. No momento, algumas empresas acrescentam uma quarta dimensão a essa estrutura. Assim como as corporações já aceitam amplamente que o lançamento de gases poluentes na atmosfera é prejudicial ao ambiente e às suas reputações, certas empresas também reconhecem o quanto é prejudicial contar com funcionários tão estressados a ponto de apresentarem problemas de saúde, ou tão distraídos a ponto de não conseguirem se concentrar. Essas empresas estão começando a se perguntar como podem contribuir também para o bem-estar emocional e espiritual dos funcionários — e da sociedade. E elas encontram uma resposta na consciência plena.

Mas o que é a consciência plena? Pergunte a um neurocientista e você obterá determinada resposta. Pergunte a um psicólogo e obterá outra. Pergunte a um estudioso do budismo e você terá uma terceira resposta. A verdade é que não existe uma definição universalmente aceita. Mas, se prestarmos atenção, descobriremos que cada uma das respostas guarda a mesma verdade essencial. A consciência plena significa estar totalmente presente. Trata-se de vivenciar o aqui e o agora, sem se perder em pensamentos sobre o passado ou fantasias sobre o futuro. É uma habilidade de ser que incorpora a bondade, a curiosidade e a aceitação. Ser consciente é perceber plenamente as sensações de seu corpo, até mesmo as desagradáveis, sem apego ou desejo de que desapareçam. É observar os pensamentos sem permitir que se tornem a única versão da verdade. É prestar atenção às suas emoções, aceitando o que você estiver sentindo naquele momento, mesmo que isso não lhe pareça particularmente confortável. É ser mais sensível e compassivo com as pessoas e as situações ao seu redor. E, quando praticada assiduamente, ela pode transformar nossa saúde, nossos relacionamentos e o impacto que causamos no mundo.

A definição atual mais aceita de consciência plena é a de Jon Kabat-Zinn, doutor que fundou o Centro de Consciência Plena em Medicina, Saúde e Sociedade, na Faculdade de Medicina da Universidade de Massachusetts. Nas últimas décadas, ninguém fez mais do que Kabat-Zinn para popularizar a consciência plena. Ele desenvolveu um novo padrão de abordagem clínica para o treinamento e foi o pioneiro na MBSR, curso que apresentou várias pessoas à prática. Como se isso não bastasse, ele tem ensinado de forma incansável milhares de pessoas, incluindo Janice Marturano, em inúmeros retiros realizados ao longo dos anos.

Kabat-Zinn descreve a consciência plena como "prestar atenção de uma forma específica: intencionalmente, no momento presente, e sem emitir julgamentos".[5] Como prática, trata-se disso. A consciência plena diz respeito, simplesmente, a observar tudo aquilo que estivermos vivenciando, sem permitir o descontrole da mente. Mas *consciência plena* é um termo complexo, com significados múltiplos e multifacetados, cada um deles desenvolvido a partir do outro.

Em sânscrito, a palavra para consciência plena, *smriti*, significa "lembrar". E, de fato, lembrar é uma parte essencial da prática. Devemos nos lembrar de regressar ao momento presente, repetidas vezes, mesmo que nossos pensamentos tentem implacavelmente nos levar para longe. A palavra *smriti* também indica um sentido mais profundo de lembrança. Ao praticar a consciência plena, estamos, em última instância, nos lembrando de nossa verdadeira natureza, um estado que não se deixa perturbar por pensamentos incessantes nem por julgamentos constantes. Em páli, a língua dos primeiros textos budistas, a consciência plena é traduzida como *sati*, que significa "percepção". Essa ideia também repercute hoje em dia. A prática envolve a percepção aguçada das sensações em nosso corpo, dos pensamentos em nossa mente e das emoções em nosso coração. E, além disso, há um significado mais amplo para o termo — a percepção das causas e condições de tais sensações, a percepção dos fenômenos surgindo e desaparecendo, a percepção da interconectividade entre todas essas coisas.

Por mais difícil que seja atingi-la, a consciência plena é uma capacidade inata, algo que todos nós já vivenciamos. Quando vamos passear no campo e somos absorvidos pelas paisagens, sons e cheiros da natureza, e não por nossos pensamentos, essa é uma forma de consciência plena. Quando a mãe olha nos olhos de seu bebê e sente a ligação visceral entre ambos, essa é uma forma de consciência plena. Quando provamos um pouco da nossa comida favorita, nos deliciando com os sabores que perpassam pela língua, essa também é uma forma de consciência plena. A consciência plena pode ser quase mágica, nos transportando do domínio familiar e frequentemente penoso de nossa mente desatenta para um estado de percepção pura e focada. Mas a consciência plena também pode ter armadilhas. Continue praticando, e as nuances ficarão ainda mais sutis; as revelações, mais intensas; e os mistérios, mais profundos. De fato, a consciência plena vai muito além da mera observação das sensações à medida que ocorrem. Está relacionada ao que acontece com mente, coração e ações quando, deliberadamente, damos continuidade a essas práticas por semanas, meses e anos. A consciência plena é uma prática que nos permite alcançar uma felicidade mais sustentável e nos tornar mais compassivos. E, com o passar do tempo, a consciência plena exige que o indivíduo se confronte com conceitos espinhosos, como a impermanência e a compaixão.

"A promessa fundamental da consciência plena é muito mais ampla, muito mais profunda do que simplesmente cultivar a atenção", afirmou Jon Kabat-Zinn. "Ela nos ajuda a entender que a visão tradicional que temos de nós mesmos, e inclusive o que chamamos de 'eu', é incompleta em alguns aspectos muito importantes. A consciência plena nos ajuda a reconhecer como e por que confundimos a realidade das coisas com alguma história que inventamos. E, com isso, nos permite traçar um caminho em direção à sanidade, ao bem-estar e a um propósito maiores."⁶

A prática da consciência plena desenvolve várias qualidades benéficas: dentre elas, as principais são a redução do estresse, o foco e a compaixão. Em parte, a consciência plena nos ajuda a ficar menos estressados por nos fazer compreender aquilo que podemos e não podemos mudar. Ao observar nossa respiração e nosso corpo, começamos a enxergar que certas coisas estão simplesmente fora de nosso controle. Nem sempre podemos fazer com que uma dor nas pernas desapareça, mas podemos controlar nossa reação a isso. Não podemos impedir a chuva de cair, mas, se for o caso, podemos controlar até que ponto tomar um banho de chuva nos perturbará. Com o tempo, a consciência plena revela a frequência com que nossa mente avalia rapidamente uma situação, emitindo veredictos e, quase sempre, causando estresse, nos deixando infelizes. Constatamos que o estresse não é causado pelo que está acontecendo; ele é causado por nossas reações ao que acontece, e isso determina nossa felicidade a todo o momento.

Praticar a meditação da consciência plena — o exercício recorrente, e por vezes frustrante, de trazer nossa atenção de volta ao momento presente — também ajuda a desenvolver o foco. Quando fazemos um esforço para estar no momento presente, rapidamente percebemos o quanto a mente é impetuosa, o quanto está inclinada a se deixar obcecar pelo passado ou a disparar até o futuro. Como um cãozinho, ela ainda não está totalmente treinada, e tende a correr atrás de tudo aquilo que desperta sua curiosidade. Não há nada de errado em pensar, é claro. Foi a nossa capacidade de fazer planos para o futuro e de analisar o passado que nos permitiu viajar até a lua e voltar. Mas o excesso de pensamentos nem sempre é proveitoso. E através da prática da consciência plena podemos aperfeiçoar nossos poderes de concentração, treinando nossa mente para que se mantenha estável e equilibrada por longos períodos de tempo. Da mesma forma que levantar pesos na academia fortifica nossos músculos, assim também a prática da consciência plena fortifica nossa mente, permitindo que desenvolvamos uma concentração estável e precisa. A mente fica "tão firme quanto uma pedra, e não mais à mercê das ondas, como se fosse uma abóbora boiando na água".[7] E a atenção estabilizada, por várias razões, é uma habilidade muito valiosa.

Se o aprimoramento da concentração fosse tudo o que a consciência plena tivesse a oferecer, só isso já seria uma dádiva maravilhosa, especialmente no trabalho. Ao nos ancorar no momento presente, a meditação pode nos libertar de muitos pensamentos e fantasias que, frequentemente, nos desviam da tarefa a executar. Pense no quanto poderíamos ser muito mais produtivos se nossa mente conseguisse operar com clareza e precisão sempre que solicitada. Ainda assim, adquirir meramente a precisão do laser em nossa habilidade de estabelecer o foco não é o objetivo. Pois, à medida que nos tornamos mais habilidosos no exercício da consciência plena, observando o aparecimento e a transitoriedade de nossos pensamentos e emoções, começamos a identificar os verdadeiros mecanismos internos da mente. Ao constatar que estamos nos deixando levar por nossos pensamentos, estabelecemos certa distância entre nossas vozes mentais e qualquer noção de que aquilo que estamos vivenciando é a única versão da verdade. Percebemos que nossos pensamentos, assim como nossas sensações corporais, são passageiros, e não representam a totalidade de quem realmente somos. Com a prática, a consciência plena nos deixa menos dependentes dos desejos fugazes, e mais comprometidos com a busca da felicidade verdadeira e sustentável.

A consciência plena também nos permite entrar em uma sintonia cada vez maior com aqueles que estão ao redor. Através da prática, percebemos que, assim como nós, todas as outras pessoas se confrontam com vontades e desejos desafiadores. Assim como nós, todas as pessoas precisam lidar com insatisfações e ansiedades maiores ou menores. Desse modo, praticar a consciência plena nos torna mais empáticos. E, à medida que nos tornamos mais sensíveis ao nosso corpo e à nossa mente, também nos tornamos mais sensíveis aos outros. Ficamos mais hábeis em perceber quando um colega, um amigo ou um familiar estão preocupados; ficamos menos reativos, pouco propensos a recuar diante de alguém ao primeiro sinal de conflito ou ameaça. Começamos a reparar que os pensamentos, ideias e opiniões são menos rígidos do que imaginávamos, que existe um outro lado em nossa história autocentrada. A consciência plena estimula um senso de conexão com os outros e também nos inspira a ser mais compassivos. Trata-se de um dos efeitos colaterais milagrosos da meditação: ficar sentado em silêncio nos torna mais bondosos. "É, claramente, um treinamento em concentração, mas também é um treinamento em compaixão e bondade", afirmou Sharon Salzberg, instrutora e autora que vem praticando a consciência plena há quarenta anos. "Com a consciência plena, nos relacionamos uns com os outros e conosco de forma diferente."

Embora seja fundamental à experiência humana, parecemos despreparados para acessar nossa consciência plena inata. Precisamos nos lembrar de ser conscientes porque todos nós, em algum momento, nos esquecemos de como fazer isso. Com raras exceções, nunca aprendemos a desligar nosso cérebro pensante, a aquietar as vozes que habitam nossa mente. E, para colher os frutos da conscientização plena, precisamos treinar. Precisamos desaprender os maus hábitos que se acumularam ao longo da vida. Isso porque, não importa quão radiante seja nossa disposição ou quão generoso seja nosso espírito, a mente tagarela perturba a capacidade de avaliação, a todo momento. E, por mais incrível que pareça, independentemente da idade, podemos adestrar de verdade a mente indisciplinada. Nas últimas décadas, a neurociência fez novas e surpreendentes revelações acerca da natureza de nosso cérebro. Concluiu-se que são maleáveis, e que, com a meditação, nossos circuitos neuronais podem ser reprogramados para fazer com que a consciência plena e a compaixão sejam tão instintivas quanto a respiração.

Tudo isso parece muito bom. Mas, para o gerente de recursos humanos ou o presidente executivo confrontados com a opção de encorajar ou não os colaboradores a meditar, essa premissa pode resultar em mera retórica, caso não haja dados concretos para justificá-la. Felizmente, uma profusão de literatura científica está esclarecendo os benefícios da prática da consciência plena. Embora as pesquisas ainda estejam em fase inicial, parecem sugerir que o ato de ficar sentados imóveis, focando e reduzindo intencionalmente nossa reatividade, nos torna mais saudáveis, felizes, e até mais bondosos, como veremos no capítulo 3. As pesquisas, no entanto, contam apenas um lado da história. Na General Mills, é possível sentir a diferença entre aqueles que receberam o treinamento em consciência plena. Embora a empresa esteja longe da perfeição — ainda vende alimentos sem valor nutritivo às crianças e calorias vazias aos adultos —, muitos de seus funcionários estão se esforçando para ser compreensivos, e assim reduzem os agentes estressores no trabalho, e ser bondosos com os outros e consigo.

Marturano documentou o impacto de seu treinamento em Liderança Consciente. Após um curso de sete semanas de duração, os colaboradores da General Mills se sentiam mais confortáveis para demonstrar sua verdadeira natureza nos ambientes de trabalho e acreditavam dar melhores contribuições às equipes.[8] Eles estavam mais propensos a dedicar total atenção a uma conversa e menos suscetíveis a deixar a mente divagar. Eles se empenhavam mais em priorizar as tarefas diárias e eram mais eficientes na eliminação das atividades contraproducentes. Afirmaram se sentir mais focados até mesmo em videoconferências e em reuniões. Além disso, se diziam cada vez mais *autoconscientes* de tais comportamentos. Eles percebiam quando a mente começava a se dispersar e percebiam quando vagava sem objetivo de um lugar para o outro. Conseguiam identificar quando dedicavam apenas metade da atenção a alguém e sabiam como trazer de volta o foco ao momento presente.

Ao longo deste livro, veremos mais histórias sobre os impactos que o treinamento em consciência plena tem causado em empresas ao redor do mundo na prática. Em uma das corporações da Fortune 500, a consciência plena ajudou a reduzir os custos de saúde. Em outra, ela ajudou a diminuir o número de acidentes de trabalho na linha de produção. Mas nem todos os benefícios da consciência plena são passíveis de mensuração. Em muitas instâncias, os efeitos se traduzem em mudanças sutis de temperamento, mais do que em uma reestruturação indiscriminada em algum departamento. E, ainda assim, se a consciência plena pode nos ajudar a nos sentir mais felizes com o que somos, mais bondosos uns com os outros e mais ponderados em nossas ações sobre o mundo, parece que todo o esforço despendido para introduzi-la nos ambientes de trabalho se justifica.

• • •

Há uma boa razão para que a consciência plena se popularize justamente agora: parece que estamos mais negligentes do que nunca, especialmente no trabalho. Em uma pesquisa recente, apenas 47% dos norte-americanos afirmaram estar satisfeitos com seus empregos.[9] Esse índice cresceu ligeiramente com o agravamento da recessão, mas representou uma queda significativa em relação ao nível de 61% de satisfação no emprego relatado duas décadas atrás. Com a emergência da crise financeira global, dois terços dos colaboradores afirmaram que passavam mais horas no trabalho, de acordo com uma pesquisa realizada pela firma de consultoria Towers Watson em trezentas grandes empresas. Ao mesmo tempo, o equilíbrio entre a vida profissional e a vida privada se tornou indefinido, a ponto de não o reconhecermos mais. Com os smartphones recebendo ininterruptamente e-mails institucionais, muitas pessoas já se conectam ao trabalho antes mesmo de saírem da cama todas as manhãs, e se conectam novamente minutos antes de dormir todas as noites. O emprego padrão, com oito horas de expediente, é uma estranha relíquia do passado. A incerteza nos mercados significa ansiedade na sociedade. As economias estão precárias, o mercado imobiliário vem se mostrando inconstante e a globalização e a tecnologia deixam vulneráveis as indústrias mais vigorosas. Enquanto isso, a corrupção sem a devida responsabilização debilitou muitas delas.

"Na crise financeira de 2008-2009, constatamos os efeitos da ganância praticada em larga escala nos bancos e nas empresas de seguros",[10] afirmou Jon Kabat-Zinn. "Curar-se dessa doença não é apenas uma questão de planos de socorro financeiro, de pacotes de incentivo e da mágica criação de maior confiança na economia. Precisamos conceber uma espécie diferente de confiança e um novo tipo de economia que não se baseie em gastos irracionais, mas, preferencialmente, na mobilização de recursos em torno de um bem maior, que vise o bem-estar das pessoas, da sociedade e do planeta. A consciência plena pode nos ajudar a abrir a porta para isso, auxiliando-nos a ir além das abordagens amparadas em puros pensamentos conceituais e orientadas por uma ganância ilimitada e legalmente sancionada."

Mas imagine se pudéssemos mudar esse paradigma e descobrir uma nova forma de trabalhar. Imagine se o trabalho não tivesse de ser nossa principal causa de estresse. A consciência plena não vai fazer com que um chefe desagradável se comporte melhor (pelo menos, não imediatamente), e não tornará o trabalho pesado menos exaustivo fisicamente do que já é. Porém, ao introduzir a consciência plena no trabalho, podemos mudar a maneira pela qual o chefe nos afeta, e mudar a forma pela qual reagimos à perspectiva dos momentos árduos no emprego. E, por sua vez, isso pode mudar a cultura de uma organização. A consciência plena pode nos propiciar uma nova forma de trabalhar, e isso já começa a acontecer em muitas empresas do mundo.

A General Mills é apenas uma parte dessa nova geração de organizações. Não se trata simplesmente do fato de que a fabricante de cereais tenha um mínimo de consciência social. Inúmeras outras corporações promovem o comércio justo, doam uma parte de seus lucros e tentam cuidar de seus funcionários. O que faz com que a General Mills se destaque, assim como outras instituições apresentadas neste livro, é que ela convidou cada um de seus colaboradores a investigar como a própria mente funciona e, ao fazer isso, iniciou um processo de transformação da empresa, e talvez, até mesmo, do mundo. Marturano e seus colegas sabem que o modo como trabalhamos hoje simplesmente não está funcionando. E agora, finalmente, todas essas crises externas — uma população estressada, uma crise econômica persistente e mudanças climáticas descontroladas — estão nos forçando a buscar soluções internas.

No livro *The Principles of Psychology* [Os princípios da psicologia, em tradução livre], William James reconheceu que a mente errática é um dos maiores obstáculos para o autoaprimoramento. "A faculdade de trazer de volta voluntariamente uma atenção que divaga, vez após vez, é a própria essência do bom senso, do caráter e da vontade", escreveu ele. "Ninguém é *compos sui* [senhor de si mesmo] se não a possuir. Uma educação que aprimorasse essa faculdade seria *a* educação *par excellence*. Mas é mais fácil definir esse ideal do que dar instruções práticas para realizá-lo."[11]

Agora já dispomos das ferramentas para realizá-lo. A prática da consciência plena cumpriu uma viagem milenar da antiga Índia até os ambientes de trabalho norte-americanos e nos ensina a controlar nossa atenção, a desenvolver uma apreciação sensata e a nos tornar mais alegres e mais compassivos. Para artesãos solitários, trabalhadores braçais, funcionários de centrais telefônicas, gerentes de nível intermediário e, igualmente, presidentes executivos, ela é, de fato, a educação *par excellence*.

O que não equivale dizer que a consciência plena é uma panaceia. Meditar durante cinco minutos ou, até mesmo, cinco horas por dia não vai resolver todos os nossos problemas. Continuaremos adoecendo. Nosso corpo continuará envelhecendo. Nossos colegas nos frustrarão, e as responsabilidades continuarão emergindo. Mas a prática da meditação pode atenuar nossas reações a isso, conferindo leveza ao trabalho, mesmo quando os colegas nos perturbarem e as responsabilidades se acumularem. E, no tempo certo, ela pode nos tornar mais eficazes, mais resilientes e, inclusive, dar um novo sentido ao trabalho.

Hoje, com as salas de meditação que surgem nos saguões de grandes empresas como a General Mills, e políticos sentados em silêncio no Capitólio, muitas pessoas são apresentadas pela primeira vez à consciência plena em programas de bem-estar corporativo ou em seções do noticiário local. Mas, na verdade, a consciência plena possui uma história incrivelmente rica, que remonta a milhares de anos. E para compreender tudo aquilo que a consciência plena pode oferecer — mais até do que benefícios como a redução do estresse e o aprimoramento da concentração — é preciso, antes, compreender como chegamos até aqui.

2. Como os cisnes chegaram ao lago

Mais de uma década antes de participar da sessão de meditação ministrada por Janice Marturano em um salão de conferências em Minneapolis, acompanhando pacientemente o ritmo de minha respiração, sentei-me sob uma árvore de Bodhi, em Bodh Gaya, Índia, para aprender a meditar. O ano de 2000 chegava ao fim, e eu estava lá devido a um programa de estudos no exterior, organizado pela Universidade de Antioch. Eu cursava o penúltimo ano na Universidade de Boston, e enquanto muitos dos meus colegas escolheram passar aquele semestre em Paris ou Milão, eu optei por resistir bravamente na Índia.

O subcontinente indiano foi uma experiência nova e perturbadora. Eu morava em uma pensão administrada por monges, chamada Burmese Vihar, na qual pavões selvagens perambulavam pelo jardim e monjas com vestimentas cor de açafrão cantavam ao nascer do sol. Por décadas, o local tem servido como a verdadeira base para ocidentais que viajam a Bodh Gaya em busca de treinamento em meditação. Ouvir as histórias das pessoas mais experientes me dava a sensação de fazer parte de uma rica tradição de estudos e investigação. Embora eu já tivesse viajado antes para países em desenvolvimento, o brutal despertar de sensações e o enorme volume de pessoas na Índia me deixaram com a impressão de que ainda não havia realmente conhecido o mundo até caminhar por aquelas ruas. O simples fato de colocar o pé para fora da pensão era uma aventura multissensorial impressionante. O turbilhão dos saris coloridos, as nuvens de poeira se levantando das estradas sem pavimentação e a fumaça acre proveniente de quiosques de comida preparada e servida na rua se combinavam para formar um fluxo de adrenalina entorpecente e infindável. Bodh Gaya, localizada ao sul do Himalaia, fica em Bihar, o estado mais pobre da Índia. No entanto, a pobreza não diminui o charme da região. Os habitantes de Bodh Gaya estão entre as pessoas mais bondosas que já conheci. É comum ouvir que as pessoas ou adoram a Índia ou a odeiam. Eu adorava.

A Universidade de Antioch havia nos levado a Bodh Gaya porque foi lá que Buda alcançou a iluminação. Morávamos em Burmese Vihar e passamos meses estudando com mestres da meditação de três tradições diferentes: vipássana, zen-budismo e budismo tibetano. E, por sorte — ou por bom karma —, o primeiro desses professores era considerado um dos maiores instrutores de consciência plena do século vinte: Anagarika Munindra.

Nascido em Bengala, Munindra era um homem pequenino, que lembrava, por suas feições, estatura e vestimentas, seu amigo Mahatma Gandhi. Funcionário público que começou a praticar meditação e que, por fim, se tornou responsável pelo complexo onde está situado o local da iluminação de Buda, Munindra-ji também se tornou um bem-sucedido professor, particularmente habilidoso em traduzir a vipássana, ou a Meditação da Introspecção, para os ocidentais. Embora nem de longe eu fosse um dos alunos mais próximos, Munindra e eu conseguimos estabelecer certa afinidade. Nos fins de tarde, eu caminhava ao seu lado até a árvore de Bodhi, quase sempre em silêncio. Durante as noites, eu me encontrava com ele no terraço da Burmese Vihar, sob um vasto céu repleto de bilhões de estrelas. Nos últimos meses, comecei a visitar Munindra em sua casa, em Calcutá, e o acompanhei até o sul da Índia, onde ele costumava passar os invernos. Mas naquelas primeiras semanas em Bodh Gaya, na maior parte do tempo eu desfrutava de sua companhia no saguão de meditação da Burmese Vihar. Sentava na primeira fila, em meio a outros trinta alunos da Antioch, enquanto ele ensinava as práticas básicas da conscientização plena.

"Um momento de cada vez", dizia ele, com uma voz aguda, tal como a de Yoda. "Percebam a respiração a cada momento." Os ensinamentos de Munindra enfatizavam a primazia do corpo humano. Inicialmente nos instruía a nos sintonizarmos com as sensações do ar que entrava e saía de nossas narinas, e nos apresentava a técnicas destinadas a nos trazer de volta ao momento presente, à realidade sensorial do que de fato acontecia, em vez de deixar a mente se perder em pensamentos e julgamentos. "Se observarmos nossa mente, o que descobriremos?", ele costumava perguntar, em um de seus ensinamentos típicos. "Descobriremos que nossa mente fica pensando constantemente em algo do passado ou planejando algo para o futuro. O passado não é real; já se foi. O futuro também não é real; ainda não chegou. A verdadeira realidade é o presente. Vivemos apenas no momento presente. O momento presente é verdadeiro. Portanto, temos de viver a vida integralmente, como seres vivos, vendo as coisas como elas são neste exato momento."[1]

Embora eu já tivesse praticado um pouco de meditação antes de chegar à Índia, as palavras de Munindra me sensibilizaram. As instruções cristalinas, o foco nas sensações familiares do corpo e da mente e a conduta tranquila e discreta dele fizeram com que a conscientização plena parecesse extremamente acessível. Munindra nos ensinava a usar o corpo e a mente como um laboratório, observando a impermanência das sensações físicas e de nossos próprios pensamentos. Ele nos ensinava a estabelecer certa distância entre nossa experiência do mundo e qualquer verdade universal, lembrando que todos nós nos aferramos à nossa própria versão da realidade, e que nenhuma delas é mais valiosa do que a versão das outras pessoas. Ele nos ensinava a vivenciar as sensações sem nos deixar subjugar por elas, permitindo-nos experimentar a dor, mas sem sofrimento. Não havia nada de especial em seu estilo de meditação. Os monges e as monjas costumavam praticá-lo há milênios, e Munindra já havia dado as mesmas instruções a milhares de ocidentais antes de mim. Mas exatamente pelo fato de serem tão simples e de seus resultados serem factíveis, o impacto era profundo.

Os ensinamentos de Munindra mudaram minha vida, ao me apresentar ao meu próprio corpo, aguçar minha mente e me transformar em uma pessoa mais bondosa. Desde então, sua sabedoria tem sido uma referência, me ajudando a constituir uma família e construir uma carreira. E, em uma notável e fortuita espécie de migração cultural, Munindra ressurgiu, de algum modo, quando eu realizava as pesquisas para este livro. Embora ele tenha falecido em 2003, alguns de seus alunos mais próximos estabeleceram as bases para a atual popularização da consciência plena nos Estados Unidos. Como resultado, os ecos de seus ensinamentos ainda podem ser ouvidos nos saguões da General Mills e em outras empresas por todo o país.

A consciência plena é um atributo inesgotável que todos possuímos. Ainda assim, foi somente há cerca de 3 mil anos que os homens santos da Índia começaram a reconhecê-la como uma ferramenta poderosa para o desenvolvimento espiritual e a mudança de comportamento. As primeiras menções a atributos comparáveis à consciência plena apareceram em descrições de práticas iogues nos Upanixades, escrituras do hinduísmo que remontam ao ano 1000 a.C.[2] Mas foi Sidarta Gautama, o Buda histórico, quem atingiu todo o potencial em consciência plena.

Como Buda afirmou aos seus discípulos: "É por meio do estabelecimento da adorável clareza da consciência plena que vocês conseguirão se desprender do passado e do futuro, superar o apego e o sofrimento, abandonar qualquer dependência e ansiedade, e fazer despertar uma inamovível liberdade do coração, aqui e agora."[3] De fato, o budismo se norteia pela prática da consciência plena. Um dos princípios fundamentais do budismo são os "quatro pilares da consciência plena" — consciência plena do corpo, dos pensamentos, das emoções e das percepções —, e a expressão está disseminada nos textos originais da tradição budista tal como as estrelas no céu.

Ainda que o budismo tivesse florescido na Ásia há milênios, levaria mais de 2 mil anos até que ele chegasse ao Novo Mundo. O primeiro grupo de norte-americanos a incursionar na prática foi o dos transcendentalistas. Em 1840, Ralph Waldo Emerson, então um jovem pastor unitarista em Concord, Massachusetts, lançou, em companhia de alguns amigos, dentre eles Henry David Thoreau, uma revista progressista chamada *The Dial*.[4] Embora ancorados nas virtudes norte-americanas e nas tradições cristãs, Emerson e Thoreau estavam sedentos por novas ideias e novas maneiras de compreender as rápidas transformações do mundo em que viviam. E, à medida que os textos budistas e hindus eram traduzidos na Europa e despachados pelo Atlântico, Emerson e Thoreau começaram a publicar excertos na *The Dial* e a tentar decifrar o significado daquelas tradições estrangeiras. Em certas ocasiões, os ensinamentos esotéricos eram mal interpretados. Em outras, Emerson confundia o budismo com o hinduísmo, e seu entendimento dos valores centrais do budismo era equivocado. Seu atordoamento era compreensível. Não havia mestres zen-budistas ou rinpoches tibetanos em Massachusetts naquela época, e nem mesmo estudiosos das religiões orientais. Os textos originais que recebiam eram traduzidos, algumas vezes equivocadamente. Ainda assim, ao deparar com aqueles escritos, publicar alguns e internalizar uma parte da sabedoria ali contida, Emerson e Thoreau abriram as portas para um diálogo consistente entre os pensadores norte-americanos e as tradições da sabedoria asiática. Os ensinamentos "orientais" deixaram de ser apenas curiosas religiões praticadas em terras longínquas. Nas mãos dos transcendentalistas, tornaram-se novos textos de referência, e, até mesmo, palavras a serem seguidas.

Dentre todos os companheiros, foi Thoreau quem levou os textos mais a sério. Em uma inserção na revista, em 1841, ele escreveu: "Em breve, pretendo partir e me mudar para longe, para perto de um lago, onde seja possível ouvir somente o som do vento perpassando por entre os juncos. Serei bem-sucedido se tiver conseguido me deixar para trás." Embora o termo *consciência plena* não fizesse parte do vocabulário usual da Nova Inglaterra no período pré-guerra civil, não resta a menor dúvida quanto às intenções de Thoreau. Ele pretendia observar o mundo um momento de cada vez, libertar sua mente da incessante tagarelice e transcender-se. Então, em um determinado dia de 1845, Thoreau marchou para as florestas de Massachusetts e embarcou naquilo que, até hoje, continua sendo o mais famoso experimento norte-americano em consciência plena.

O destino de Thoreau era o lago de Walden, um reservatório de água como outro qualquer, em terras recém-compradas por Emerson. Thoreau construiu para si uma pequena cabana e se mudou para lá com o objetivo de "viver deliberadamente".[5] Ele se manteve naquele local por mais de dois anos, em um isolamento quase total. Passava seus dias lendo, escrevendo e entrando em comunhão com a natureza. O livro que ele escreveu a respeito dessa experiência, *Walden*, se tornou instantaneamente um clássico que ajudaria a definir o caráter norte-americano. Entretanto, para além do ambientalismo e da desobediência civil, temas nos quais muitos intérpretes do texto costumam se fixar, Thoreau também estava pregando o evangelho da consciência plena.

Às vezes, em uma manhã de verão, após o banho habitual, eu ficava sentado no vão ensolarado da porta, do amanhecer ao entardecer absorto em devaneios, em meio aos pinheiros, nogueiras e sumagres, em serena solidão e quietude, enquanto os pássaros ao redor cantavam ou esvoaçavam silenciosos pela casa, até que o sol batia na janela do lado do poente ou o barulho de um carro na longínqua estrada me fizesse lembrar a passagem do tempo. Nessas temporadas eu crescia como o milho durante a noite, e elas eram melhores do que qualquer outro trabalho feito com as mãos. Não representavam tempo subtraído à minha vida, e sim um tempo além e acima de minha cota habitual. Percebia o que os orientais chamam de contemplação, bem como renúncia aos trabalhos.

Como observou o falecido estudioso do budismo Rick Fields, em seu livro *How the Swans Come to the Lake* [Como os cisnes vêm para o lago, em tradução livre], uma excelente história do budismo nos Estados Unidos, Thoreau, "certamente, não foi o único de sua geração a viver uma vida contemplativa, mas foi, ao que parece, um dos poucos a vivê-la de uma maneira budista. O que significa dizer que, talvez, ele tenha sido o primeiro norte-americano a explorar o modo não teísta de contemplação, que é o traço distintivo do budismo". Os amigos de Thoreau também o consideravam um personagem espiritualizado. Moncure Conway, pastor unitário dissidente que se tornou ateísta e ativista antiescravismo em Londres, fez o seguinte comentário a respeito da estadia de Thoreau em Walden: "Assim como o religioso iogue que se manteve por tanto tempo imóvel contemplando o sol, a ponto de plantas nodosas terem circundado seu pescoço, serpentes terem passado sobre seus quadris, e pássaros terem construído ninhos sobre seus ombros, esse poeta e naturalista, em consagração equivalente, se tornou parte do campo e da floresta entre os quais viveu." Fields chamava Thoreau de "pré-budista". Ele não se empenhou em cultivar o discernimento nem a compaixão, e tampouco uma compreensão intuitiva da interconectividade. Ao contrário, "ele prenunciou um budismo norte-americano pela própria natureza de sua contemplação, da mesma forma que uma certa qualidade de amanhecer límpido prenuncia uma manhã com tempo firme".[6]

A experiência de Thoreau em Walden continua a se mostrar elucidativa até hoje. O fundador da Redução do Estresse Baseada na Consciência Plena, Jon Kabat-Zinn, em seu livro mais acessível, *Wherever You Go, There You Are* [Aonde quer que vá, lá você está, em tradução livre], cita a aventura de Thoreau em uma de suas expressivas instruções de meditação. "Os dois anos que Thoreau passou no lago Walden foram, acima de tudo, um experimento pessoal em consciência plena",[7] escreveu Kabat-Zinn. "Ele resolveu arriscar a própria vida a fim de apreciar o encantamento e a simplicidade dos momentos presentes. Mas você não precisa se afastar do seu caminho para encontrar algum lugar especial onde possa praticar a consciência plena. Basta reservar algum tempo da sua vida para a tranquilidade e para o que chamamos de não-fazer, e, então, sintonizar-se com sua própria respiração. Tudo o que está no lago de Walden está presente na sua respiração."

Pelos próximos cem anos ou mais, o budismo não encontraria muitos incentivadores nos Estados Unidos — e muito menos a consciência plena laica. Vários movimentos específicos de cada país floresceram em torno de comunidades de imigrantes, transportando os rituais dos praticantes japoneses, chineses e coreanos para São Francisco, Chicago, Boston e outros locais. Porém, empenhados como estavam em preservar as tradições de seus países natais, esses movimentos regionais não conquistaram muitos adeptos ocidentais. Ainda assim, a disseminação do budismo tradicional pelos Estados Unidos estabeleceu as bases para uma maior aceitação social daquela religião relativamente exótica, um gesto que, enfim, propiciaria o estímulo para que um novo grupo de poetas e escritores se sentisse atraído pelas filosofias orientais.

Os anos posteriores à Segunda Guerra Mundial testemunharam a nova grande onda do engajamento norte-americano na consciência plena. Depois de cem anos de expansão das fronteiras internas e guerras no exterior, o espírito cultural norte-americano estava novamente preparado para a autorreflexão. Foi a época em que o país passou a dar sentido à sua identidade nacional emergente, uma tarefa entusiasticamente assumida, em parte, pela geração *beat*. Tudo começou em um dia de 1953, quando Allen Ginsberg perambulava pelas ruas de Manhattan e se deparou com o Primeiro Instituto Zen e seu acervo de textos, pinturas e músicas japonesas originais, armazenados em uma luxuosa residência de Manhattan. Na época,

Ginsberg era magro, usava óculos e tinha os cabelos penteados para trás, em nada lembrava o sábio corpulento e de cabelos desgrenhados que estabeleceria a ponte entre as gerações *beat* e *hippie*. Isso foi antes de "Uivo", e a vibração solene do Primeiro Instituto Zen o intimidou. Mesmo assim, Ginsberg ficou suficientemente intrigado com o que detectou no local, a ponto de procurar D. T. Suzuki, que, naquele momento, era a figura mais ilustre da tradição zen-budista nos Estados Unidos.

Quase na mesma época, um amigo de Ginsberg, Jack Kerouac, ávido por seu próprio momento Walden, entrou em uma livraria para consultar o livro de Thoreau. "Eu disse a mim mesmo: 'Vou cortar os laços com a civilização e voltar a viver no meio da floresta, assim como Thoreau.' Comecei a ler Thoreau e ele falava sobre a filosofia hindu", lembrou Kerouac, certa vez. "Aí eu deixei o Thoreau de lado e escolhi, por acaso, *A vida de Buda*, de Ashvagosha."[8] Ao longo da década de 1950, Kerouac alimentou seu interesse crescente no budismo, ao ler todos os textos originais que pode encontrar. Estudante aplicado, fez vastas anotações a partir de suas leituras e as compilou em um volume chamado *Some of the Dharma* [Um pouco do Darma, em tradução livre], que compartilhou com Ginsberg.

Em 1957, festejando o êxito de *On the road - Pé na estrada*, seu bem-sucedido romance, Kerouac escreveu *Os vagabundos iluminados*, um livro que trazia, em seu título original (*The Dharma Bums*), a palavra para os ensinamentos budistas — *dharma* — e que a apresentava, pela primeira vez, à grande parte do mundo ocidental. Relato semificcional de sua relação com seu amigo Gary Snyder, simpatizante do budismo, *Os vagabundos iluminados* foi outro sucesso. Em uma passagem, o personagem Snyder pensa no futuro e imagina que a geração seguinte será definida em termos de sua espiritualidade: "Tenho a visão de uma grande revolução de mochilas, milhares ou até mesmo milhões de jovens norte-americanos vagando por aí com mochilas nas costas, subindo montanhas para rezar, fazendo as crianças rirem e deixando os velhos contentes, deixando meninas alegres e moças ainda mais alegres, todos esses zen-lunáticos que escrevem poemas que aparecem na cabeça deles sem razão nenhuma, e também por serem gentis e também por atos estranhos inesperados, vivem proporcionando visões de liberdade para todo mundo e todas as criaturas vivas."

Com essa visão, Kerouac anteviu — ou, talvez, chamou à existência — os hippies da década seguinte. Pois o que seria aquela "revolução de mochilas" mencionada por Kerouac senão as multidões que se reuniriam em Woodstock e, em seguida, na Índia? Era o começo de uma nova e radical era na busca intelectual e espiritual norte-americana, e isso colocaria em movimento os ventos da história que, quarenta anos depois, fariam com que a consciência plena se tornasse parte integrante do sistema.

Na década de 1960, os hippies adotaram a meditação e a procura pela iluminação como elementos indissociáveis das calças de boca de sino, das roupas tingidas artesanalmente, do amor livre e das drogas que alteravam o estado de consciência. Os Beatles foram à Índia para meditar com Maharishi Mahesh Yogi. Um psicólogo norte-americano da Universidade de Harvard, chamado Richard Alpert, esteve na Índia e retornou como Ram Dass. Ele escreveu um livro seminal, intitulado *Be Here Now* [Esteja Aqui Agora, em tradução livre] e começou a pregar a mensagem de maior conscientização, para todos os que quisessem ouvi-lo. Um lama tibetano supostamente reencarnado, chamado Chögyam Trungpa Rinpoche, estudou na Universidade de Oxford, abandonou a túnica, adotou um terno de três peças e fundou uma faculdade credenciada, chamada Universidade Naropa, em Boulder, Colorado. Foi uma época fértil e bizarra, com uma infinidade de personagens e movimentos, impossível de ser recontada aqui de modo abrangente. Mas algumas pessoas merecem ser mencionadas, já que têm importância vital no lançamento das bases do movimento da consciência plena da atualidade.

No início dos anos 1970, surgiu uma nova linhagem de vagabundos da contracultura. Menos interessado em sexo, drogas e rock and roll do que em elevar seu nível de consciência, esse grupo — cujos integrantes contavam, de modo geral, com boa formação e boa situação financeira — viajou para a Índia, Tailândia e Birmânia (atual Myanmar) para aprender com os mestres da meditação. Vários deles foram ordenados monges e monjas ao longo do tempo, passando meses e anos dedicados à prática da meditação. E, no devido tempo, muitos acabaram indo parar em Bodh Gaya, a mesma cidade onde, mais tarde, eu conheceria Munindra. Foi lá que, oportunamente, muitas de suas práticas se intensificaram. Naqueles dias, enquanto milhares de peregrinos espirituais transitavam por templos como a Burmese Vihar, três professores destacaram-se e seguiram em frente, terminando por provocar um impacto duradouro na popularização da consciência plena.

Joseph Goldstein, Jack Kornfield e Sharon Salzberg se conheceram no início dos anos 1970, enquanto praticavam em Bodh Gaya. Os três foram alunos de Munindra e de outros professores, e se tornaram amigos rapidamente. Ao regressar aos Estados Unidos, eles decidiram fundar um centro onde pudessem oferecer retiros intensivos de meditação para saciar a curiosidade dos norte-americanos que não haviam viajado à Índia. No Dia dos Namorados de 1976, eles abriram a Sociedade de Meditação da Introspecção (IMS, na sigla em inglês), instalada em uma velha mansão em Barre, Massachusetts. Tempos depois, Kornfield também fundaria o Spirit Rock (Pedra Espiritual, em tradução livre), um centro com objetivos semelhantes, nas colinas ao norte de São Francisco. As comunidades da IMS e do Spirit Rock se consolidaram, e, paralelamente, centenas de outros centros de zen-budismo e budismo tibetano no país também seguiram conquistando grandes e novas plateias, em um movimento que Stephen Prothero, professor de religião da Universidade de Boston, chama de "surto de budistas"[9] — norte-americanos de meia-idade redescobrindo e, por vezes, reinventando sua própria vida espiritual. O florescimento desses grupos sinalizou uma nova e importante era na prática do budismo: a democratização da meditação. Se inicialmente a meditação da consciência plena era quase uma prerrogativa de monges e monjas, nas últimas décadas se tornou acessível a todos. Em uma pesquisa recente realizada com norte-americanos, 9,4% dos entrevistados responderam que meditavam.[10] Isso significa mais de 20 milhões de pessoas, apenas nos Estados Unidos. De fato, atualmente existem mais praticantes de meditação na Terra do que em qualquer outro momento anterior da história.

No entanto, apesar de toda a sua crescente popularidade, a IMS e o Spirit Rock eram, essencialmente, centros de retiro budista. Se a consciência plena quisesse se tornar realmente popular, precisaria se desprender de suas raízes culturais; se despir dos símbolos que associavam a prática a uma religião de 2.600 anos. E, mais do que ninguém, existe um homem que merece o crédito por ter transformado a consciência plena laica em uma respeitável busca do cotidiano: Jon Kabat-Zinn.

Kabat-Zinn deu início aos seus trabalhos no fim dos anos 1970 e continua a realizá-los até hoje. Ele verificou a validade da conscientização como tratamento clínico, desenvolveu um rigoroso estudo dos efeitos da meditação sobre o cérebro humano e sedimentou o caminho para o treinamento em consciência plena nos negócios, organizações, escolas e outros ambientes profissionais. Mas tente se referir a Kabat-Zinn em termos elogiosos (mesmo que minimamente) quando ele estiver por perto, e é bem provável que ele lhe interrompa.

"Todo mundo sabe como as histórias funcionam", diz Kabat-Zinn, um nova-iorquino modesto e partidário da autoironia. "Você pode contar sua própria história de milhares de maneiras, dependendo do efeito que deseja provocar, a quem estiver se dirigindo e assim por diante. Portanto, não acredito em nenhuma das histórias que conto a mim mesmo sobre meu passado e sobre minha própria trajetória. Mas, às vezes, acabo dizendo que apreciava esses assuntos desde cedo, talvez por volta dos 5 anos de idade."[11]

Filho de pai cientista e de mãe artista, Kabat-Zinn afirmou que sua formação intelectual sofreu da dicotomia das "Duas Culturas", um termo que C. P. Snow, cientista e escritor britânico, usou para descrever a cisão, nas sociedades ocidentais, entre as ciências e as humanidades. "Simplesmente, eu sabia que estava faltando alguma coisa. Eu podia sentir isso no teor emocional da família", diz ele. "E, para mim, se tornou realmente importante compreender: qual é o fator que unifica as diferentes formas de conhecimento? Ora, aos 5 anos de idade, provavelmente eu não teria me expressado dessa forma. Mas era como se fosse uma sensação física. Tem de haver mais coisas do que isso." Kabat-Zinn ingressou no Instituto de Tecnologia de Massachusetts (MIT, na sigla em inglês), onde cursou biologia molecular. Porém, mesmo buscando uma carreira em uma ciência ocidental tradicional, uma curiosidade mais profunda sobre a natureza da realidade ainda o atormentava. "É preciso começar com a física, a química e a biologia, mas e quanto à complexidade?", diz ele. "E quanto à consciência?"

Durante sua formação no MIT, ele foi apresentado à meditação budista. "Eu tinha 22 anos de idade, e foi como uma experiência de despertar", afirma ele. "A fumaça sagrada. Era o que eu vinha procurando ao longo de toda a vida. Uma forma de ser que nos permite apreender todas as coisas sem emitir julgamentos, sem compartimentalizar nada... A partir daquele momento, embora eu tenha conquistado meu Ph.D. em biologia molecular, esse outro componente muito importante para mim passou a estar presente, e foi assim que finalmente descobri o que eu queria fazer como profissão e como paixão."

O momento decisivo veio em 1979. Ele estava trabalhando no laboratório de anatomia macroscópica da Universidade de Massachusetts, em Worcester. Como precisava descansar, foi para um retiro de meditação. E enquanto permanecia sentado em silêncio por dias a fio, ele teve o tipo de epifania que, posteriormente, lhe pareceria tão óbvio. Ele percebeu que se a consciência plena é uma ferramenta para aliviar nossos fardos e desgaste nervosos, deveria ser introduzida nos locais onde as pessoas mais sofriam — os hospitais.

Em 1979, Kabat-Zinn montou uma clínica de redução do estresse na Universidade de Massachusetts. A partir dessa perspectiva, ele passaria a desenvolver o sistema conhecido como Redução do Estresse Baseada na Consciência Plena, ou MBSR, na sigla em inglês. Um curso coletivo de oito semanas de duração conduzido por um instrutor especializado, a MBSR compreende sessões semanais de duas horas de duração, acrescida de uma sessão de cinco horas. Durante o treinamento em MBSR, os participantes concordam em meditar por pelo menos 45 minutos por dia. Os alunos são instruídos a observar sensações e emoções, em vez de apegar-se a elas. Aprendem a fazer uma varredura no corpo, testemunhando a impermanência tanto das sensações agradáveis quanto das desagradáveis. Eles praticam ioga de intensidade moderada para desenvolver uma percepção sensorial mais aguçada. Focam em experiências físicas sutis — como a sensação do ar entrando e saindo das narinas —, de modo que cada detalhe seja captado em alta definição. Eles percebem com que facilidade a concentração pode ser desviada de um objeto de atenção — seja a respiração ou os sons que tomam conta da sala — para se fixar na mente incessantemente tagarela, saltitante como um macaco. Ao lidar com cada uma dessas novas experiências, os alunos também formam uma espécie de grupo de apoio mútuo, discutindo os desafios da prática entre si e com o professor.

No início, o ritmo da MBSR foi lento. Kabat-Zinn ensinava algumas pessoas de cada vez em uma pequena sala no subsolo. Os médicos do hospital de Worcester lhe enviavam pacientes que não apresentavam melhoras com os tratamentos tradicionais, e, pouco a pouco, os comentários acerca dos poderes curativos — ainda que extravagantes — da MBSR começaram a se espalhar. Os pacientes com dores crônicas chegavam em estado de agonia, dispostos a tentar o que fosse preciso. Depois de aprender a praticar a MBSR com Kabat-Zinn, eles se tornavam mais capacitados a lidar com suas doenças, mais à vontade com sua própria dor. A consciência plena não fazia o desconforto desaparecer, mas permitia que os pacientes controlassem as próprias reações à dor. Essa é uma das premissas básicas da consciência plena como meio de redução do estresse e da dor: todos nós sentimos dor, mas isso não significa que tenhamos de sofrer.

Em 1993, o repórter de televisão Bill Moyers produziu uma série para a PBS intitulada *A cura e a mente*. Um périplo dividido em cinco partes, abordando uma variedade de práticas médicas pouco convencionais que começavam a virar moda, *A cura e a mente* ajudou a sedimentar o caminho para uma aceitação mais ampla da medicina alternativa nos Estados Unidos. Em um trecho chamado "Curando a partir do interior",[12] Moyers dedicou quase uma hora a Kabat-Zinn e ao seu trabalho, acompanhando não apenas ele, como uma tropa de estudantes da MBSR ao longo do curso de oito semanas de duração. Moyers manteve o tom cético de um jornalista experiente que já tinha visto de tudo, mas abordou a prática com espírito aberto, e, por fim, reconheceu sua efetividade, citando alguns dos primeiros estudos que demonstravam a eficácia clínica da MBSR. Era um depoimento poderoso de um dos homens de maior credibilidade no jornalismo de notícias: a consciência plena não era nenhum truque da Nova Era, mas uma ferramenta legítima e eficaz para a redução do sofrimento.

O programa de Moyers foi um divisor de águas, e a reputação de Kabat-Zinn ficou ainda maior. Dois anos depois de o programa ter ido ao ar, Kabat-Zinn se tornou um dos cofundadores do avô dos programas acadêmicos focados em consciência plena — o Centro de Consciência Plena em Medicina, Saúde e Sociedade. Contando com o apoio de uma instituição, Kabat-Zinn e seus colegas puderam, a partir de então, atrair subvenções, contratar uma equipe, treinar instrutores e aprimorar seus esforços. Hoje, mais de 720 clínicas ensinam a MBSR, transformando-a em uma das formas de meditação com expansão mais rápida no país. Somente no centro de Massachusetts, mais de 200 mil pessoas já foram treinadas. Outras centenas de milhares aprenderam a MBSR em outros locais. Se a redução do estresse, o aprimoramento da concentração, o bem-estar geral e um senso de compaixão definem o terreno de uma vida mais conscienciosa, está provado que a MBSR é um dos mapas mais confiáveis para se chegar lá.

Enquanto isso, Kabat-Zinn passou a ser a figura mais representativa da consciência plena nos Estados Unidos e em todo o mundo. Depois de entregar as rédeas de sua clínica de redução do estresse ao seu amigo Saki Santorelli (o mesmo que ajudou Janice Marturano a desenvolver o programa de Liderança Consciente na General Mills), Kabat-Zinn assumiu o circuito de palestras e a docência em tempo integral. Ele viaja regularmente, disseminando a MBSR ao redor do mundo. A cada ano, ele coordena retiros para milhares de pessoas e lidera pequenos encontros voltados para políticos e líderes de negócios. E, além de abrir o caminho para a aplicação clínica e o estudo da consciência plena, Kabat-Zinn fez outra coisa muito importante: ele a popularizou.

À medida que o número de pesquisas sobre meditação aumentou, os pesquisadores começaram a se perguntar o quão ostensivos eles poderiam ser em relação ao reconhecimento das origens religiosas da consciência plena e de outras tradições contemplativas. Basta exagerar na terminologia budista para que os parceiros do meio acadêmico rejeitem prontamente todo o empreendimento, como se fosse uma tentativa velada de proselitismo. Por outro lado, afastar-se demais dos ensinamentos centrais da consciência plena significa se arriscar a reduzir uma rica tradição a um limitado e insensível conjunto de práticas e objetivos. Desde o princípio, Kabat-Zinn encontrou um excelente equilíbrio em sua definição clínica operacional da consciência plena: "Prestar atenção de uma forma específica: intencionalmente, no momento presente, e sem emitir julgamentos."

Não há menção alguma à religião, e, mesmo assim, as instruções captam a essência da prática milenar. Não significa que Kabat-Zinn não admita as raízes budistas da consciência plena. Em seus livros e palestras, ele revela abertamente as origens da consciência plena e usa a história recorrente dos *sutras* budistas para ilustrar seus ensinamentos. Mas também não insiste nesse ponto e afirma, explicitamente, que a consciência plena é uma busca laica. Este é um dos segredos do movimento da consciência plena: mesmo ao dispensar instruções radicais para modificarmos profundamente nossa maneira de ser, ele atinge esse resultado com a adoção de uma linguagem simples.

No jargão budista, isso poderia ser descrito como "meios habilidosos", ou *upaya*, um termo que se refere à importância de adaptar uma mensagem a um determinado público. Kabat-Zinn percebeu que simplesmente tentar ensinar o budismo ao público ocidental seria um fracasso retumbante. Por esse motivo, despiu dos ensinamentos quaisquer referências à antiga tradição indiana, mas ainda preservando seus princípios básicos. Kabat-Zinn nem sequer interpreta a consciência plena como uma prática espiritual. "Procuro evitar a palavra *espiritual*, como se ela produzisse alguma secreção tóxica", afirma ele. "Porque as pessoas se comprometem demais com a própria visão de espiritualidade e usam isso para estabelecer uma distinção entre si mesmas e qualquer outra pessoa que não considerem tão espiritualizadas quanto elas. Portanto, minha definição profissional de espiritualidade é o que significa, para nós, ser verdadeiramente humanos. E eu paro por aí. Dar à luz é espiritualidade? Picar legumes é espiritualidade? Ver o olhar de sua filha quando ela chega em casa da escola — essa é uma experiência espiritual? Ou tudo isso não basta? Não é realmente suficiente? Sob esse ponto de vista, tudo pode ser espiritual."

Hoje em dia, a influência de Kabat-Zinn se alastra desde as centenas de hospitais nos quais a MBSR é oferecida como técnica objetiva para o alívio da dor até a China, onde, apesar da permanente perseguição do país ao budismo tibetano, existe um interesse cada vez maior na consciência plena. Kabat-Zinn condensou os ensinamentos essenciais de professores como Munindra, descobriu uma maneira de transmiti-los em um programa relativamente eficiente de oito semanas de duração e ensinou pessoalmente a milhares de pessoas em todo o mundo.

Sozinho, porém, Kabat-Zinn não teria conseguido difundir a consciência plena como uma tendência importante. Seria preciso conjugar os esforços de muitos outros líderes das áreas acadêmica, empresarial e cultural para que, gradualmente, a prática da meditação se tornasse um componente bem-vindo à cultura popular. Dentre os contemporâneos de Kabat-Zinn que seguiam semelhantes linhas de orientação, havia um grupo formado por neurocientistas praticantes de meditação que estivera na Índia para estudar o cérebro dos monges tibetanos, e, consequentemente, deflagrou um movimento para introduzir a consciência plena no meio acadêmico norte-americano. Vamos dar mais informações sobre esse grupo no próximo capítulo. Ao mesmo tempo, psicólogos como Daniel Goleman, que popularizou o conceito de Inteligência Emocional, também se mostravam profundamente influenciados pela consciência plena. Embora até muito recentemente o tema não despertasse uma grande onda de entusiasmo público, durante os anos 1970, 1980 e início dos anos 1990, uma série de importantes experimentos ajudou a abrir caminho para o movimento da consciência plena tal como o conhecemos hoje. Uma dessas investidas, em particular, anteciparia a atual adoção da consciência plena pelas grandes corporações. E a empresa que embarcou nessa empreitada quase radical era famosa por seu conservadorismo, o que torna seus esforços ainda mais notáveis.

No início dos anos 1990, a Monsanto, maior companhia mundial de agricultura, já era controversa. Suas sementes "exterminadoras", que davam origem a plantas que não conseguiam se reproduzir por conta própria, a transformaram na inimiga pública número um dos ambientalistas. E a Monsanto tinha uma cultura corporativa famosa pela rigidez, tornando-a um improvável laboratório para um experimento em consciência plena.

Mas, naquela época, a Monsanto contava com um novo presidente executivo. Bob Shapiro havia subido na hierarquia até assumir um dos postos mais cobiçados no universo corporativo dos Estados Unidos. E, ainda que fosse suficientemente convencional para conquistar o cargo mais importante da Monsanto, Shapiro também era um antigo admirador das tradições contemplativas. Assim, quando seu amigo Charlie Halpern, advogado e adepto experiente da consciência plena, sugeriu que Shapiro experimentasse a prática no trabalho, o novo presidente executivo decidiu tentar. Halpern já intuía quem poderia ser indicado para ministrar as aulas, e foi assim que, em 1996, uma instrutora de consciência plena chamada Mirabai Bush conduziu Shapiro e outros 15 funcionários com altos cargos em uma oficina sobre "Habilidades de Pensamento Profundo" durante três dias, no Instituto Fetzer, em Kalamazoo, Michigan. Seria o primeiro de muitos dos retiros de meditação que acabariam introduzindo a prática da consciência plena na Monsanto.

Dar aulas para os executivos da Monsanto foi uma missão difícil para Bush. Antes de começar a trabalhar com Halpern, ela residira na Guatemala por dez anos, onde lidava com projetos de agricultura sustentável. "A Monsanto era uma vilã naquele mundo", afirmou ela. "No começo, eu não queria me envolver, mas finalmente me convenci de que seria uma grande oportunidade de verificar se a consciência plena funcionaria em um ambiente corporativo." Antes de o retiro começar, Bush foi até a sede da Monsanto e entrevistou cada um dos participantes, na tentativa de prepará-los para o que seria uma experiência intensiva — três dias e quatro noites em silêncio, com orientações para a meditação em posição sentada e em movimento, e para a prática do amor universal. Ela lhes perguntou se alguma vez eles já haviam passado algum tempo em silêncio, e obteve como resposta olhares de perplexidade. "Fico em silêncio quando leio o jornal pela manhã", disse um dos entrevistados. Ela riu sozinha. Um verdadeiro estado de calmaria da mente era um conceito estranho para aquele grupo.

No primeiro dia de retiro, os colaboradores da Monsanto apareceram no Instituto Fetzer trajando ternos e carregando pastas de executivos. "As pessoas não tinham a menor ideia de onde estavam se metendo", disse Bush. Ela os levou até a sala que abrigaria o espaço de meditação, pediu-lhes que retirassem seus sapatos e se deitassem, dando início a uma série de exercícios de relaxamento. Foi embaraçoso no começo, mas, por fim, os alunos acabaram aderindo, se mostrando extremamente obedientes. "Esse é o lado positivo de uma corporação tradicional", afirmou Bush. "Eu lhes dizia o que fazer e eles faziam. Eles eram ótimos. Aqueles caras realmente tinham um alto poder de concentração. E, quando empenhavam sua energia em algo, tudo fluía com bastante rapidez."

Ao longo dos dias seguintes, Bush conduziu os colaboradores da Monsanto em um rigoroso treinamento de meditação — longos períodos de silêncio pontuados por palestras sobre autoconsciência e compaixão. Era semelhante aos retiros monásticos realizados em centros de meditação como o Spirit Rock e a IMS. "As pessoas vivenciavam experiências revolucionárias", lembra ela. "Havia uma incrível disponibilidade para o aprendizado. Todas as descobertas básicas estavam acontecendo."

Bush foi praticamente obrigada a fazer um trabalho terapêutico a fim de se sentar ao lado de executivos da empresa que ela abominava. "Precisei vencer dificuldades enormes", me confidenciou. "Achei que eu era bastante compassiva, e que me sentiria confortável independentemente de com quem eu estivesse. Mas quando cheguei à Monsanto... Meu Deus! Percebi que há uma categoria de pessoas que eu qualifico como 'o outro'."

No último dia do retiro, o grupo se dedicou à prática do amor universal, desejando paz e felicidade a todos os seres sensíveis. Os participantes meditaram sobre o valor de todas as espécies, incluindo as pragas que os produtos da Monsanto visavam exterminar. "Ao finalizar essa prática, abri os olhos e vi lágrimas escorrendo em todos os rostos", disse Bush. Ela ficou surpresa ao observar aqueles executivos da Monsanto compartilhando sentimentos e demonstrando empatia. "Naquele momento, percebi que eu ainda era bastante preconceituosa."

Após aquele primeiro retiro, um executivo se aproximou de Bush e descreveu uma pequena conquista. Uma das atribuições de seu cargo era ouvir as queixas sobre o impacto ambiental dos produtos da Monsanto. Mas ele confessou que, quando as pessoas chegavam ao seu escritório para verbalizar suas preocupações, ele mal conseguia ouvir o que elas estavam dizendo, porque já ensaiava o texto que havia preparado em defesa do nome da Monsanto. Precisava preservar o acesso imediato àquelas respostas prontas, de modo que, quando alguém começasse a fazer uma reclamação, ele teria a réplica perfeita para fazer a pessoa se calar. Porém, depois de alguns dias praticando a consciência plena, ele já conseguia sentir aquela máscara caindo. Ele se reprogramava para prestar atenção integral ao que acontecia à sua volta. E se isso incluísse pessoas de fato aborrecidas, então ele também teria de escutá-las profundamente. Foi uma ligeira epifania, mas um começo promissor.

Bush continuou a dar aulas para os gerentes da Monsanto por mais alguns anos. Em 1997, o Wilderness Lodge, no Missouri, abrigou um retiro para 25 executivos, e, em 1999, os colaboradores da Monsanto já haviam estabelecido uma dinâmica própria, organizando sessões semanais, sessões de 24 horas e retiros residenciais com três dias de duração. Naquele ano, Bush deu uma palestra sobre "Consciência Plena e Negócios" e expandiu seus ensinamentos para outros escritórios da Monsanto no país. "Acreditávamos que poderíamos plantar algumas sementes e colher os resultados", afirmou ela. "E foi incrível. As pessoas queriam mais de tudo aquilo que propusemos." Bush percebeu alguns indícios de que a consciência plena fez a diferença na empresa durante o período em que trabalhou lá. A Monsanto não abriu mão dos organismos geneticamente modificados. Mas se mostrou mais receptiva às críticas durante algum tempo, e, por fim, acabou abandonando a tecnologia exterminadora. "A Monsanto se tornou mais flexível para ouvir os argumentos contrários e as diferentes perspectivas",[13] lembra Bush. "Percebi um movimento nesse sentido enquanto estava trabalhando com eles."

Mas todas as coisas são impermanentes, inclusive a experiência da Monsanto em consciência plena. Shapiro foi afastado da presidência executiva da Monsanto em 2000. A substituição dele procurou erradicar qualquer vestígio do estilo de gerência do antigo chefe, o que significou um fim abrupto do mais ambicioso programa corporativo em consciência plena da época, numa empresa que precisava daquilo com urgência. Se o programa de consciência plena da Monsanto fosse implementado atualmente, talvez sobrevivesse a uma renovação dos quadros. Porém, 15 anos atrás, havia pouquíssimas pesquisas que demonstrassem o poder da consciência plena, e quase nenhum reconhecimento público ou curiosidade pela prática. Apesar disso, o Centro para a Mente Contemplativa na Sociedade continuou a trabalhar na área empresarial e em outras organizações. Bush se tornou diretora executiva e passou a trabalhar com novos clientes, incluindo a Hoffmann-LaRoche, a National Grid e a Hearst. O centro também ampliou sua área de atuação, a fim de incluir advogados e educadores, e, atualmente, promove uma conferência anual em práticas contemplativas no ensino superior. Enquanto isso, Bush tem contribuído para o desenvolvimento de programas de treinamento em consciência plena na Google e nos corredores do Congresso.

Atribui-se ao célebre historiador britânico Arnold Toynbee a afirmação de que "a chegada do budismo ao Ocidente poderá vir a ser considerada o acontecimento mais importante do século XX". A declaração pode ser apócrifa, mas a opinião encontra ressonância especial em nossos dias, quando a consciência plena laica, fruto do budismo, começa a exercer influência nos empreendimentos ocidentais. Como salientou o estudioso das religiões David Loy, "talvez Toynbee tenha percebido algo que todos nós precisamos reconhecer: que, hoje em dia, a interação entre o budismo e o Ocidente é crucial, pois cada um enfatiza algo que falta ao outro. Se Toynbee fez ou não essa observação, o significado desse encontro pode ser quase tão grandioso quanto sugere sua declaração".[14]

Embora a consciência plena não possa ser considerada budista,[15] da mesma forma que a lei da gravidade não pode ser considerada inglesa por ter sido descoberta por Newton, a disseminação do budismo é parte importante dessa história. Pois foi somente por meio da exposição ao darma que uma nova geração de pensadores, pesquisadores e líderes culturais pôde se debruçar sobre alguns dos ensinamentos essenciais da tradição, despi-los de seus símbolos religiosos e apresentá-los de maneira puramente laica. Ao desenvolver a MBSR, o trabalho de Kabat-Zinn tornou a consciência plena acessível aos profissionais da medicina e possibilitou uma estrutura de abordagem nas experiências clínicas. O trabalho de Mirabai Bush na Monsanto entreviu a possibilidade de conjugar a consciência plena com o mundo corporativo norte-americano. Mas nesse mundo empírico no qual vivemos, seria preciso mais do que o entusiasmo desses pioneiros a fim de fazer com que a consciência plena se tornasse uma busca oficializada, especialmente no mundo corporativo norte-americano. Seria preciso reunir provas, basicamente na forma de estudos clínicos e acadêmicos, para conquistar um público mais amplo. E, como veremos no próximo capítulo, isso começou a acontecer somente nos últimos anos, quando dados científicos objetivos sugeriram que a meditação da consciência plena não muda apenas nosso comportamento. Ela também muda nosso corpo e nosso cérebro.

3. A ciência das sessões de meditação

EM UM DIA CHUVOSO DE PRIMAVERA, peguei o trem no Grand Central Terminal, no centro de Nova York, e embarquei em uma viagem de duas horas até o Norte, com destino ao Centro de Estudos Infantis de Yale, em New Haven, Connecticut. Eu ia visitar o neurocientista Judson Brewer, que, àquela altura, conduzia um trabalho pioneiro, investigando de que forma a consciência plena transforma o cérebro. Homem enérgico e de baixa estatura, com a barba bem-aparada e óculos com armação metálica, o próprio Brewer é um experiente praticante de meditação. Passou vários meses em retiro e demonstra ter um razoável domínio dos longos *sutras* que contêm os ensinamentos do budismo do Sudeste Asiático. Ele também faz parte de uma nova geração de cientistas que dá continuidade ao trabalho iniciado por Jon Kabat-Zinn nos anos 1970 — desvendando os benefícios da prática da consciência plena em pesquisas que têm sido publicados em revistas científicas especializadas. E, hoje, o principal foco de interesse de Brewer é a maneira pela qual a consciência plena laica pode ser usada para ajudar os norte-americanos. Meu objetivo era entrevistá-lo a respeito de seu trabalho e sua prática.

Porém, enquanto começávamos a conversar em um escritório abarrotado e eu retirava o gravador da pasta, ele me perguntou por quanto tempo eu havia meditado em minha vida. Respondi que havia praticado a consciência plena de modo intermitente durante 15 anos, meditando, ao todo, por milhares de horas. Seus olhos brilharam. Antes que eu tivesse tempo de terminar minha história, Brewer sacou seu telefone e ligou para um assistente de pesquisa. O fato é que eu era o sujeito ideal para o trabalho científico que eles estavam conduzindo, e Brewer começou a mobilizar sua equipe. A entrevista deveria esperar. Naquele dia, ele precisava investigar meu cérebro.

Vinte minutos depois, eu estava acomodado em um dos cantos de um pequeno laboratório, atrás de uma cortina negra, de frente para uma tela escura de computador. Dois assistentes de pesquisa começaram a espalhar um gel condutor gelado e incolor no meu couro cabeludo, em movimentos circulares. Atrás de mim, uma máquina de eletroencefalograma, ou EEG, começou a funcionar a todo vapor. Na mesa ao meu lado, havia uma espécie de touca de natação cheia de nódulos e fios que logo cobririam minha cabeça, medindo a atividade elétrica em diferentes partes do meu cérebro.

Naquele dia, Brewer e sua equipe estavam interessados na atividade do córtex cingulado posterior, uma área localizada no meio do cérebro, que constitui o nódulo central da "rede neural padrão", um circuito que é ativado quando estamos divagando, obcecados pelo passado e, geralmente, imersos em pensamentos autorreferentes. Naqueles momentos em que estamos tão absorvidos pensando em nossa própria vida a ponto de não prestar atenção ao que está se passando à nossa volta, a rede neural padrão assume o comando. Se meu córtex cingulado posterior exibisse um alto grau de atividade, provavelmente eu estaria divagando e elaborando narrativas a respeito de minha própria vida. Se ele estivesse inativo, seria um indício de que eu estava atento a algo. A hipótese, conforme Brewer me revelou mais tarde, era a de que quando o córtex cingulado posterior entra em estado de latência, as pessoas vivenciam o que ele denominava "atenção sem esforço".

"Não se trata de mera concentração", disse ele, "mas de uma qualidade de experiência de não fixação".

No começo do experimento, pediram que eu praticasse a consciência plena por dez minutos. Simplesmente fiquei imóvel, prestando atenção à minha respiração. Enquanto eu meditava, Brewer e sua equipe se ocupavam do equipamento, para se certificar da estabilidade do sinal. E, depois disso, os verdadeiros testes começaram. Na tela do computador à minha frente, uma série de palavras começou a piscar, com um intervalo de poucos segundos entre uma e outra. Minha tarefa era determinar se elas poderiam me descrever adequadamente: BEM-INTENCIONADO, DISTRAÍDO, CORDIAL, IRRITADIÇO. Conforme cada palavra aparecia na tela, eu tinha alguns segundos para fazer uma rápida avaliação. Eu era cordial? Eu era distraído? Eu era irritadiço? Como fiquei sabendo posteriormente, não importava se a palavra me descrevia ou não. O que importava era o fato de estar avaliando, contar uma história a meu respeito, vasculhar a minha mente e não o meu corpo. Conforme eu ia me fazendo cada uma daquelas perguntas, decidindo que tipo de pessoa eu era ou não, eu reforçava a história do meu próprio eu. E, a cada pequena irrupção de pensamento autorreferente, meu córtex cingulado posterior se iluminava.

Assim que uma palavra desaparecia da tela, minha tarefa era retornar imediatamente ao estado de consciência plena. E, naquele ponto, a tela do computador deixava de mostrar palavras para exibir um gráfico de barras progressivo, que representava a atividade no meu córtex cingulado posterior. Pude perceber que, quando o gráfico de barras se deslocava para cima, eu estava em um estado de maior atenção. Quando minha mente começava a divagar, o gráfico declinava, e se mantinha abaixo do eixo x. Cheguei a essa conclusão porque, quando o gráfico aparecia na tela, também era possível visualizar o gráfico do minuto anterior, no momento em que eu estava empenhado em fazer as associações de palavras. O gráfico apresentava uma linha de base estável, pontuada por picos abruptos descendentes, como se fossem estalactites penduradas no teto de uma caverna. Aqueles eram os momentos em que eu elaborava narrativas a respeito de minha própria identidade. Quando eu parava e simplesmente passava a prestar atenção à minha respiração, o gráfico se movia para a direção contrária, expandindo-se para cima, como se fosse uma montanha.

Ao longo de duas horas fizemos dezenas de rodadas como essa em que eu meditava primeiro e, depois, observava as palavras piscarem à minha frente na tela do computador. A cada vez, eu apresentava irrupções de processamento autorreferente enquanto fazia as associações de palavras, ativando meu córtex cingulado posterior. E, a cada vez, passava logo em seguida ao estado de meditação, fazendo com que o gráfico de barras assumisse a direção ascendente — um indício de que minha rede neural padrão não estava ativa; de que eu não estava pensando em mim mesmo. Os pensamentos surgiam, é claro. E eu podia observar seu aparecimento em tempo real, à medida que o gráfico de barras ascendia e descendia, mostrando a ativação do córtex cingulado posterior. Quando isso acontecia, eu renovava meus esforços, focava na respiração e o gráfico de barras voltava a subir.

Em dado momento, quase no fim de um dos experimentos, decidi começar a meditar, e, logo depois, permiti intencionalmente que minha mente começasse a divagar. Queria verificar se eu conseguiria, de fato, manipular o gráfico do EEG de maneira voluntária. Após a associação de palavras, comecei a focar em minha respiração. E então, depois de cerca de trinta segundos, pensei na coisa mais estressante que poderia me ocorrer: uma entrevista de trabalho. Dois dias depois, eu teria uma entrevista final com a editora executiva do *New York Times*. Imediatamente, me perdi em um ansioso fluxo de pensamentos sobre minha candidatura àquele emprego, sobre ser entrevistado pela minha futura e potencial chefe, e sobre o drama de precisar abandonar minha atual posição no *Financial Times*. E, de fato, na tela, o gráfico de barras despencou. Qualquer resquício de consciência plena havia evaporado instantaneamente.

Na rodada seguinte, tentei repetir a experiência. Primeiro, fiz as associações de palavras; depois, comecei a meditar, e, na sequência, pensei mais uma vez na minha entrevista com a chefe. Desta vez, porém, o gráfico de barras não caiu vertiginosamente. Minha reação de estresse diante daquele pensamento não estava sendo tão severa; eu não estava me deixando capturar pela minha própria narrativa pessoal. Simplesmente percebi que estava pensando na minha entrevista de trabalho e voltei a prestar atenção na minha respiração. Foi como se minha mente já tivesse visto aquela parte do filme, não tivesse apreciado particularmente a experiência e não precisasse assisti-la novamente. Ao contrário, os pensamentos acerca da minha entrevista de trabalho foram perdendo intensidade até assumir um segundo plano, sem dominar minha atenção.

Esse era o momento no qual Brewer e sua equipe estavam interessados. Eles queriam verificar se os praticantes experientes de consciência plena conseguiam ter pensamentos estressantes sem demonstrar nenhuma reação. "A hipótese é a de que há um elemento comum entre o pensamento, a ansiedade e a capacidade de avaliação, diferentemente da mera percepção", conforme Brewer me disse posteriormente. "Isso diz respeito à relação que a pessoa estabelece com seus próprios pensamentos. Se você se deixar capturar pelos pensamentos, é possível que tenha uma reação fisiológica de medo, e isso é diferente de perceber conscientemente seus pensamentos e conviver com eles, o que não quer dizer 'agarrar-se' a eles. Tem a ver com se deixar capturar ou não se deixar capturar pelos seus pensamentos. É o que descrevo como desobstruir o próprio caminho. Não tem a ver com *não* pensar; tem a ver com como você se relaciona com o ato de pensar."

Antes de eu deixar o laboratório de Brewer, fizemos mais uma rodada. Eu pretendia verificar qual era o aspecto da meditação do amor universal no gráfico EEG. O amor universal, ou *metta*, é um tipo de meditação que, em geral, costuma ser ensinado concomitantemente à consciência plena básica. A prática é ilusoriamente simples, mas muito poderosa. Tudo o que a *metta* exige é que você deseje o bem para si mesmo, para aqueles que estão ao seu redor e para todos os outros seres. Para praticar, basta recitar algumas frases em silêncio: "Que eu possa ser feliz, que eu possa ter saúde e estar seguro, que eu possa me libertar do sofrimento." Depois de alguns instantes, expandimos isso para os que estão à nossa volta: "Que todos nessa sala possam ser felizes, que todos nessa sala possam ter saúde e estar seguros, que todos nessa sala possam se libertar do sofrimento." Finalmente, desejamos o bem para todas as pessoas. "Que todos os seres sensíveis possam ser felizes, que todos os seres sensíveis possam ter saúde e estar seguros, que todos os seres sensíveis possam se libertar do sofrimento." Na *metta*, não existe nenhuma expectativa de que nossos desejos exerçam um impacto efetivo no resultado de qualquer acontecimento específico. Também não significa orar para uma divindade que possa se dignar a prestar algum auxílio. Ao contrário, a *metta* aperfeiçoa nossa habilidade de evocar sentimentos de compaixão, benevolência e afeto, sob a ação da vontade. Além disso, é uma prática eficaz, que nos permite ficar menos preocupados com nosso próprio eu e mais preocupados com os outros.

Durante aquela rodada final, as associações de palavras — RUDE, PRESTATIVO, CURIOSO — suscitaram o previsível gráfico com formato de estalactite, conforme a atividade no meu córtex cingulado posterior aumentava sempre que eu pensava em mim mesmo. Em seguida, mudei para o modo *metta*, e o gráfico imediatamente disparou para cima. Embora eu estivesse desejando o bem para mim mesmo, isso não desencadeava o mesmo tipo de resposta autorreferente que eu havia observado nas associações de palavras. Depois de vinte segundos, comecei a desejar o bem para todas as pessoas que estavam na sala — Brewer e seus assistentes. O gráfico subiu a níveis ainda mais altos. Qualquer atividade que pudesse haver no córtex cingulado posterior continuou a diminuir. Minha rede neural padrão foi entrando em estado de latência conforme eu direcionava minha atenção para o mundo exterior. Por fim, comecei a desejar o bem para todos os seres sensíveis. O gráfico de barras aumentou ainda mais vertiginosamente. Quanto mais eu ampliava o raio do meu amor universal, menos eu me deixava obcecar por minha própria infelicidade.

Foi uma demonstração maravilhosa do poder da ciência e do poder da consciência plena. Com essas práticas simples, consegui controlar um dos componentes mais obstinados da consciência — o eu. Enquanto isso, Brewer pôde vislumbrar novas descobertas acerca dos mecanismos internos do cérebro humano.

Brewer e sua equipe em Yale estão na vanguarda de uma espécie de revolução científica. Nas melhores universidades de pesquisa do mundo, algumas das mentes mais brilhantes vêm investigando a consciência plena. Centros inteiros foram criados na Universidade de Stanford, na Universidade da Califórnia em Los Angeles (UCLA) e na Universidade de Massachusetts, entre outras, onde cientistas e psicólogos se dedicam ao estudo dos praticantes assíduos de meditação. Em pouquíssimo tempo, o estudo da meditação — rejeitada até recentemente por ser considerada, na melhor das hipóteses, uma técnica pseudocientífica de autoajuda — se tornou parte do cotidiano do meio acadêmico. E se existe uma linha de pesquisa que ganhou mais impulso do que todas as outras é o modo pelo qual a consciência plena afeta nosso cérebro. Os adeptos desse campo emergente escolheram, até mesmo, um nome brilhante para se autodefinir: "neurocientistas contemplativos".

A mudança de paradigma não aconteceu da noite para o dia. A ampla aceitação da consciência plena como uma prática merecedora de cuidadosa investigação científica, com aplicações clínicas viáveis, demorou bastante para chegar. Em 1983, o empresário norte-americano R. Adam Engle, que vinha praticando a meditação budista fazia uma década, soube que o Dalai Lama, líder espiritual do Tibete, estava interessado na ciência ocidental e ávido por compartilhar sua compreensão da prática contemplativa com a comunidade científica ocidental.[1] Engle ficou intrigado, e começou a especular se poderia contribuir para facilitar o diálogo. No ano seguinte, Engle se encontrou em Los Angeles com o irmão mais novo do Dalai Lama e traçou um plano para um colóquio de uma semana de duração entre o Dalai Lama e um grupo de cientistas ocidentais. Alguns dias depois, chegou a resposta — o Dalai Lama havia concordado, e Engle estava autorizado a organizar o evento. Mais ou menos na mesma época, Francisco Varela, neurocientista chileno residente em Paris, se encontrou com o Dalai Lama no Simpósio sobre a Consciência de Alpbach, na Áustria, e os dois engataram uma conversa sobre a interseção entre a prática budista e a ciência. Embora Varela não conhecesse Engle, ele também estava interessado em criar um ambiente formal onde a sabedoria oriental e a ciência ocidental pudessem manter um diálogo produtivo. Em 1985, uma amiga de Varela, a monja zen-budista Joan Halifax, que, à época, administrava a Fundação Ojai, tomou conhecimento dos esforços de Engle e sugeriu que os dois unissem forças. As equipes se encontraram na Fundação Ojai em 1986 e fundaram o Instituto Mente e Vida. Dois anos depois, Engle, Varela e os colegas partiram para Dharamshala, a remota cidade das montanhas ao norte da Índia, sede do governo tibetano no exílio e residência do Dalai Lama.

Os cientistas cognitivos que foram ao encontro do Dalai Lama para se apresentar a ele não estavam seguros quanto ao tipo de resposta que obteriam. O líder espiritual do Tibete iria mesmo se importar com o trabalho que eles desenvolviam em seus laboratórios? Porém, em vez de um líder religioso desmotivador, o que eles encontraram foi um monge curioso, repleto de perguntas inteligentes, que, ao ser solicitado, colaborava com a discussão a partir de sua perspectiva budista. "Não havia uma agenda", afirmou B. Alan Wallace, tradutor do Dalai Lama. "Foi uma convergência de ideias."

Aquele primeiro evento do Mente e Vida foi uma reunião íntima no sopé do Himalaia. Desde então, o Mente e Vida já promoveu dezenas de debates e publicou um vasto número de livros e artigos, arregimentando dezenas de conceituados cientistas das mais variadas áreas. Daniel Goleman, o psicólogo que divulgou a

Inteligência Emocional, participou do segundo encontro do Mente e Vida, em Newport Beach, Califórnia, em 1989. Assim como seu amigo Jon Kabat-Zinn, Goleman teve uma formação pautada na medicina e na ciência ocidentais, mas desenvolveu uma estreita afinidade com as práticas meditativas do Oriente. "Há milhares de anos os budistas vêm criando meios de estimular a emoção positiva através da meditação", afirmou ele.

No ano seguinte, ele foi o moderador do terceiro debate do Mente e Vida e convidou Kabat-Zinn para participar. O Dalai Lama estava presente, e Kabat-Zinn e seus colegas descreveram suas pesquisas, relatando como o incentivo ao comportamento pró-social — geralmente, por meio da meditação — melhorava a saúde física, emocional e mental. Embora Kabat-Zinn e os outros viessem ensinando há anos a meditação laica na forma da Redução do Estresse Baseada na Consciência Plena, o Dalai Lama ainda não havia manifestado seu apoio à prática. Porém, ao ouvir aquele grupo, ele começou a mudar de opinião. O Dalai Lama passou a acreditar que a meditação não precisava ser, necessariamente, uma prerrogativa de monges e monjas. Ela também podia provocar um impacto nas pessoas comuns.

Antes que a ciência pudesse apostar todas as fichas na consciência plena, era importante que a tecnologia fosse atualizada. E foi um novo equipamento científico em especial — as imagens por ressonância magnética funcional, ou fMRI, na sigla em inglês — que ajudou a comunidade científica a dar um grande salto à frente. Quando os resultados da ressonância magnética começaram a ser apresentados, os participantes dos encontros do Mente e Vida passaram a discutir mais do que as conexões teóricas entre a neurociência e a meditação; eles passaram a examinar estudos fundamentados, que produziam resultados significativos.

A beleza da tecnologia da fMRI é que ela mostra, em tempo real, quais são as áreas do cérebro que estão ativas. Em um cérebro irritado, certas áreas se iluminam. Em um cérebro satisfeito, outras áreas se ativam. Depois de examinar o cérebro dos mesmos indivíduos, os cientistas rapidamente começaram a perceber que os caminhos neurais pareciam mudar ao longo do tempo. O cérebro não era algo fixo, como se acreditava anteriormente. Ele mudava, podia ser treinado e era tão maleável quanto o plástico.

As tradições contemplativas acreditam nisso há milênios. Um princípio básico do budismo é a convicção de que podemos nos desvencilhar dos maus hábitos e substituí-los por hábitos virtuosos. A partir daquele instante, os cientistas conseguiriam observar isso acontecendo em seus monitores de computador. No encontro do Mente e Vida de 2000, o Dalai Lama foi informado sobre a tecnologia da ressonância magnética e ficou fascinado. Logo em seguida, começou a incentivar os neurocientistas a estudar o cérebro dos monges budistas. "Sua Santidade queria comprovar que as técnicas eram válidas e, caso isso fosse demonstrado, ele pretendia divulgar amplamente os resultados, para que outros também pudessem ser beneficiados", afirmou Goleman. Não demorou muito para que uma nova geração levasse aquela determinação a sério.

Desde então, o Instituto Mente e Vida já organizou dezenas de debates entre cientistas seniores e praticantes de meditação, que atraem milhares de pessoas para os eventos realizados no MIT, em Harvard e em outras universidades do mundo. As subvenções do instituto financiaram o trabalho de uma nova geração de neurocientistas contemplativos; seus programas de verão propiciaram oportunidades de monitoramento dessa nova leva de pesquisadores; e suas publicações ajudaram a retirar a ciência da meditação dos mosteiros e levá-la para o interior das universidades.

Um dos cientistas que descreveram a ressonância magnética para o Dalai Lama nas primeiras reuniões do Mente e Vida foi Richard Davidson, da Universidade de Wisconsin-Madison. Com seus grandes olhos de menino e seus cabelos grisalhos desgrenhados, Davidson supervisiona um pequeno império que realiza pesquisas em consciência plena, e, atualmente, é a figura mais proeminente da neurociência contemplativa. Mas faltou pouco para que ele não seguisse esse caminho.

Estudante de graduação em Harvard nos anos 1970, ele andava em companhia de heróis da contracultura, como Timothy Leary e Ram Dass, e começou a praticar meditação. Davidson foi para o Sri Lanka, onde permaneceu por três meses estudando com monges budistas e experimentou pessoalmente o modo pelo qual a meditação e a consciência plena transformavam desde seu cérebro até seu corpo, deixando-o mais calmo, menos emocionalmente reativo e mais saudável. Quando retornou a Cambridge, estava convencido de que poderia construir uma carreira com base no estudo da consciência plena e do cérebro.[2] Como se fosse possível. Quando revelou aos seus orientadores que pretendia se dedicar ao estudo da meditação, eles o demoveram da ideia. Seria o fim da carreira, disseram eles. E foi assim que Davidson acabou se tornando um neurocientista tradicional bem-sucedido, ainda que se mantivesse fiel à sua prática de meditação.

Se Davidson tivesse ignorado seus orientadores e insistido nas pesquisas sobre consciência plena logo no começo de sua carreira, talvez ele não tivesse chegado tão longe. No início dos anos 1970, as poucas pesquisas existentes em meditação tendiam a ser mal executadas e propensas a superestimar os benefícios. Um dos estudos sugeria que a taxa de criminalidade havia diminuído em bairros onde as pessoas vinham praticando a Meditação Transcendental, um tipo diferente de prática. Além disso, Davidson reconheceu que "a ciência e os métodos daquela época não eram adequados à tarefa de estudar experiências internas sutis". Ou seja, a tecnologia ainda não era suficiente. Sem a tecnologia da ressonância magnética, indisponível em larga escala naquela ocasião, os cientistas não conseguiam testemunhar as mudanças da atividade cerebral em tempo real. Os cientistas também não conseguiam entender plenamente a epigenética, a forma pela qual a constituição genética pode ser transformada no decorrer da vida. E, mais importante do que isso, afirmou Davidson, "não tínhamos uma compreensão da neuroplasticidade. Hoje em dia, é uma opinião consensual que o cérebro é um órgão programado para se modificar em resposta às experiências, e, o que é muito relevante no nosso trabalho, em resposta ao treinamento". Mas não era isso o que ocorria nos anos 1970.

Então, em 1992, Davidson conheceu o Dalai Lama e lhe confessou o acalentado sonho de unir sua prática pessoal à pesquisa profissional. Muita coisa havia mudado ao longo dos últimos vinte anos. O grupo Mente e Vida havia ajudado a legitimar o estudo científico da meditação, mais membros da academia saíam do anonimato — anunciando, sem nenhum pudor, que eram praticantes de meditação —, e a tecnologia havia sido aprimorada. Logo depois, Davidson, àquela altura um bem-sucedido professor com um futuro brilhante à sua frente, fez uma aposta que, em outras épocas, poderia ter lhe custado sua carreira. Ele transformou a ciência da meditação em sua principal área de pesquisa. E, em pouco tempo, conduzia alguns dos primeiros estudos neurológicos com praticantes de meditação, usando as novas tecnologias para verificar como o cérebro se transformava em resposta à meditação. Os trabalhos científicos confirmaram sua hipótese de que a mente — aquilo que nós pensamos — pode mudar o cérebro — aquela massa de tecido cinzento no interior do nosso crânio. Por fim, ele foi convidado para apresentar suas conclusões ao Dalai Lama em um encontro do Mente e Vida. E, hoje, apesar de sua origem simples do Centro-Oeste, Davidson é uma espécie de sumidade da neurociência.

Em 2009, Davidson fundou o Centro de Investigação de Mentes Saudáveis, na Universidade de Wisconsin-Madison. Atualmente, trata-se de um dos principais centros de pesquisa com foco na eficácia do treinamento em meditação para o cérebro, e o centro é, em si, um testemunho vivo do poder da consciência plena nos ambientes de trabalho. "Foi um impacto radical", me disse Davidson. "Construímos um espaço de meditação dentro de nosso laboratório, que é utilizado tanto para pesquisas quanto para nossas próprias práticas pessoais. Fazemos sessões regulares lá. É um hábito nosso." Dentre as mais de sessenta pessoas que trabalham no centro, a maioria delas medita. "Todo o ambiente foi substancialmente afetado. Há uma espécie de conexão dármica subjacente que faz com que o funcionamento cotidiano seja bastante incomum. Como o líder nominal de todo esse empreendimento, minhas habilidades de liderança foram profundamente afetadas por tudo isso. E ter um lugar como esse incrustado no meio de um ambiente acadêmico competitivo é incrível."

A credibilidade nos meios oficiais não veio com facilidade para Davidson e seus colegas. Até recentemente, afirmar que sessões com duração de algumas horas de meditação ao longo dos anos poderiam alterar a estrutura do cérebro teria sido considerado uma heresia. E, mesmo nos anos 1990, um congresso científico defendeu a tese de que após um período crítico de "plasticidade" no início da vida, a arquitetura básica do cérebro se torna definitiva, determinando, essencialmente, nossas conexões neurais para o resto da vida. Quando muito, o cérebro se degradaria com o decorrer do tempo. Mas poucos acreditavam que poderíamos controlar a forma pela qual ele envelhecia, quanto mais fortalecê-lo, ou, ainda, sujeitá-lo a se concentrar em emoções positivas como a compaixão. Porém, enquanto Kabat-Zinn desbravava a MBSR nos ambientes clínicos, neurocientistas como Davidson começavam a revelar novas verdades sobre nosso órgão mais complexo. E, atualmente, pesquisas obstinadas feitas por cientistas do mundo inteiro, conjugadas com os avanços da fMRI e de outras tecnologias de neuroimagens, conduziram a uma revolução no modo de compreender nosso cérebro. Graças aos seus trabalhos, sabemos agora que nossos caminhos neurais continuam a se desenvolver ao longo de toda a vida. Essa é uma descoberta-chave na neurociência moderna — a arquitetura de nosso cérebro não é estática; ela pode ser transformada. Essa noção de "neuroplasticidade" subverteu o estudo do cérebro nas instituições acadêmicas ao redor do mundo e vem mudando a maneira pela qual os pesquisadores avaliam a consciência plena.

Um dos primeiros e mais conhecidos indícios da neuroplasticidade teve origem em estudos com motoristas de táxi de Londres.

Para adquirir o direito de guiar um táxi preto naquela cidade, os candidatos devem memorizar um mapa completo das labirínticas ruas de Londres. Para dominar "o Conhecimento", como se costuma dizer, os aspirantes a motoristas precisam conhecer centenas de nomes de ruas, dezenas de rotas populares e uma infinidade de atalhos. Memorizar o Conhecimento pode levar anos, e, mesmo assim, muitos dos que se dedicam aplicadamente aos estudos acabam reprovados no exame final. Mas há uma diferença visível no cérebro daqueles que conseguiram dominar as tortuosas ruas de Londres. Vários trabalhos científicos demonstraram que a massa cinzenta do hipocampo — uma área associada à memória e à orientação espacial — dos motoristas habilitados a dirigir táxis em Londres é substancialmente mais espessa que a daqueles que não são taxistas.[3] O mesmo é válido para outras vocações altamente técnicas. Uma pesquisa com violinistas revelou que as partes do cérebro associadas à motricidade da mão esquerda, usada para pressionar as cordas contra o braço do violino, eram muito mais desenvolvidas nos violinistas do que nas pessoas que não tocam violino.[4] Acontece a mesma coisa com nossos músculos intelectuais e emocionais. Quanto mais utilizamos as partes do cérebro associadas à concentração, e até mesmo à compaixão, mais fácil é encontrar o foco ou sentir amor e bons sentimentos pelos outros. Os cientistas chamam esse fenômeno de "reorganização cortical uso-dependente". Em linguagem clara, isso significa que a maneira pela qual utilizamos nossa mente afeta o modo como nosso cérebro funciona. Mas eis aqui uma forma mais simples de pensar: aquilo que praticamos se fortalece.

Em certo sentido, as pesquisas sobre neuroplasticidade apenas confirmam as verdades ancestrais. "Tudo o que se pensa e pondera frequentemente se torna tendência em sua mente", disse o Buda. A variante moderna, muito citada pelos neurocientistas, é: "Neurônios que disparam juntos permanecem juntos." É uma verdade simples, mas profunda: com o treinamento, os caminhos neurais que regulam nossas emoções, pensamentos e reações podem ser reprogramados. "A mente pode mudar o cérebro, e um cérebro modificado pode, então, mudar a mente", me disse Davidson. "E algumas dessas mudanças podem ser benéficas."

De fato, a consciência plena parece mudar o cérebro de algumas maneiras específicas. Em termos mais abrangentes, a consciência plena aumenta a atividade em certas partes do córtex pré-frontal, uma região evolutivamente recente do cérebro, e importante para muito daquilo que nos torna humanos. Essa região é a sede dos pensamentos de ordem superior — nossas capacidades de avaliação, tomada de decisão, planejamento e discernimento. O córtex pré-frontal também é uma área que parece ficar mais ativa quando nos engajamos em comportamentos pró-sociais — como compaixão, empatia e bondade.

Uma forma de mensurar esse fenômeno é observar a espessura cortical do cérebro, também chamada de massa cinzenta. Em um estudo de 2005, a pesquisadora Sarah Lazar e seus colegas de Harvard investigaram se a meditação era capaz de mudar a estrutura física do cérebro.[5] A fim de testar a hipótese, Lazar utilizou escâneres de fMRI para medir as variações na espessura do córtex cerebral em norte-americanos praticantes de Meditação da Introspecção de longa data, que enfatiza a consciência plena em todos os aspectos da vida, e, em seguida, comparou os dados com os córtices cerebrais de pessoas que não praticavam meditação. Lazar e seus colegas demonstraram que as regiões corticais associadas ao processamento de estímulos sensoriais eram mais espessas nos praticantes mais experientes de meditação da consciência plena. Os resultados propiciaram algumas das primeiras evidências de que a meditação poderia mudar a estrutura do cérebro. E também sugeriam que o hábito da meditação conseguiria reduzir o inevitável ritmo de estreitamento do córtex pré-frontal, correlacionado com o envelhecimento.

Em outro estudo, os pesquisadores mostraram que a meditação aumentava a massa cinzenta das "regiões do cérebro envolvidas em processos de aprendizagem e memória, regulação de emoções, processamento autorreferencial e tomada de perspectiva".[6] É uma lista e tanto, indicando que a consciência plena pode ajudar nossa mente de diversas maneiras. Os resultados revelaram mudanças quantificáveis nas regiões do cérebro ligadas à memória, autoconsciência, estresse e empatia. Na pesquisa, 16 participantes tiveram o cérebro escaneado em intervalos regulares, antes, durante e depois de um curso de MBSR de oito semanas de duração. Ao praticar exercícios de consciência plena por mais ou menos 27 minutos por dia, os participantes relataram se sentir menos estressados após o treinamento em MBSR. Mas o cérebro de cada um deles falava mais alto do que suas respostas a um questionário. As imagens prévias e posteriores mostravam que, em apenas dois meses, a densidade da massa cinzenta do hipocampo, um centro de aprendizagem, memória e autoconsciência, havia aumentado.

"É fascinante verificar a plasticidade do cérebro e constatar que, com a prática da meditação, podemos participar ativamente da mudança do cérebro e aumentar nosso bem-estar e nossa qualidade de vida",[7] afirmou Britta Hölzel, pesquisadora do Hospital Geral de Massachusetts e da Universidade de Giessen, na Alemanha, e uma das responsáveis pela pesquisa. "Outras investigações realizadas em diferentes grupos de pacientes mostraram que a meditação pode produzir melhorias significativas em uma ampla gama de sintomas. Neste momento, estamos investigando os mecanismos subjacentes do cérebro que facilitam tais mudanças."

Estudos como esses estão apenas começando, e nossa compreensão do cérebro está longe de ser completa. Mas os trabalhos de Davidson, Lazar e outros já demonstram uma conexão direta entre a prática da consciência plena e a arquitetura de nosso cérebro.

Nosso cérebro plástico também pode trabalhar contra nós. Se cedermos às nossas predisposições básicas e reagirmos a cada emoção negativa ruminando os erros do passado ou planejando esforços para nos vingar, com o passar do tempo tais padrões ficarão apenas mais arraigados, encarcerando-nos em uma prisão mental que nós mesmos construímos. Os neurocientistas podem constatar isso nas leituras digitais das fMRIs; em indivíduos constantemente agitados, as partes do cérebro associadas ao medo, ao apego e à reatividade entram em operação ao menor sinal de distúrbio, custando a se estabilizar novamente. No entanto, por meio de mecanismos biológicos idênticos, a prática da consciência plena muda nosso cérebro e nosso comportamento ao longo do tempo.

Uma das áreas de particular interesse para os neurocientistas contemplativos é a amígdala, uma região em formato de amêndoa, localizada no meio do cérebro. A amígdala, ao que parece, desempenha um papel fundamental em nossas reações ao estresse. Quando vivenciamos uma situação estressante, duas regiões principais do cérebro são ativadas — o hipocampo e a amígdala. O hipocampo, uma estrutura em formato de cavalo-marinho próxima à base do cérebro, recebe as informações provenientes de nossos sentidos. Se considerar a situação ameaçadora, o hipocampo aciona a amígdala. E, quando a amígdala é acionada, nossa reação de luta-ou-fuga entra em atividade, injetando cortisol e outros hormônios em nosso sistema, o que aumenta nossa pressão arterial e prejudica nossa capacidade de avaliação. Ficamos irritados. Reagimos agressivamente. Nos arriscamos a piorar a situação, em vez de melhorá-la. Os neurocientistas chamam isso, carinhosamente, de "o sequestro da amígdala".

É desnecessário dizer que esse tipo de reação de tudo ou nada, de luta ou fuga, não é adequado ao mundo moderno, especialmente nos ambientes de trabalho. O mais leve contratempo pode assumir um aspecto dramático. Desavenças passageiras podem se converter em mágoas profundamente enraizadas. E quando a amígdala aumenta seu nível de atividade de forma constante e exponencial, ela se deixa estimular com mais facilidade, ficando mais sensível ao distúrbio seguinte. A excitação nervosa se torna um círculo vicioso.

A boa notícia é que um pouco de consciência plena tem se mostrado uma defesa eficaz contra o sequestro da amígdala. Em um estudo desenvolvido no Hospital Geral de Massachusetts, os pesquisadores demonstraram que a meditação reduziu o tamanho da amígdala depois de apenas oito semanas de prática. Isto é, a consciência plena fez com que seus praticantes se tornassem menos propensos a reações exageradas; menos propensos a deixar que sua raiva os dominasse.

E parece que tais mudanças também são duradouras. A consciência plena não modifica o cérebro apenas durante a meditação. Os efeitos se mantêm por muito tempo depois de nos levantarmos da almofada. O mesmo estudo que provou que a meditação reduziu o tamanho da amígdala também constatou que a regulação emocional estimulada pela meditação perdurava por bastante tempo após a prática das sessões.[8]

Davidson e o Centro de Investigação de Mentes Saudáveis continuam a ser referências no universo da neurociência contemplativa, tirando partido da crescente sofisticação dos escâneres de fMRI e da crescente aceitação da pesquisa sobre a meditação como uma ferramenta para reprogramar o cérebro. Assim como o EEG que Jud Brewer usou comigo em Yale, a fMRI possibilita aos pesquisadores uma oportunidade de compreender como diferentes atividades afetam o funcionamento do cérebro. "As imagens funcionais mostram a atividade dinâmica no interior do cérebro ao longo do tempo", afirmou o colega de Davidson, Antoine Lutz. "Podemos tentar observar, por exemplo, como as regiões do cérebro associadas à atenção ou à empatia funcionam de modos distintos em um praticante experiente e em um principiante, no momento em que focam sua atenção ou estimulam a compaixão durante a meditação."

Outras colegas de Davidson, Lisa Flook e Laura Pinger, conduziram outro projeto de pesquisa que estudou os efeitos da consciência plena em alunos em idade pré-escolar, bem como nos professores. A prática foi centrada no cultivo da bondade, em paralelo ao da consciência plena. Ao longo de oito semanas, as crianças que participaram do estudo praticaram exercícios de respiração e exercícios físicos, escutaram leituras sobre bondade e afetuosidade e se engajaram em exercícios destinados a demonstrar preocupação por seus colegas. Em comparação com um grupo de controle que não foi treinado no mesmo período (mas, sim, posteriormente), os alunos que receberam o treinamento em bondade ficaram mais atentos e manifestaram maior controle das emoções. "Examinamos os efeitos do treinamento na atenção e na regulação da emoção dos estudantes, suas relações com os colegas de classe e seus comportamentos pró-sociais", afirmou Flook. "As crianças executaram tarefas no computador que mediam sua capacidade de atenção. Os professores preencheram questionários sobre o comportamento das crianças em sala de aula, enquanto os pais descreveram o comportamento das crianças dentro de casa. Nossa pesquisa sugeriu que houve melhorias na atenção e aumento de comportamentos pró-sociais entre as crianças que receberam o treinamento." E funcionou da mesma forma para os professores. "O treinamento em consciência plena pode acentuar a sensação de bem-estar dos professores", disse Flook. "Pode servir também como uma proteção contra o estresse provocado pelas demandas e pelos desafios do ambiente de sala de aula."

Outra colega de Davidson, Melissa Rosenkranz, se esforçou para compreender como as emoções positivas e negativas afetam o sistema imunológico — em outras palavras, a conexão corpo-mente. Ela trabalhou com Davidson e Kabat-Zinn em uma pesquisa seminal, que demonstrou que o treinamento em consciência plena ativava o córtex pré-frontal esquerdo do cérebro de funcionários de uma empresa de biotecnologia, além de fortalecer o sistema imunológico deles. Desde então, tem investigado "exatamente qual o poder que o cérebro é capaz de exercer sobre a saúde do corpo". Uma pesquisa recente investigou se a consciência plena poderia ajudar ou não a tratar a asma. A hipótese é a de que, se os pacientes treinarem a mente para deixá-la menos reativa, eles conseguirão atenuar as reações de estresse, que, de modo geral, costumam intensificar os ataques de asma. Embora o estudo ainda não esteja concluído, os resultados iniciais sugerem que Rosenkranz está caminhando na direção certa.

Durante os poucos dias em que permaneci em Madison, Davidson estava liderando um colóquio que reunia o Dalai Lama, a comentarista e empreendedora Arianna Huffington e um punhado de vencedores do Nobel. Na banca de jornal do hotel, a *Madison Magazine* exibia uma matéria de capa sobre Davidson e o Centro de Investigação de Mentes Saudáveis. Depois da palestra do Dalai Lama, Davidson autografou exemplares de seu novo livro para uma legião de fãs. Mais tarde, naquela semana, um público seleto seria convidado para o lançamento de um filme que retratava o trabalho desenvolvido por ele e o visual deslumbrante de seu novo e brilhante centro de pesquisa. Para alguém que quase não seguiu esse caminho, Davidson parece extraordinariamente à vontade na vanguarda da neurociência contemplativa.

Inicialmente, Davidson não se dedicou ao estudo dos efeitos da meditação no cérebro, temendo que isso pudesse arruinar sua carreira. Atualmente, jovens neurocientistas já não enfrentam esse tipo de estigma, e um grupo formado por Brewer e Lazar, entre outros, faz com que as pesquisas avancem a cada ano. Entender como a prática da consciência plena modifica o cérebro e como pode ser aplicada de maneira vantajosa em um ambiente clínico são temas que vêm sendo estudados pelos mais destacados pesquisadores de Harvard, Yale, Stanford e dezenas de outros laboratórios de pesquisa universitária.

Uma medida do crescente interesse acadêmico na meditação é o volume de artigos científicos especializados que abordam a consciência plena. Pesquisas sobre consciência plena financiadas pelos Institutos Nacionais de Saúde pularam de dois em 2000, para 128 em 2010.[9] O Centro Nacional de Medicina Complementar e Alternativa (NCCAM, na sigla em inglês), órgão ligado aos Institutos Nacionais de Saúde, gastou menos de US$ 2 milhões em pesquisas sobre meditação em 2002. Em 2012, esse número havia atingido US$ 14 milhões. Atualmente, artigos com títulos como "À procura de compaixão"[10] e "Por que é tão difícil prestar atenção, mas será mesmo?" aparecem com regularidade na *Science*, na *Frontiers in Human Neuroscience* e em outros importantes periódicos científicos. Existe, ainda, uma revista científica especializada, chamada *Mindfulness*, publicada pela Springer, poderosa editora de livros acadêmicos.

Josephine Briggs é a diretora do NCCAM, o principal patrocinador de pesquisas em meditação e consciência plena. Médica formada em Harvard, Briggs passou a maior parte da carreira trabalhando com a medicina tradicional de ponta e foi testemunha do impulso conquistado pelo estudo da consciência plena em décadas mais recentes. Ela afirma que, hoje, esse campo está no auge, na medida em que os rigorosos estudos e as aplicações clínicas da meditação se tornam mais aceitos nos meios oficiais. "Há duas razões para isso", ela me disse. "Uma é científica. O desenvolvimento das ferramentas da neurociência capazes de estudar o cérebro humano, em especial os métodos de neuroimagem, foi substancialmente aprimorado. Hoje em dia, há um entusiasmo autêntico pelo fato de podermos entender, anatomicamente, o que acontece quando mexemos um dedo." A meditação, segundo Briggs, é apenas mais uma funcionalidade física que os cientistas podem estudar. "É evidente que, ao focar sua atenção, você modifica por completo seu estado mental."

A outra razão pela qual as pesquisas em consciência plena atingiram um ponto culminante é, segundo Briggs, mais pragmática. "Está relacionada ao fato de que um conjunto de trabalhos tem concordado com a tese de que tais abordagens ajudam as pessoas", afirmou ela. "Elas podem compensar as reconhecidas limitações da farmacologia no controle de incômodos." Ou seja, a consciência plena pode contribuir nos pontos em que os medicamentos deixam a desejar. Existe um campo emergente que conjuga o tratamento farmacológico com exercícios de treinamento do cérebro, cuja finalidade é aprimorar a eficácia dos medicamentos. "Essas práticas não são mais periféricas, em hipótese alguma", destaca Briggs. "É uma mudança de paradigma."

De fato, discussões abertas sobre autoconsciência, meditação e compaixão não são mais um tabu em si mesmas, algo destinado apenas aos esquisitões da Nova Era ou aos alternativos cheirando a patchuli. Sem dúvida, ainda haverá opositores. Mas o estigma está diminuindo, e a mudança teve origem nos corredores acadêmicos e nos laboratórios dos pesquisadores da Ivy League. Da mesma forma que a ciência deu o primeiro passo para fazer com que outros temas anteriormente considerados extravagantes se banalizassem — como os malefícios do tabagismo, a importância dos exercícios físicos e a ameaça do aquecimento global —, também vem ajudando a consciência plena a se tornar objeto de pesquisas e tratamentos médicos convencionais. Da mesma forma que já se comprovou que a consciência plena muda nosso cérebro, ela também muda nosso corpo. Praticar a consciência plena ativa as regiões do cérebro associadas ao comportamento pró-social e às emoções positivas, e pode levar, inclusive, à perda de peso e ao alívio de doenças crônicas. Essas descobertas apontam para uma nova forma de pensar a saúde e o bem-estar. Hoje, em vez de uma abordagem meramente terapêutica, que costuma exigir grandes quantidades de tratamentos farmacológicos, algumas das vozes mais importantes do sistema de saúde norte-americano estão aderindo aos poderes curativos da consciência plena, da meditação e da autoconsciência.

Apesar dessa enxurrada de atividades de pesquisa, a consciência plena como prática medicinal ainda é uma área incipiente. Embora esteja evidente que a prática pode ser extremamente benéfica em uma ampla gama de situações, estamos apenas começando a compreender como ela funciona. Determinar com precisão por que simplesmente prestar atenção pode ter efeitos tão transformadores em um organismo tão complexo quanto o corpo humano continua a ser mais arte do que ciência. As pesquisas clínicas nessa área estão apenas no início, e ainda estamos nos primeiros estágios do entendimento de como a mente afeta o corpo, e vice-versa.

O que todos esses estudos de fato nos dizem? Por mais fascinante que seja, a verdade é que toda a ciência tem uma utilidade prática limitada. Ela pode nos dizer o que se passa no cérebro quando praticamos a consciência plena, e isso, por sua vez, pode servir como parâmetro para fundamentar os argumentos dos céticos. Pois a fMRI e o EEG não nos dizem como viver nem apontam o caminho para alcançar o principal objetivo. O objetivo não é uma amígdala menos reativa. O objetivo é a felicidade verdadeira e sustentável.

Além disso, até mesmo entre os que pesquisam a meditação, resta alguma desconfiança quanto à natureza efetivamente esclarecedora de tais pesquisas. Willoughby Britton, professora de psiquiatria e comportamento humano da Faculdade de Medicina da Universidade de Brown, vem assumindo o posto de uma autêntica ombudsman nessa área. Apesar de ser uma assídua praticante de meditação, Britton se refere de forma áspera a muitos neurocientistas contemplativos. Ela faz uma avaliação particularmente severa daqueles que parecem usar as pesquisas para promover a agenda budista. "Esse não é o propósito da ciência — confirmar o darma",[11] declarou ela. "E, se é isso o que as pessoas estão fazendo como cientistas, elas precisam recuar sensivelmente e atentar para os princípios éticos dessa atitude. Usar a ciência para validar sua religião ou sua visão de mundo — há algo de muito errado nisso." É uma questão especialmente angustiante quando se trata de pesquisas em consciência plena, pois, como é o caso de Kabat-Zinn, Davidson e outros, muitos dos que lideram os estudos também são praticantes de meditação há longo tempo. "A tendência natural para confirmar nossa própria visão de mundo tem se mostrado muito acentuada", disse Britton.

De modo mais genérico, Britton acredita existir um entusiasmo injustificado sobre o que os estudos acerca da consciência plena de fato provam. "A comoção pública está superando as evidências científicas", afirmou ela. "A percepção pública sobre o patamar a que as pesquisas chegaram é muito superior ao seu nível real." A consciência plena não é uma panaceia, ela reitera. E a comunidade científica tem a responsabilidade de evitar a supervalorização dos benefícios da meditação. "As pessoas encontram sustentação para aquilo em que já acreditam, em vez de se basearem no que os dados de fato mostram", disse ela. "Ironicamente, precisamos de muita consciência plena para 'ver claramente' a ciência da consciência plena."

Britton tem razão. É importante não depositar tanta fé no poder da ciência para explicar o poder da consciência plena. A verdadeira compreensão só pode advir da prática. E os estudos também não deveriam ser usados como ferramentas de marketing para visões de mundo emergentes. Ainda assim, o volume de pesquisas que vem sendo produzido sobre consciência plena e suas descobertas iniciais são muito atraentes. Transferir a discussão sobre os benefícios da consciência plena do domínio da teoria para o interior dos laboratórios foi, em si, um grande e importante passo. Mas a ciência avança lentamente, e a neurociência contemplativa está nos estágios prematuros de desenvolvimento. Serão precisos muitos anos mais, décadas, talvez, para que tenhamos um número substancial de pesquisas. E, mesmo assim, é possível que estejamos atingindo apenas a superfície do problema.

Dois dias depois da visita ao laboratório de Yale, realizei minha entrevista de trabalho no *New York Times*. Cheguei alguns minutos adiantado, e Jill Abramson, naquela ocasião a editora do jornal, estava em reunião com outra pessoa em sua sala. Quando a secretária me indicou uma cadeira e pediu que eu esperasse, achei que em vez de navegar na internet no meu iPhone, seria melhor praticar um pouco de *metta*. Comecei a desejar o bem para mim mesmo, e depois para todas as pessoas que estavam naquele prédio. Em seguida, fiz mais um pouco de *metta* voltada para minha potencial chefe. Naquele instante, aconteceu algo inesperado. Parei de pensar em Abramson como a formidável editora executiva do *New York Times*, que dentro de alguns minutos decidiria se eu estava ou não qualificado para trabalhar no jornal. Afinal, assim como eu, ela era apenas mais uma pessoa. Abramson, até onde eu podia perceber, tinha as mesmas motivações, frustrações, alegrias e inseguranças que todos nós. Eu estava desejando o bem para todos os seres sensíveis quando me chamaram para entrar no escritório dela.

A entrevista correu muito bem, e fui convidado a integrar a equipe do *Times*. Mas, antes de deixar o escritório de Abramson, começamos a conversar sobre meu interesse em meditação. Descobri que ela se iniciava na prática da ioga e que também lia a respeito da consciência plena. Conforme fui me descontraindo, mencionei o experimento em Yale e o momento em que fui solicitado a pensar em uma experiência estressante, quando me veio à mente exatamente aquele nosso encontro. Abramson sorriu e disse: "Bem, não foi tão mau assim, foi?"

Não foi, e esse é o ponto. Apesar de toda a energia que eu havia despendido me estressando com minha entrevista, deu tudo certo. Com que frequência executamos essa mesmíssima rotina, nos preocupando com algo sem nenhuma razão aparente? Com que frequência nos deixamos exaltar por alguma coisa antes que ela aconteça, apenas para descobrir que a fonte dos nossos medos era inexistente? Com muita frequência, para ser exato. Mas a consciência plena pode nos ajudar a romper esse ciclo. No próximo capítulo, veremos como a prática pode ser um antídoto eficaz contra o mais comum dos algozes: o estresse.

4. Menos estressados

PRATICAMENTE NA MESMA ÉPOCA em que comecei a ouvir falar sobre consciência plena no trabalho e a planejar minha viagem para visitar Janice Marturano na General Mills, fui promovido. Isso aconteceu quando eu ainda trabalhava no *Financial Times*; depois de atuar na cobertura de mídia por alguns anos, meu editor pediu que eu me tornasse o único repórter do jornal especializado em fusões e aquisições nos Estados Unidos. Era uma grande proposta, mas, de início, relutei em aceitar. Eu gostava de ser repórter de mídia e sentia que estava acertando meu passo. Havia, também, o dado concreto de que cobrir fusões e aquisições é uma missão extremamente competitiva. Espera-se que os repórteres dessa seção estejam de prontidão 24 horas por dia e trabalhem, de modo geral, aos domingos, à caça das transações que possivelmente serão anunciadas nas assim chamadas Fusões das Segundas-Feiras. E, nos Estados Unidos, o *Financial Times* se mostrava superado, ao competir com as grandes equipes de repórteres do *Wall Street Journal* e da Bloomberg. Apesar de tudo, era uma grande oportunidade de assumir uma seção importante, e eu aceitei o trabalho, mesmo prevendo sua imensa carga de estresse.

Eu estava certo. Instantaneamente, o emprego se mostrou avassalador. Nos primeiros três meses, precisei participar de reuniões de trabalho no café da manhã, almoços e drinques após o expediente, somados aos intermináveis dias na redação. Sempre que uma transação era anunciada, ou até mesmo que boatos a respeito se espalhavam, me pediam para apurar a notícia ou divulgá-la. Era exaustivo, e percebi que meus níveis de estresse começaram a aumentar consideravelmente. Por sorte, eu sabia o que fazer. Embora a consciência plena funcione melhor como medicina preventiva, ela também pode se revelar um remédio eficaz. E, depois de algumas semanas intensas fazendo matérias sobre fusões e aquisições, eu sentia que era hora de retomar a meditação.

Mesmo tendo praticado a consciência plena intermitentemente por quase 15 anos, eu havia passado todo aquele tempo sem nem sequer experimentar a forma de treinamento em meditação provavelmente mais popular nos dias de hoje: a Redução do Estresse Baseada na Consciência Plena. Mais do que qualquer outra aula, conteúdo programático ou instrutor, foi a MBSR que ajudou a popularizar a consciência plena nos últimos trinta anos. Como repórter, eu precisava descobrir do que se tratava. E, a título pessoal, reduzir meu nível de estresse também me parecia uma ideia muito sensata. Meu emprego me deixava mais tenso do que nunca, e, além disso, eu tentava escrever um livro. Com um cronograma apertado como aquele, seria preciso usar o máximo possível de consciência plena. E, então, com o nível de estresse no trabalho aumentando, me inscrevi no meu primeiro treinamento em MBSR. Consegui, inclusive, convencer minha esposa, Alison (que nunca foi propriamente uma praticante de meditação, mas que, de modo geral, é a pessoa mais ponderada da família), a se inscrever também.

Foi uma época difícil. Além de nossa atribulada vida profissional, havíamos acabado de passar por um golpe pessoal: Alison tinha sofrido um aborto espontâneo, e estávamos debilitados, tentando processar uma complexa torrente de emoções. Assim como Marturano, que partiu para o deserto para ter aulas com Kabat-Zinn, estávamos pessoal e profissionalmente esgotados. Mas eu sabia que precisava renovar minha prática, e Alison intuía que a consciência plena poderia ajudá-la a se recuperar. E foi assim que, em uma quinta-feira à noite, às 20h30, depois de um longo dia de trabalho, enquanto nossos amigos saíam para jantar ou assistir a um espetáculo, lá estávamos nós em nossa primeira aula de MBSR, olhando fixamente para uma uva-passa.

Nos encontrávamos no Open Center, uma meca da Nova Era escondida atrás do Empire State Building. Entramos pela loja de presentes, um estabelecimento com cheiro de incenso, repleto de cristais e *wraps* recheados de arroz integral biodinâmico. Atravessamos a loja às pressas e subimos as escadas até uma ampla sala de aula, onde assumimos nossos lugares em um grande círculo, ao lado de outros 28 profissionais vindos de todas as partes de Manhattan.

Eu me acomodei sobre uma desconfortável cadeira dobrável de metal. A sala que ocupávamos, um amplo espaço com pé-direito duplo e grandes janelas que davam para as agitadas ruas do lado norte da cidade, já havia visto dias melhores. O carpete lilás estava manchado, e uma lâmpada fluorescente no teto não parava de piscar. Não era um ambiente dos mais reconfortantes, mas o fato é que a consciência plena nos pede para estar em paz até mesmo nas situações mais desagradáveis. Do fundo do corredor, ruídos lancinantes de uma aula de flauta indígena norte-americana trespassavam o ar. E embora todos os outros alunos tivessem comparecido por livre e espontânea vontade, definitivamente havia uma certa apreensão na atmosfera. Descobrimos, afinal, que uma aula introdutória à consciência plena pode ser uma fonte de estresse.

Nossa professora no curso de oito semanas de duração era Amy Gross, ex-editora da revista *O*, braço editorial do império de mídia de Oprah Winfrey. Baixinha, de feições suaves, vastos cabelos negros e olhar doce, Amy fazia todo o possível para deixar o grupo à vontade em um ambiente evidentemente desagradável. Todos pareciam saber que as coisas ficariam ainda mais difíceis, mas ninguém sabia exatamente o que esperar. Mesmo assim, eu sentia que estávamos em boas mãos. Pelo fato de ter trabalhado com Oprah por anos, eu suspeitava que Amy sabia algo sobre o estresse no trabalho. E depois de gastar algum tempo com formalidades e fazer uma rodada de apresentações, ela foi direto ao que interessava.

Eu estava tão ávido por aprender a MBSR que foi um desafio me sentir totalmente presente. Eu tivera um dia conturbado no trabalho, repleto de prazos se expirando, editores gritando, colegas ansiosos e fontes com informações evasivas. Ainda estava pensando na matéria que eu havia acabado de fechar, e que seria publicada on-line a qualquer minuto. A turbulência do aborto espontâneo continuava a exigir minha atenção emocional. Embora eu estivesse sentado, era possível sentir que o ritmo do dia continuava a me atingir, como se eu tivesse acabado de colocar os pés em terra firme após passar horas dentro de um trem. E, naquele instante, decorridos trinta minutos de nossa primeira aula, estávamos olhando fixamente para uma uva-passa, que, teoricamente, deveria ser o objeto de nossa atenção pelos dez minutos seguintes.

Amy nos pediu para examinar a uva-passa na palma de nossas mãos como se nunca tivéssemos visto algo assim antes; como se fosse um objeto alienígena que tivesse aparecido magicamente, vindo de outro planeta. Considerem isso uma novidade, disse ela, com todos os cinco sentidos. Começamos com a visão. Com que ela se parecia? Com uma pedra? Um pedaço da casca de uma árvore? A pele de um elefante? Examinei o pequeno pedaço de fruta seca, reparando nas contradições de seu formato. Extremidades pontiagudas cobriam seu corpo esférico. Entre seus sulcos, havia manchas salpicadas de uma substância branca desidratada, o açúcar que evaporou dos sumos, grudadas à textura enrugada.

Próxima etapa: a audição. Que som uma uva-passa produz? Nenhum, pensei eu. Ao aproximá-la de meu ouvido, a apertei suavemente. Na verdade, consegui ouvir um leve estalar. Afinal de contas, as uvas-passas têm uma voz. Foi uma pequena e grata surpresa, e isso me fez sorrir.

Agora o toque. Ela era rígida, embora flexível; pegajosa, embora seca. Sua ponta, anteriormente ligada a um pequeno caule, era quase afiada, capaz de causar um leve arranhão em minha pele. Não pesava quase nada, mas ocupava um inconfundível volume entre meu dedo indicador e meu polegar.

O olfato. Aquelas uvas-passas não eram das mais frescas, e o pequeno corpo de cada uma delas não exalava muita fragrância. Ainda assim, quando a levei bem perto do nariz, praticamente enfiando-a na minha narina, pude sentir um discreto odor adocicado. E aquele simples aroma foi suficiente para fazer com que minha boca começasse a salivar.

Finalmente: o paladar. Mordi um terço da uva-passa. Imediatamente, minhas papilas gustativas despertaram, e uma quantidade maior de saliva começou a circular pelas gengivas. Embora diminuto, aquele pedacinho de fruta liberava sabor suficiente para tomar conta de todos os outros sentidos.

Durante todo o tempo, Amy também nos pedia para monitorar os pensamentos ou sensações, afinidades e aversões que a uva-passa desencadeava. Eu estava desapontado com a ausência de frescor? Aborrecido com a viscosidade? Tinha salivado depois de cheirá-la? Tinha percebido o impulso de comer a uva-passa? Tinha notado a intenção de levá-la à boca antes mesmo de executar o movimento? Finalmente, na hora de engolir a unidade que eu havia mastigado, pude sentir os músculos da garganta se mexendo espontaneamente antes de concluir a ação?

O propósito do exercício era duplo. Trazer toda a nossa atenção à uva-passa deixava bastante claro o quanto as experiências mais banais podem ser muito mais ricas quando estamos totalmente presentes. Isso é válido para todas as coisas, desde escovar os dentes até caminhar pela rua. A cada momento de nossa vida, ignoramos inúmeras coisas que acontecem.

A segunda intenção era mais sutil. Ao nos encorajar a examinar nossos impulsos, emoções e desejos, Amy estava, pouco a pouco, nos ajudando a estimular a autoconsciência. Em vez de simplesmente ligar o piloto automático e comer a uva-passa, estabelecíamos uma pequena distância entre nossas preconcepções sobre comer a uva-passa e o ato em si. Estávamos não apenas percebendo as sensações da experiência, mas também nos tornando mais atentos ao fato de que tínhamos, antes de tudo, uma experiência.

Embora eu tenha comido aquela uva-passa há muito tempo, ainda me lembro nitidamente de cada detalhe. Esse é o poder da consciência plena. Naqueles poucos minutos, fiquei tão absorvido pela totalidade da uva-passa que nenhum outro pensamento pôde me distrair do momento presente. Como resultado, aquela uva ressecada continua a ser uma das refeições mais memoráveis da minha vida. E o ensinamento da MBSR é simples: podemos levar essa mesma clareza, intenção e autoconsciência para todas as nossas experiências.

Aprender a apreciar as profundidades de uma uva-passa foi somente a primeira etapa da MBSR. Depois da uva-passa, as coisas ficaram mais complexas. Nos dois meses seguintes, na sala de aula e nos exercícios executados em casa, praticamos várias técnicas de consciência plena. Algumas atividades rotineiras — andar de elevador, no meu caso — se tornaram lembretes para prestar atenção às sensações do nosso corpo. Na cama, antes de começar o dia, as manhãs foram ganhando novos contornos, conforme Alison e eu praticávamos a meditação respiratória e a varredura corporal — vivenciando as sensações por meio de todas as nossas extremidades e órgãos. Na sala de aula, discutíamos nossas experiências da semana e praticávamos mais. Ampliamos a duração de nossas sessões de meditação, de 5 para 10 minutos, e, mais tarde, de 30 para 45 minutos.

E, com o tempo, à medida que as aulas avançavam, Amy introduziu conceitos como impermanência, autocompaixão e a importância de praticar a aceitação. Compreender a impermanência, explicou ela, é uma maneira valiosa de reduzir o estresse. Ao entender que aquilo que nos perturba não durará para sempre, é mais difícil se aferrar a sensações desagradáveis, sejam elas dores e sofrimentos ou mágoas sentimentais. A autocompaixão, por sua vez, é uma ferramenta prática que desenvolve a aptidão de perdoar-se a si mesmo e aos outros. Devido ao fato de o estresse ser provocado por um descompasso entre o que queremos que aconteça e o que de fato acontece, simplesmente aceitar as coisas como elas são — e ter meios de nos desvencilhar de quaisquer reações emocionais exageradas — é uma habilidade extraordinariamente útil. Nem sempre podemos mudar o que está acontecendo, mas podemos mudar nossas respostas.

Em algum nível, as recomendações de Amy na MBSR eram um território familiar para mim, uma reminiscência dos ensinamentos que eu havia recebido em Bodh Gaya, cerca de 15 anos antes. Agora, em Manhattan, era reanimador escutar aquelas ideias apresentadas de forma diferente, livres de qualquer bagagem cultural associada à Índia. Não era exatamente o mesmo que passear pelo Templo Mahabodhi em companhia de Munindra, mas o curso de MBSR oferecido pelo Open Center tinha um conteúdo programático abrangente, e Amy era uma professora competente.

Alison e eu levamos os ensinamentos a sério, meditando sentados durante as manhãs, praticando a consciência plena ao longo do dia e executando juntos a varredura corporal e a meditação do amor universal todas as noites, antes de dormir. A maior parte dos outros alunos também parecia estar se beneficiando. Uma delas era uma enfermeira de um pronto-socorro que trabalhava em turnos de trinta horas, tomando decisões de vida ou morte em relação aos pacientes, enquanto negligenciava suas próprias necessidades emocionais e físicas. Outro trabalhava em uma empresa financeira implacável e devia estar sempre de prontidão. Ao fim do curso, quase todos os integrantes do grupo declararam se sentir mais capazes de lidar com seus níveis de estresse.

Tivemos um total de nove aulas de MBSR ao longo de um período de dois meses, completando cerca de vinte horas/aula. Em casa, nosso empenho variava de dia para dia e de semana para semana, mas arranjávamos um tempo para a prática formal da consciência plena quase diariamente, executando a meditação respiratória ou as varreduras corporais. Digamos que isso tenha sido equivalente a outras trinta horas de prática. Significa menos de uma hora por dia, durante cerca de oito semanas de nossa vida — na verdade, um tempo considerável, ainda mais levando-se em conta os cronogramas apertados que os jovens profissionais têm de manter na cidade de Nova York, mas não de todo incontornável. Afinal, o norte-americano médio assiste a 34 horas semanais de televisão. Imagine se as pessoas passassem apenas uma fração desse tempo praticando a consciência plena.

No meu entender, a MBSR não é perfeita. Ela é um pouco focada demais nos resultados individuais e não se esforça muito para estimular os alunos a serem bondosos ou a equacionar questões como o impacto ambiental que provocam no mundo. Porém, como prática introdutória à consciência plena, a MBSR compartilha os atributos dos melhores bens de consumo do mercado: alta qualidade, plena confiabilidade e retorno garantido do investimento.

Dez semanas após iniciar a MBSR, minha prática estava revigorada, e Alison havia estabelecido as bases de sua nova rotina como adepta da consciência plena. Mas o resultado mais surpreendente do curso foi que Alison e eu passamos a contar com um novo vocabulário, com o qual podíamos discutir nossas experiências e nosso relacionamento. Nossas reações se tornaram menos imperiosas. Pequenos conflitos se tornaram mais fáceis de resolver. Quando eu ficava incomodado com aqueles hábitos matrimoniais que costumam enlouquecer as outras pessoas — se ela deixasse os armários da cozinha abertos, por exemplo —, inicialmente eu observava minha reação se intensificar e depois lhe explicava que eu estava percebendo uma certa raiva pelo fato de que os armários não haviam sido fechados, e o quanto isso frustrava minhas expectativas. Ao estabelecer uma distância entre mim, minha reação e as ações de minha esposa, toda a situação parecia menos sobrecarregada. Alison me escutava e se comprometia a ficar mais atenta para não deixar os armários abertos. Por outro lado, eu também era gentilmente advertido quanto aos meus próprios hábitos desagradáveis, e me comprometia a tentar repor os sacos de lixo todas as vezes que levava o lixo para fora. Eram coisas banais, talvez, mas essas pequenas vitórias faziam uma grande diferença. Se a consciência plena é capaz de facilitar um pouco os casamentos, todos nós deveríamos praticá-la.

No trabalho, a mesma coisa acontecia. Embora eu ainda tivesse de obedecer aos prazos, eles já não me provocavam mais o mesmo efeito paralisante de apenas alguns meses atrás. Determinados colegas ainda me aborreciam, mas me surpreendi desejando-lhes o bem e demonstrando simpatia, em vez de revidar com algum bate-boca. E, apesar de continuar levando meu trabalho a sério, o tempo que eu passava no escritório adquiriu uma nova leveza, à medida que encontrava maneiras de praticar a consciência plena até mesmo na redação do *Financial Times*, localizada no centro da cidade.

Com o objetivo de popularizar a consciência plena, sabiamente Kabat-Zinn decidiu concentrar esforços no estresse. O estresse é algo que todos vivenciam, uma forma universal de sofrimento. "A maioria das pessoas começa a praticar a consciência plena em função de alguma espécie de estresse ou sofrimento, e pela insatisfação com aspectos da vida delas que, de alguma forma, sentem que podem ser corrigidos pelo auxílio moderado da observação direta, da indagação e da autocompaixão", escreveu Kabat-Zinn, em seu livro de reflexões e ensinamentos *Coming to Our Senses*[1] [Caindo em si, em tradução livre]. "O estresse e o sofrimento, assim, se tornam portas de entrada e motivações potencialmente valiosas, através das quais se passa à prática."

Com certeza, quase todos nós ficamos estressados por uma razão ou outra. Parece ser uma parte integral da condição humana.

Ficamos estressados por coisas pequenas — se temos leite suficiente na geladeira, se os gatos estão alimentados ou se nosso time favorito vai vencer a partida. E ficamos estressados por coisas grandes — o bem-estar de nossos amigos e familiares, nossos empregos e finanças, as guerras e o meio ambiente. Evidentemente, nenhuma dessas preocupações nos torna mais eficientes. Ficar estressado por qualquer uma dessas coisas também não nos ajuda a encontrar soluções efetivas para nenhuma delas. Trata-se, simplesmente, do modo pelo qual nossa mente funciona.

O trabalho, em particular, parece nos tirar o sono à noite. Segundo a Associação Norte-Americana de Psicologia, as três principais causas de estresse são o dinheiro, o trabalho e a economia. Sessenta e nove por cento dos que estão empregados afirmam que o trabalho é uma importante fonte de estresse;[2] 41% das pessoas dizem que se sentem normalmente tensas ou estressadas durante o expediente; e mais da metade dos trabalhadores declaram que o estresse reduz sua produtividade. Nos últimos trinta anos, os níveis de estresse aumentaram 18% nas mulheres e 25% nos homens, segundo uma pesquisa da Universidade Carnegie Mellon.[3]

O estresse também pode matar. Em um dia quente de primavera, participei de uma conferência sobre a conexão mente-corpo em um luxuoso apartamento do SoHo. A propriedade pertencia a Arianna Huffington, uma grande divulgadora da consciência plena, tirando proveito da crescente popularidade da prática com uma mescla única e própria de conferências, livros e promoções on-line. Durante uma mesa-redonda sobre os benefícios da consciência plena, o famoso médico Mark Hyman explicou a Katie Couric quanto o estresse faz mal ao corpo: "Se as pessoas realmente soubessem o que acontece quando ficam estressadas, elas se apavorariam. Não tem graça nenhuma", disse ele, diante de uma sala repleta de nova-iorquinos altamente estressados. "Uma reação de estresse é uma resposta automática, reptiliana, de cérebro de lagarto, dinossáurica, para algum agente estressor. O estresse é uma percepção de uma ameaça real ou imaginária ao seu corpo ou ao seu próprio ser. Digamos que fosse um rinoceronte no seu encalço, coisa que, de fato, poderia acontecer na África. Ou, então, achar que seu chefe está furioso com você, ou que seu cônjuge fez algo que nem chegou a fazer, algo que se passa inteiramente dentro de sua cabeça. Mas trata-se da mesma resposta fisiológica, traduzida pelo aumento do cortisol, que é o hormônio do estresse. A adrenalina sobe, e isso desencadeia uma sequência de eventos no corpo, levando ao aumento da gordura abdominal, ao aumento do mau colesterol, à diminuição do bom colesterol, à propagação de inflamações, à diminuição da testosterona, ao aumento da infertilidade. No caso das mulheres, provoca o aparecimento de pelos no buço e a perda de cabelos no couro cabeludo. Causa perda de massa muscular, insônia, palpitações, tonturas..."

"Chega!", gritou, enfim, Couric.

Mas Hyman prosseguiu. "A questão é que o estresse é automático", disse ele. "Ele vai atrás de você. Você não precisa ir atrás dele. O problema do relaxamento ou da consciência plena é que isso dá um trabalho danado. É um processo ativo, não é algo que aconteça espontaneamente. O estresse, porém, vai atrás de você. E você precisa encontrar uma forma de relaxar."

Como afirmou Hyman, nossa biologia não faz distinção entre as grandes coisas e as pequenas coisas. Em nosso cérebro, as mesmas regiões são ativadas, não importando se estamos preocupados com os mantimentos ou com o aquecimento global. Em nosso corpo, os mesmos hormônios são liberados, quer estejamos nos punindo por ter faltado a um encontro ou por ter perdido um emprego. Reagir a uma inquietação comum pode ser tão angustiante quanto se preocupar com os problemas do mundo. Em casos de estresse agudo, aqueles provocados por um evento específico, nossos batimentos cardíacos se elevam, começamos a suar, nosso peito se tensiona e nossa atividade cerebral dispara. Como afirmou um instrutor de consciência plena corporativa, "somos, basicamente, descendentes de macacos nervosos".[4]

Evolutivamente, o estresse já foi de grande ajuda. Era o impulso que nos fazia correr daquele rinoceronte. É por isso que, até hoje, quando nos deparamos com algo desagradável, temos uma resposta de "luta-ou-fuga". Nossas glândulas suprarrenais liberam uma série de substâncias, dentre as quais a epinefrina e o cortisol, aumentando os batimentos cardíacos, bombeando oxigênio no cérebro, diminuindo funções não essenciais como a digestão, ativando nossos estoques de energia e elevando nossos níveis de reatividade. Em casos de estresse crônico, a ativação contínua da resposta de luta-ou-fuga pode resultar em uma infinidade de transtornos permanentes. Os níveis de açúcar no sangue podem aumentar vertiginosamente, causando diabetes. A pressão arterial também aumenta, acentuando o risco de um ataque cardíaco. O estresse constante pode resultar em diminuição da concentração, irritabilidade e depressão. E o excesso de cortisol pode deprimir o sistema imunológico e ocasionar, até mesmo, aumento de peso. Pessoas altamente estressadas correm um risco maior de apresentar uma variedade de doenças, incluindo cardiopatia, câncer, diabetes, depressão e ansiedade, fadiga e dores musculares. Isso tudo afeta as organizações, pois trabalhadores altamente estressados são menos produtivos e geram mais custos de saúde do que os colegas menos estressados.

Segundo a Organização Mundial de Saúde, o estresse custa às empresas norte-americanas quase US$ 300 bilhões por ano, grande parte desse valor na forma de custos de saúde mais elevados. Em um artigo da Escola de Negócios de Harvard, os professores Michael Porter, Elizabeth Teisberg e Scott Wallace afirmaram que, de modo geral, os empregadores norte-americanos gastam de duas a três vezes mais com os custos indiretos de assistência de saúde — produtividade reduzida, dias de dispensa médica e faltas — do que com os pagamentos efetivos realizados aos serviços de saúde. A recomendação dos professores é a seguinte: que as empresas "desenvolvam uma abordagem agressiva de bem-estar, prevenção, proteção e gestão ativa de problemas de saúde crônicos".[5]

Porém, apesar de todo esse debate a respeito do estresse, raramente examinamos suas verdadeiras causas. Se o estresse é o resultado de um pensamento descontrolado, a solução, logicamente, seria aprender, senão a controlar nossos pensamentos, pelo menos a não permitir que estes nos controlem. William James sabia muito bem disso quando afirmou: "A maior arma contra o estresse é nossa habilidade de escolher um pensamento em vez de outro."

E é aí que a consciência plena entra em ação. O estresse não é algo que nos é imposto. É algo que impomos a nós mesmos. Como diz um ditado popular nos círculos de consciência plena, "o estresse não é o que está acontecendo. É a sua reação ao que está acontecendo". Ou estamos preocupados com o que vai acontecer, ou ficamos ruminando sobre o que já ocorreu. O estresse agudo, que é a forma mais comum, é causado por "demandas e pressões do passado recente e demandas e pressões antecipadas do futuro próximo", segundo a definição da Associação Norte-Americana de Psicologia.[6] Isto é, o estresse provém de um descompasso entre nossas expectativas de como as coisas deveriam ser e a maneira que as coisas são. O estresse é o resultado da incapacidade de controlar nossos próprios pensamentos. Ele se manifesta quando nossa mente sequestra a si mesma, nos levando a fazer uma viagem incontornável a lugares aos quais, na verdade, não queremos ir. E o estresse é contagioso. Quando estamos estressados, tendemos a ser mais severos conosco, mais rudes com nossos amigos e familiares, e menos sensíveis às necessidades de desconhecidos. Ao nos trazer de volta ao momento presente, a consciência plena pode romper o ciclo das frequentes respostas da amígdala.

A consciência plena nos liberta do estresse ao nos propiciar a flexibilidade mental para escolher uma experiência em vez de outra, para desviar nossa atenção das experiências negativas e, em vez disso, focar nas experiências neutras ou positivas. E, ainda mais poderoso do que escolher um pensamento no lugar de outro, como sugeriu William James, é escolher como reagiremos aos pensamentos e às situações que surgem. A consciência plena nos permite vivenciar integralmente os acontecimentos e as emoções negativas sem deixar que se tornem desgastantes. Ao aprender a prestar atenção ao que está acontecendo neste exato momento, sem pensar no passado ou no futuro, podemos nos libertar do estresse — no início, por alguns momentos, mas, em última análise, por muito mais tempo. De fato, as pesquisas já comprovam isso.

A MBSR é um curso extremamente estruturado que existe há três décadas, por isso é usada com frequência como base de estudos clínicos. Consequentemente, há um enorme volume de literatura que documenta sua eficácia. Em uma das primeiras avaliações do impacto da consciência plena em um ambiente corporativo, uma equipe de cientistas que incluía Richard Davidson e Jon Kabat-Zinn administrou a MBSR a colaboradores da Promega, uma dinâmica empresa de biotecnologia sediada em Madison, Wisconsin. Ao longo de oito semanas, o próprio Kabat-Zinn conduziu 48 funcionários em um curso completo de MBSR. Antes do início do curso, os pesquisadores testaram o nível de estresse dos funcionários, o aspecto do cérebro com o uso da tecnologia EEG e a integridade do sistema imunológico de cada um deles. Em seguida, paralelamente a um grupo de controle que havia feito a inscrição no curso mas não conseguira vaga, os colaboradores da Promega continuaram a trabalhar normalmente.

Antes de aprender a MBSR, os participantes declararam se sentir altamente estressados. Não foi surpresa alguma, levando-se em conta a função deles. Porém, ao término do curso, os praticantes de meditação relataram estar menos estressados, sentir menos ansiedade e ter mais energia no trabalho.[7] E, de fato, o cérebro dessas pessoas parecia ter se modificado. O EEG registrou a atividade elétrica do cérebro deles por meio de sensores colocados no couro cabeludo, e os pesquisadores observaram alterações consistentes na atividade neural do grupo que praticou a consciência plena. Em comparação com os colegas, aqueles que fizeram o curso de MBSR exibiam maior ativação do córtex pré-frontal esquerdo, uma área associada, entre outras coisas, a sistemas imunológicos mais fortes.

Mas, a fim de testar se o sistema imunológico dos praticantes de consciência plena havia de fato se tornado mais resistente, os pesquisadores sugeriram uma nova abordagem. Eles administraram vacinas contra a gripe tanto aos praticantes de meditação quanto ao grupo de controle, e, em seguida, mediram os níveis de anticorpos no sangue. O grupo que praticou a consciência plena apresentou um nível significativamente maior de anticorpos contra a gripe na corrente sanguínea.[8] Ou seja, a consciência plena, aparentemente, fortalece o corpo, dando-lhe mais munição para combater as doenças.

Igualmente importante foi o fato de os colaboradores da Promega terem sentido os benefícios na própria vida. "Sou um autêntico empirista em todos os aspectos da minha vida", afirmou, posteriormente, Michael Slater, biólogo molecular da empresa. "Duvido dos dogmas, e os coloco à prova. Eu me comporto dessa forma na bancada do laboratório, mas também em minha vida pessoal. Então isso chamou minha atenção, porque pude perceber a redução do estresse. Posso afirmar que fiquei menos irritadiço. Minha esposa sentiu que ficou mais fácil conviver comigo. Portanto, houve impactos concretos. Para um empirista, foi o suficiente."

Desde aquele estudo realizado na Promega, os resultados continuaram a se acumular. Em uma meta-análise de estudos destinada a avaliar os efeitos da consciência plena sobre o estresse e outros distúrbios, uma equipe de professores alemães descobriu que a prática ajudava a tratar uma ampla gama de problemas, incluindo depressão, ansiedade, transtornos alimentares e dores.[9] Uma pesquisa da Universidade da Califórnia em Davis com praticantes de meditação intensiva destacou os hormônios do estresse, mostrando que a consciência plena reduzia os níveis de cortisol.[10] Outro estudo da Universidade de Exter descobriu que a consciência plena aumentava a felicidade e a sensação de tranquilidade entre os alunos do ensino médio.[11] Em uma pesquisa realizada com 522 estudantes do Reino Unido, com idades variando entre 12 e 16 anos, aqueles que passaram por um curso introdutório de consciência plena de nove semanas de duração relataram menos sintomas de depressão e estresse quando comparados com um grupo que não foi submetido à aprendizagem da consciência plena. E funciona igualmente para os professores. Em um estudo com educadores da região de Madison, Wisconsin, os que foram submetidos à prática se mostraram menos estressados e apresentaram menos sintomas de esgotamento do que aqueles que não praticaram.[12]

Também ficou comprovado que a consciência plena diminui o estresse até mesmo nas circunstâncias mais difíceis. Em 2007, um grupo de funcionários do Departamento Médico da Universidade do Texas em Galveston começou a fazer um curso de MBSR, como parte de um projeto de pesquisa desenvolvido pelos setores de pediatria e psiquiatria.[13] Quando a investigação foi realizada, houve variações previsíveis entre os estudantes de consciência plena e os integrantes do grupo de controle. Aqueles que passaram pelo treinamento de dois meses em MBSR afirmaram que o nível de estresse percebido estava menor do que antes, e inferior ao do grupo de controle. Algum tempo depois, o Furacão Ike atingiu o Texas. Classificado na categoria 4, com rajadas de vento de 230 km/h, o Ike se tornou o terceiro ciclone tropical mais dispendioso da história. Na manhã de 13 de setembro de 2008, arrasou Galveston. A maré de tempestade formou um paredão de até 5,20 metros de altura e destruiu alguns bairros. Quando as nuvens se dissiparam, 3.500 famílias estavam desabrigadas. O Departamento Médico da Universidade do Texas se transformou em uma espécie de centro comunitário, mobilizando todas as pessoas da comunidade para os esforços de recuperação. Mas quando os pesquisadores regressaram, um ano depois de as aulas de MBSR terem sido ministradas, os resultados ainda perduravam. Apesar de sofrer tal devastação, os praticantes de meditação ainda se mostravam menos estressados do que os colegas que não a haviam praticado. Um ano depois, as mudanças provocadas pela prática da consciência plena haviam resistido a um furacão da categoria 4.

Outras pesquisas continuam a demonstrar o quanto nosso sistema imunológico se beneficia da meditação. Em outro estudo sobre como a consciência plena pode aprimorar a saúde, os pesquisadores da UCLA trabalharam com adultos soropositivos da região de Los Angeles.[14] Ao longo de oito semanas de treinamento em MBSR, idêntico ao oferecido aos colaboradores da Promega e àquele do qual participei em Nova York, o grupo de Los Angeles não fez nenhuma alteração em seu tratamento contra o HIV, a não ser a inclusão da meditação. E, mesmo assim, aconteceu algo impressionante. As células T CD4+, consideradas o cérebro do sistema imunológico e alvos do HIV, pararam de se deteriorar no grupo que fez meditação. Enquanto isso, um grupo de controle apresentou uma diminuição gradual em suas células T CD4+, o indício clássico da progressão da doença. A dedicação da pessoa à prática também pareceu ter alguma importância. Aqueles que frequentaram um número maior de aulas apresentaram uma contagem maior de células CD4 do que aqueles que costumavam faltar às sessões.

E, em um dos mais famosos estudos conduzidos por Kabat-Zinn e seus colegas, um numeroso grupo de pacientes portadores de psoríase recebeu o tratamento convencional contra essa doença da pele, que consiste em passar algum tempo em uma câmara de luz ultravioleta.[15] Enquanto recebia o tratamento, metade do grupo ouviu lições de treinamento em consciência plena, e a outra metade não. Em resultados que parecem até bons demais para serem considerados de fato, o grupo que ouviu as instruções de consciência plena conseguiu se curar da psoríase três vezes mais rapidamente do que o grupo que passou pelo tratamento na câmara de luz sem aquelas instruções. A única diferença foi o nível de conscientização.

Essa verdade pura e simples — que a condição de nossa atenção pode mudar a maneira pela qual nosso corpo e mente funcionam

— significa que velhos hábitos podem ser abandonados se nos mostrarmos mais conscientes. E significa que temos o poder de mudar padrões de comportamento que talvez pareçam profundamente arraigados, e nos tornarmos mais resilientes ao longo do processo.

Considere o exemplo de Cesar Quebral, que administra a infraestrutura tecnológica de grupos financeiros. Trata-se de um trabalho exaustivo, já que Quebral é responsável por manter os servidores instalados e em pleno funcionamento 24 horas por dia. Ele começou a praticar a consciência plena depois de ter sido informado sobre ela por Jeremy Hunter, que a incorpora às suas aulas na Universidade de Pós-graduação de Claremont, no Sul da Califórnia. A prática de Quebral foi desenvolvida ao longo dos anos e, por fim, se revelou útil em seu ambiente de trabalho. Em um de seus empregos mais recentes, o chefe de Quebral não era propriamente um indivíduo mau, tampouco era o mais empático dos homens. Frequentemente, quando Quebral entrava em seu escritório para tratar de uma questão importante, o chefe continuava a olhar para seu telefone ou a trabalhar em seu computador, enquanto Quebral tecia seus comentários. Sempre que isso acontecia, Quebral percebia que seu corpo começava a se tensionar. Seu peito se comprimia, sua pressão arterial aumentava — ele apresentava uma reação de estresse pelo simples fato de ser ignorado. Sua amígdala entrava em ação, e uma série de emoções negativas percorria seu corpo.

Em outras épocas, Quebral simplesmente retornaria à sua mesa e deixaria a indignação passar. Ele abominava a insensibilidade de seu chefe, e, silenciosamente, se repreendia por não fazer nada diante daquela situação. Mas depois de praticar a consciência plena durante muitos meses, ele ganhou confiança para lidar com a verdadeira causa de seu incômodo. Por meio da meditação, ele compreendeu que a dinâmica da relação com o chefe lhe causava uma enorme carga de estresse. Ele também percebeu que poderia mudar isso.

Quebral começou a trabalhar a própria reação ao fato de ser ignorado. Quando seu chefe o ignorava ou o interrompia, ele apenas se dava conta da experiência, reparava na insatisfação que ganhava terreno e, então, voltava a se concentrar em sua respiração. Nem sempre foi fácil, mas, com o tempo, ele conseguiu se desapegar gradativamente. A resposta de sua amígdala já não era tão intensa. Com isso, ele podia contar com alguma margem de manobra, um espaço para se comunicar claramente sem se deixar subjugar pela raiva. Finalmente, confrontou o chefe de maneira calma e racional. Ele lhe disse que se sentia desrespeitado quando era ignorado, tinha a impressão de que não era ouvido, e pediu maior atenção.

O chefe foi apanhado desprevenido. Quebral estava preparado para que ele reagisse com fúria. Mas, em vez disso, pela primeira vez o chefe o ouviu verdadeiramente. Para Quebral, foi um momento decisivo. "Assim que isso aconteceu, os muros foram derrubados", afirmou. O chefe se desculpou e parou de tratá-lo com o desrespeito de antes. Quebral tem certeza absoluta de que o chefe mudou para melhor. "Você está lidando com alguém que também tem suas próprias idiossincrasias", disse ele. "Mas, pelo menos, há essa compreensão mútua de que essas ações dele me aborrecem e de que somos capazes de enfrentar isso."

A aplicação dessa mesma serenidade ao longo de toda a jornada de trabalho também permitiu que Quebral se tornasse mais eficiente nas reuniões. Ele vem se mostrando mais objetivo e mais focado em encontrar soluções interessantes tanto para a equipe como um todo, e não apenas para si mesmo. "Antes disso, eu sempre achava que as decisões tinham de passar por mim", disse ele. "Eu acreditava que os melhores resultados para mim eram os mais importantes. Agora, porém, percebo que aquilo que é melhor para a equipe e aquilo que é melhor para meu chefe é o que fará com que todos avancemos."

Quebral chegou, inclusive, a levar para casa sua prática de comunicação pela consciência plena. Embora viva um casamento feliz, reconhece que há momentos nos quais sua esposa diz certas coisas que ferem seus sentimentos. "É raro, mas algumas vezes ela faz isso", disse ele. Quebral costumava desconsiderar essas situações, mas ficava remoendo-as para si mesmo, simplesmente varrendo os comentários dolorosos para baixo do tapete e seguindo adiante, reprimindo os próprios sentimentos em relação ao incidente, mesmo quando seus alarmes internos soavam e sua amígdala disparava. Porém, recentemente, enquanto Quebral estava lavando a louça, ela "soltou uma farpa" e isso o incomodou. Em vez de ignorá-la, ele fechou a torneira e, com a mesma serenidade usada para se reportar ao chefe, lhe disse que aquele comentário o magoara. Sua esposa foi receptiva, e os dois tiveram uma conversa acolhedora e sincera sobre o assunto. "Sempre pensei que se eu dissesse algo, isso poderia tomar proporções enormes", afirmou ele. "Através da consciência plena, mantendo a calma e seu reagir exageradamente, posso encarar os fatos de forma construtiva, e ter uma mentalidade diferente."

Os momentos de raiva são oportunidades perfeitas para praticar. Se Quebral tivesse simplesmente xingado seu chefe, as relações teriam ficado indubitavelmente esgarçadas. Mas ao levar um tom compassivo para uma situação de confronto — ou, até mesmo, ao praticar a meditação do amor universal no calor da raiva — podemos transformar um momento de conflito em um momento de prática, nos desafiando a observar nossas próprias reações enquanto buscamos, os aspectos positivos em qualquer pessoa que tenha nos irritado. "Existe essa prática onerosa de procurar o bem em alguém", me confidenciou a instrutora de meditação Sharon Salzberg. "Ou apenas de lembrar a si mesmo que aquilo foi mesmo péssimo, mas que, de fato, não constitui a totalidade da situação. Normalmente, a verdade de uma pessoa é mais complexa. Assim como a verdade a nosso respeito é mais complexa."

A redução do estresse não é apenas uma busca individual. Em alguns ambientes de trabalho, ela faz parte da cultura corporativa. E na Green Mountain Coffee, cuja sede está localizada em

Waterbury, Vermont, a consciência plena se tornou uma parte essencial da empresa.

Aquilo que começou quando o fundador da Green Mountain passou a oferecer aulas de meditação para alguns de seus principais executivos evoluiu para um amplo programa de redução de estresse, que atinge toda a empresa. Atualmente, uma das supervisoras do programa é Laura Fried, que ingressou na Green Mountain em 2008 como gerente de desenvolvimento de vendas, com o objetivo de treinar o crescente exército de vendedores. Ela se afastou por alguns anos para criar seus filhos e, ao regressar, se viu perplexa com o ritmo frenético da empresa, que passara por um surto de crescimento. "A quantidade de tarefas e a concentração exigida eram avassaladoras", ela me disse. O pai de Fried era médico, e ela se lembra da ocasião em que ele lhe explicou a teoria do Big Bang, quando ela tinha 5 anos. Aquele momento estabeleceu as bases para uma vida repleta de indagações, que finalmente foi direcionada quando ela começou a praticar a consciência plena com um instrutor interno na Green Mountain.

Ao longo do tempo, ela se tornou uma especialista em consciência plena, a ponto de passar a ensiná-la. Hoje em dia, Fried dá aulas de meditação para os colegas na Green Mountain. "Focamos no desenvolvimento da concentração, a fim de facilitar a observação do surgimento e da transitoriedade do que sentimos", disse Fried. Seus alunos observam atentamente seus pensamentos e sensações, e o modo pelo qual eles surgem e depois vão arrefecendo. Perceber que experiências anteriormente consideradas intensas desaparecem com a mesma facilidade com que afloram leva a reflexões sobre a impermanência e à compreensão de que até mesmo nossas experiências mais extremas são passageiras. Nem sempre é fácil. Adestrar uma mente irrequieta é uma das coisas mais difíceis que podemos fazer, e nem sempre se progride com rapidez. "Pessoas que simplesmente têm um desempenho sofrível e acham que a consciência plena vai fazer milagres não me interessam", afirmou Fried. "Algumas ficam chateadas quando a primeira coisa que lhes ensinamos não funciona. Elas dizem: 'Isso deveria ajudar, e eu não estou me sentindo bem'. Mas trata-se de um trabalho árduo."

Na Green Mountain, o treinamento em consciência plena começou entre os principais executivos e logo se disseminou pelos colaboradores de nível intermediário. Mas Fried e seus colegas perceberam que boa parte da força de trabalho ainda não estava sendo atendida. Os operários que se dedicavam a turnos de 12 horas de trabalho torrando grãos de café, empacotando caixas e despachando-as para supermercados de todo o país também necessitavam aliviar, de alguma forma, o estresse causado pelo trabalho. Na verdade, provavelmente eles eram os que mais precisavam daquilo.

Assim, a empresa recorreu a Prudence Sullivan, diretora de aprendizagem continuada e eficácia organizacional, com a intenção de ampliar o programa. Sullivan está envolvida no treinamento em consciência plena da empresa desde o início. Atualmente, em uma tentativa de reduzir os acidentes de trabalho e, talvez, de aumentar simultaneamente o bem-estar mental, ela instituiu, a cada mudança de turno dos operários, a obrigatoriedade da prática de alguns exercícios de alongamento baseados na consciência plena.

Estamos em Waterbury, nas primeiras horas da manhã, e, em um gigantesco complexo de edifícios, dúzias de operários se preparam para dar início a seus turnos de trabalho. Bandeiras dos Estados Unidos estão penduradas nas paredes, e um painel afixado ao teto por uma corda traz a inscrição USE SEU GRÃO.[16] Durante as próximas 12 horas, o suor e o esforço desses trabalhadores ajudarão a Green Mountain a dar continuidade à produção em série de café embalado. Alguns dos funcionários operarão a pesada maquinaria que torra toneladas de grãos de café; alguns empacotarão o café e despacharão as caixas que abastecem restaurantes, postos de gasolina e armazéns. Porém, antes de começar a executar as tarefas, homens e mulheres se reúnem em uma sala de aula preparada, repleta de armários de um vermelho intenso, onde, juntos, praticarão ioga. Orientados por um de seus colegas, os operários fazem uma série de exercícios de alongamento, incluindo pequenos movimentos rápidos para a frente, erguendo uma perna e girando o tornozelo, e rotações do pescoço. Um colega os instrui todo o tempo, ao estilo do método Lamaze. "Inspirem... expirem." Os alongamentos têm como finalidade atuar sobre todas as áreas do corpo nas quais costumamos acumular tensões.

Essa é uma cena que se repete em todas as fábricas de torrefação, empacotamento e distribuição da Green Mountain no país, fazendo lembrar a ginástica laboral para operários, muito comum no Japão. E isso já produziu efeitos — as lesões no trabalho têm diminuído em toda a empresa. Provavelmente, parte dessa mudança mereça ser atribuída a músculos mais aquecidos, aptos a lidar melhor com os esforços exigidos pelo trabalho braçal. Mas, conforme atestam os colaboradores e os gerentes da Green Mountain, parte disso também se deve ao fato de que o Programa de Alongamento Baseado na Consciência Plena deixou os operários mais sintonizados com o ambiente à sua volta, mais atentos ao próprio comportamento e, portanto, mais disciplinados na execução de suas tarefas na linha de produção. "Para dizer a verdade, na primeira vez que pratiquei alongamento, não gostei nem um pouco", confessou um funcionário chamado Eric, que opera uma das máquinas das cápsulas de café. Não é algo tão surpreendente assim; à primeira vista, Eric não é o tipo que esperaríamos encontrar em uma aula de ioga logo no início do dia — ele usa um boné do Boston Red Sox enterrado até a altura de seus olhos desconfiados e resolutos, e exibe um cavanhaque em torno de seus lábios finos. Porém, ao ser questionado sobre o Programa de Alongamento Baseado na Consciência Plena, ele se descontrai. "Conforme você faz seu trabalho durante o dia, se dá conta do quanto o alongamento é importante. Isso lhe mantém aquecido e mais flexível. Passei a sentir muito menos dores no final do expediente. Você se dá conta do quanto é realmente importante fazer isso. Foi aí que eu comecei a me concentrar nos alongamentos de forma mais adequada."

Mark Plammer, especialista em segurança e saúde ocupacional da Green Mountain, afirmou que algumas características básicas diferenciam o programa. "O relaxamento é uma importante forma de consciência plena", disse ele. "Ele nos ajuda a manter a positividade e a ter pensamentos positivos ao longo da jornada de trabalho. E nos ajuda a permanecer centrados e a enxergar as coisas que precisamos enxergar para ser produtivos e trabalhar com segurança. Hoje, a consciência plena está começando a se tornar uma parte da rotina. Você volta para casa se sentindo um pouco menos tenso, e, com sorte, um pouco menos exausto; seus músculos um pouco menos impactados pelas inúmeras tarefas executadas durante o dia. Estamos observando nossos índices de acidentes de trabalho declinarem, pois as pessoas estão mais flexíveis."

A Green Mountain oferece o Alongamento Baseado na Consciência Plena em todas as fábricas da companhia, e mais de 5 mil colaboradores o praticam. O programa contou com a adesão do fundador e do CEO, do gerente de recursos humanos e, fundamentalmente, dos próprios funcionários. Mas, atualmente, a própria Green Mountain se tornou uma das maiores defensoras da consciência plena no local de trabalho. E, nesse movimento, a empresa descobriu meios de fazer com que a consciência plena ajudasse colaboradores nos mais variados níveis hierárquicos. Os executivos se tornaram melhores comunicadores, os funcionários de nível intermediário se tornaram mais focados e, principalmente, milhares de operários se tornaram menos estressados. E embora possa ser difícil estabelecer uma relação direta entre o programa de consciência plena e os resultados financeiros, a Green Mountain vem prosperando. Apesar de a meditação não ser garantia para elevar as cotações de ações da empresa na bolsa, o valor de mercado da Green Mountain aumentou 15 vezes nos cinco anos posteriores à introdução da prática da consciência plena, antes de apresentar um discreto recuo. E gerentes como Laura Fried passaram a encarar a empresa sob uma nova perspectiva. "Pense nisso como um amplo espectro de ofertas", disse ela. "Oferecemos serviços básicos a pessoas que precisam enfrentar suas baldeações matinais, e a pessoas como eu, que lidam com questões existenciais. (...) Estamos dando oportunidades para que elas aprimorem as próprias experiências no trabalho e em casa."

Uma forma particularmente nefasta de estresse é conhecida como *burnout* ou esgotamento. Uma potente mescla das sensações de exaustão, opressão e dispersão em todas as direções, o esgotamento em geral aflige trabalhadores que exercem funções de alta intensidade, como socorristas e médicos. Mas a consciência plena também pode ser um remédio eficaz nesse caso. Michael Krasner, professor de clínica médica da Universidade de Rochester, assumiu uma posição pioneira em tais esforços.[17] "A consciência plena nos permite passar por uma ampla variedade de situações com um senso de serenidade", disse ele. "Não nos sentimos arrastados pela carga de uma experiência específica; pensamos, simplesmente, em vivenciar aquela experiência."

Em uma pesquisa conduzida por Krasner, setenta médicos de Rochester começaram a praticar a consciência plena em um experimento destinado a atenuar o esgotamento. Assim como muitos outros médicos, eles operavam no piloto automático na maior parte do dia, passando de uma situação crítica à outra sem nem sequer estar presentes diante de seus pacientes ou de si mesmos. "Dificilmente eles chegavam a reconhecer certas experiências como poderosas ou desafiadoras antes de avançar para a experiência seguinte", afirmou Krasner. Eles "trabalhavam como loucos". Quase nunca refletiam sobre o trabalho diário de vida ou morte. "É mais fácil olhar para nossos pacientes como objetos", disse Krasner, "do que apreciar o significado e a alegria de uma experiência, mesmo que essa experiência seja difícil. Mas a falta de significado anda de mãos dadas com a ineficiência e a ausência de bem-estar como médico".

Um dia por semana, ao longo de dois meses, os doutores reservaram algumas horas de seus dias atribulados e aprenderam a meditar, praticando interações verbais baseadas na consciência plena e participando de exercícios de redação projetados para estimular a autoconsciência. Depois de apenas oito semanas, os médicos relataram se sentir menos esgotados, menos emocionalmente esvaziados. Eles também se consideravam mais empáticos e mais sensíveis aos estados psíquicos de seus pacientes — ambos os atributos estão correlacionados com um atendimento melhor ao paciente. "Os pacientes percebem quando seus médicos estão ou não presentes", declarou Krasner. "Como profissional, sei quando estou realmente disponível para meus pacientes e quando outras coisas me afastam dali e eu não fico disponível."

O treinamento permite que os médicos não apenas se mostrem mais presentes diante daqueles que estão sob seus cuidados, mas também aprimora suas habilidades técnicas. "Se alguma coisa der errado e você não notar", afirmou Krasner, "você acabará sendo negligente em seu atendimento. Mas se você aceitar integralmente esses desafios — não se render a eles, mas aceitá-los plenamente —, é possível enxergar com mais clareza e seguir um caminho no qual você terá mais chances de ser bem-sucedido".

Em uma pesquisa semelhante, realizada com funcionários de um banco em Joanesburgo, pesquisadores de diversas universidades sul-africanas descobriram uma correlação entre a qualidade da consciência plena e o esgotamento no trabalho.[18] Quanto mais conscientes os empregados, menor era a probabilidade de eles se sentirem sobrecarregados, esgotados e irritados com seus empregos. "A consciência plena pode ser uma fonte de inspiração para a declaração de valores do empregador, e, a longo prazo, pode propiciar às organizações uma ferramenta valiosa para administrar os altos níveis de esgotamento dos funcionários nos ambientes de trabalho", escreveram os pesquisadores.

E, do mesmo modo que atenua o esgotamento, a consciência plena também alivia a depressão. A Terapia Cognitiva Baseada na

Consciência Plena (MBCT, na sigla em inglês), um subproduto da MBSR, surgiu como uma alternativa eficaz aos tratamentos farmacológicos para a ansiedade e a depressão. Desenvolvida por um grupo integrado pelo psicólogo britânico John Teasdale, a MBCT conjuga elementos de um curso normal de MBSR com a terapia cognitivo-comportamental, uma abordagem que procura tratar problemas específicos do paciente com o objetivo de combater a depressão. Ao associar as duas abordagens, a MBCT se mostrou uma técnica eficaz para que as pessoas deixem de se preocupar excessivamente consigo mesmas. Os estudos demonstraram que, quando se trata de prevenir recaídas em pacientes depressivos, a técnica é mais eficiente do que os medicamentos antidepressivos. Em uma dessas pesquisas conduzidas por Teasdale, 145 pessoas com depressão crônica foram examinadas, e um programa de sessenta dias de consciência plena conseguiu reduzir significativamente suas chances de recaída. No entanto, antes mesmo de a MBCT se popularizar, terapeutas que já praticavam a consciência plena vinham incorporando técnicas de conscientização nas sessões com seus pacientes, usando-as como uma ferramenta para lidar com as próprias questões profissionais. De acordo com os terapeutas, a consciência plena complementa os tradicionais métodos analíticos em vários aspectos importantes. Pelo fato de a consciência plena tornar os pacientes menos reativos, os profissionais de saúde mental têm sido capazes, em alguns casos, de romper o ciclo de apego às emoções negativas. Pequenos contratempos não se transformam em catástrofes paralisantes. Os pacientes percebem que os pensamentos depressivos são apenas isso: pensamentos. E eles passam.

"De modo geral, a depressão é perpetuada, de um momento para o outro, por fluxos de pensamentos negativos que invadem a mente, tais como 'Minha vida é uma bagunça', 'O que há de errado comigo?', 'Acho que não vou aguentar'", afirmou Teasdale.[19] "Desviar a atenção desses fluxos de pensamentos ruminantes, ficando realmente atentos ao que fazemos enquanto estivermos fazendo, pode 'atrofiar' a atenção que tais fluxos de pensamentos necessitam para se perpetuar. Dessa forma, 'desligamos' o que está nos deixando deprimidos, e nosso ânimo começa a melhorar."

A consciência plena é uma maneira poderosa de enfraquecer a aderência a esses pensamentos negativos, "particularmente se nos conscientizarmos das sensações e sentimentos em nosso corpo", continuou Teasdale. "Ao fazer isso uma e outra vez, acabamos por viver mais no momento presente e menos 'em nossa mente', insistindo naquilo que aconteceu no passado, ou nos preocupando com o futuro."

No trabalho e em casa, o estresse aparece sob diversas formas e dimensões. Desde a perturbadora ansiedade acerca de um trabalho mal executado, passando pelo pesado fardo das ambições irrealizadas, até a preocupação latente com a decepção que os outros poderão nos causar. Alguns trabalhos — como o meu, por exemplo — são tranquilos em algumas ocasiões, mas pontuados por momentos de estresse, como a necessidade de apurar uma notícia de última hora. Outros trabalhos podem ser menos empolgantes, mas induzem uma reação de estresse constante e moderada. E, em alguns empregos, existem agentes estressores permanentes, intensos e que envolvem situações de vida ou morte. Em tais profissões — a medicina, as forças armadas, a psicanálise, apenas para citar algumas —, ser capaz de administrar o estresse é uma habilidade crucial. Quem quer ser tratado por um médico exausto? Ou defendido por um soldado emocionalmente esgotado? No entanto, como costuma acontecer nas mais variadas profissões, raramente — ou nunca — se ensina o gerenciamento do estresse às pessoas que desempenham esses papéis essenciais. Os médicos aprendem a operar um paciente terminal. Mas quando é que eles aprendem a cuidar da própria mente? Os soldados podem atingir um alvo a centenas de metros de distância. Mas será que eles conseguem se concentrar no próprio estado emocional e prevenir acessos de raiva antes que eles eclodam? Embora o treinamento em consciência plena não seja obrigatório para médicos, soldados e terapeutas, ao longo das últimas décadas, tem se revelado uma ferramenta eficaz para combater alguns dos mais intensos agentes estressores existentes nos locais de trabalho. Ao nos situar no momento presente, sem permitir que nossa mente divague até o passado ou ao futuro, e ao nos encorajar a aceitar as coisas como são, em vez de desejar que elas fossem diferentes, a consciência plena pode nos tornar mais resilientes, mais aptos a administrar de forma habilidosa situações que, anteriormente, teriam sido consideradas aflitivas. Ela pode reduzir nosso estresse, aprimorar nossa saúde e atenuar a depressão.

Reduzir consideravelmente o estresse é a primeira etapa, importante para desenvolver uma relação mais consciente com o trabalho e com a vida; uma etapa apreciada por quase todos que iniciam a prática da consciência plena. Isso nos permite gerenciar nossas emoções com mais eficácia, a cuidar melhor de nós mesmos e dos outros, e a ser mais saudáveis e mais felizes. O estresse também é um obstáculo essencial a se vencer se quisermos experimentar alguns dos outros benefícios que a consciência plena tem a oferecer — o foco, um renovado sentido de valor e habilidades de liderança aprimoradas.

5. Mais focados

LOGO APÓS O início do treinamento em MBSR, comecei a colher os frutos de minha prática constante de consciência plena. Conforme minha rotina de meditação foi se estabilizando, com uma sessão na parte da manhã, seguida por uma varredura corporal à noite, além do compromisso de dosar minhas reações com um pouco de autoconsciência, minha conduta, já naturalmente descontraída, ficou ainda mais relaxada. Mas eu sabia que o verdadeiro teste seria conseguir dominar meu eterno e moderado transtorno de déficit de atenção.

Em meu trabalho, devo estar sempre de prontidão. Se uma notícia surge antes do amanhecer, o *Times* precisa apurá-la. Se outra notícia aparece imediatamente antes de eu me deitar, o *Times* precisa apurá-la. Quase nunca fico desconectado. Acordo cedo, e ainda na cama, com os olhos entreabertos, verifico meu e-mail. Se não houver demandas urgentes dos editores, posso me demorar um pouco mais e tirar outro cochilo. Em pouco tempo, já estou de pé, conferindo as dezenas de mensagens que costumam encher minhas quatro caixas de entrada durante a noite. Ainda em casa, à medida que preparo um café expresso, verifico o Twitter, o Facebook e os sites de quatro ou cinco agências de notícias — a do *New York*

Times, a do *FT*, a do *Wall Street Journal*, a Bloomberg e a Reuters. Então, parto para inspecionar os blogs — o Quartz, o Dealbreaker, o Business Insider e outros —, enquanto engulo rapidamente uma tigela de cereal com frutas, nem sempre me alimentando com muita atenção. De modo geral, as negociações são anunciadas no período da manhã, e, assim, ao cruzar o centro de Manhattan no trajeto entre nosso apartamento e o escritório, verifico meu iPhone a cada dois minutos ao longo do caminho, para me certificar de não ter perdido alguma das últimas notícias. Se recebo um e-mail, respondo enquanto caminho, enviando às pressas revisões, sugestões de pauta e perguntas, antes mesmo de chegar à minha mesa. Isso pode fazer com que meus deslocamentos a pé se tornem um tanto perigosos. Já esbarrei com crianças, quase fui atropelado por entregadores de bicicleta e perambulei no meio do tráfego mais de uma vez. Ao alcançar minha mesa, ligo dois monitores de computador que cobrem praticamente todo o meu campo de visão. Ambos são dominados por navegadores de internet em tela cheia, cada um deles mostrando pelo menos uma dúzia de abas. Minhas contas de e-mail estão sempre abertas. O TweetDeck emite um fluxo interminável de alertas de mensagens. Os sites são atualizados o tempo todo. Se o dia estiver particularmente atribulado, também acabo colocando em ação meu computador portátil ou meu iPad, apoiando-os sobre uma pilha de jornais em minha mesa. Como muitos outros profissionais contemporâneos, passo muito tempo em frente às telas. Embora eu possa ser excessivamente dependente da tecnologia ao longo do dia de trabalho, tento ser mais criterioso quanto ao gerenciamento de minha atenção fora do horário de expediente. E, em um fim de semana prolongado, quando eu ainda estava no *FT*, tive a oportunidade de usar a consciência plena nesse sentido.

Em uma manhã de sexta-feira, não muito tempo depois de ter começado o curso de MBSR, recebi a informação de que duas grandes empresas farmacêuticas estavam em negociações acerca de um acordo, mas os detalhes ainda eram nebulosos. Tentei apurar aquela notícia o dia todo, ligando para fontes do mundo inteiro, na esperança de conseguir dar um furo de reportagem. À tarde, soube que uma agência de notícias concorrente investigava a mesma matéria. Mas eu ainda não tinha conseguido confirmá-la. Por fim, tive de largar o escritório para iniciar uma viagem de três horas de duração até a Pensilvânia, onde minha esposa e eu iríamos visitar familiares no fim de semana da Páscoa. Enquanto saíamos de Manhattan e passávamos pelo pedágio da rodovia que leva a Nova Jersey, fiz mais algumas ligações com meu Bluetooth. Meus colegas de Londres tinham feito algum progresso, e estávamos perto de chegar a uma conclusão. Mas os detalhes ainda estavam muito desconexos para que publicássemos a matéria. Então, assim que pegamos o acesso à estrada, recebi um e-mail. A concorrência havia publicado que as negociações de fusão entre as duas empresas estavam avançadas, e que o acordo deveria ser anunciado na segunda-feira.

Eu senti como se tivesse levado um soco no estômago. Para um repórter, pouquíssimas coisas podem ser piores do que alguém dar um furo jornalístico antes de você, especialmente quando você sabe que esteve a ponto de fazê-lo. Fiquei me martirizando por não ter investido naquilo que já sabíamos. Imaginei que poderíamos ter dado aquele furo de reportagem no *FT*, mas, por outro lado, eu não tinha muita certeza se o outro jornal estava plenamente convencido de suas afirmações. Os pormenores também estavam um tanto inconsistentes naquele artigo, e havíamos sido levados a acreditar que a negociação ainda não estava concluída.

Minha esposa e eu cumprimentamos e abraçamos toda a família, e, logo depois, fiz uma nova rodada de ligações e enviei mais um punhado de e-mails para investigar a história. Anoitecia naquela sexta-feira véspera de feriado, e minhas fontes, compreensivelmente, já estavam envolvidas em compromissos noturnos. Então, depois de alguns minutos de ligações e e-mails, decidi focar na família. Eu já fizera tudo o que podia até aquele momento. Ficar preocupado com a negociação não me levaria a lugar algum enquanto estivesse sentado à mesa do jantar. Na verdade, só me manteria distante e afastado das pessoas que mais amo neste mundo. Concentrei minha atenção integralmente em minha família, e não pensei mais na negociação por horas a fio.

Aquele foi um breve instante de consciência plena em ação. Fiz uma escolha consciente de não me deixar obcecar pela negociação; de evitar fazer especulações sobre para quem mais eu poderia ter telefonado, sobre o que meus editores poderiam pensar a respeito de minha habilidade como jornalista e sobre o que a concorrência poderia escrever em seguida. Em vez de fazer isso, me preocupei em permanecer atento e em ser atencioso com as pessoas ao meu redor. Depois de algumas horas, verifiquei se algum e-mail novo havia chegado. Mas isso me tomou apenas um minuto, e, em seguida, voltei ao momento presente, para apreciar uma refeição e uma conversa maravilhosas.

Nem sempre tenho conseguido direcionar minha atenção com esse tipo de disciplina. Antes de começar a praticar a consciência plena, eu me apegava aos acontecimentos negativos, remoendo minhas falhas e o que eu poderia ter feito de modo diferente, perdendo tempo e não chegando a lugar algum. Se eu não praticar a consciência plena de forma regular, ou se estiver em um estado particularmente agitado, ainda me perco com muita facilidade em pensamentos negativos que não levam a nada. Se minha prática não tivesse o mínimo de consistência, o jantar teria sido desastroso. Contudo, naquele fim de semana, em parte devido ao fato de eu estar em meio ao curso de MBSR e praticando com regularidade, pude focar voluntariamente a atenção no meu trabalho na medida exata, e, por outro lado, me entregar ao momento presente.

Na manhã seguinte, acordei pensando na negociação. Mas, depois de verificar meu e-mail e não encontrar nenhuma atualização, coloquei o telefone de lado e resolvi apreciar o café da manhã com minha família. Eu sabia que as informações chegariam quando tivessem de chegar, e que escreveríamos o artigo mais preciso que pudéssemos assim que estivéssemos prontos. Então, no início da tarde de sábado, uma fonte importante que eu não conseguira contactar na sexta-feira retornou minha chamada. Decidi atender aquela ligação. Foi uma escolha calculada — me ausentar de uma conversa adorável com minha família para atender ao telefone. Tomei a decisão certa. Logicamente, a pessoa havia lido o artigo do concorrente, mas tinha boas notícias para me dar: aquele artigo estava errado. Ele explicou que as duas empresas tinham iniciado as conversas, mas o diálogo havia sido interrompido na quarta--feira anterior. "Durante dias, elas vinham alimentando planos de fazer um acordo", disse ele. A negociação não fora adiante, e eu me senti aliviado. Liguei para mais uma fonte, com quem eu também não havia conseguido falar no dia anterior, e foi confirmado que a transação havia emperrado antes mesmo de nosso concorrente liberar o artigo. Em seguida, publicamos o nosso, explicando que a negociação esteve prestes a ser concluída, mas fora abortada. Era a palavra final sobre aquele assunto.

Não foi uma façanha profissional tão bombástica assim, mas apenas mais uma história de fusão e aquisição que costuma surgir nos fins de semana. Entretanto, se eu tivesse permitido, aquela negociação poderia ter arruinado meu fim de semana. Eu poderia ter ficado preocupado a noite toda pelo fato de alguém que não eu ter dado um furo de reportagem, acordado de mau humor, passado a manhã lendo e relendo o artigo do concorrente, e perdido por completo uma oportunidade de estar presente com as pessoas que eu amo. Em vez disso, apurar aquela notícia era apenas uma tarefa que eu devia cumprir — intermitentemente — ao longo de mais alguns dias. Eu ainda levava meu trabalho a sério. Fiz todas as ligações com o maior empenho possível e fui atrás de cada informação que recebi. A diferença é que, quando eu estava trabalhando, eu estava trabalhando, e quando eu não estava, eu não estava. Eu estava focado.

Embora hoje em dia a distração possa parecer a norma, simplesmente não deveríamos achar natural executar nosso trabalho de maneira desatenta. Sem uma atenção sustentada, é improvável que sejamos eficientes no trabalho. Devemos isso a nós mesmos e também aos nossos empregadores: cumprir a tarefa que nos foi atribuída com perfeição. Se estivermos pensando no que vamos cozinhar para o jantar ou lembrando o que fizemos na noite anterior — e, mais ainda, jogando paciência ou navegando aleatoriamente na internet —, estaremos nos privando de momentos potencialmente valiosos para aprimorar o nosso ofício, e privando nossos empregadores das preciosas horas pelas quais somos remunerados. "Uma pessoa deve ser capaz de realizar seu trabalho sem se deixar interromper, e a meditação favorece essa abordagem", escreveu Chögyam Trungpa, professor tibetano e fundador da Universidade Naropa.[1] Trungpa defende uma abordagem holística para a consciência plena, nos incentivando a tratar cada experiência, por mais banal que seja, como um exercício de conscientização. "Com essa abordagem, se você estiver preparando uma xícara de chá, deverá estar em contato total com o processo: que tipo de chá você vai fazer, que tipo de chaleira e bule você vai usar. É uma questão de se relacionar com essas pequenas coisas, e isso não é tão difícil."

Mas não se trata apenas de nos manter focados em nossas tarefas. Devemos estar totalmente presentes, não importa a atividade. Quando estivermos no trabalho, devemos trabalhar, sem nos perder em devaneios sobre nossa vida pessoal. E se estivermos com nossos filhos, devemos passar esse tempo com eles, sem pensar no trabalho. Não significa precisar abdicar de determinadas atividades, ou de eliminar o uso da tecnologia como um todo. Significa fazer *integralmente* aquilo que estivermos fazendo, uma coisa de cada vez. O fato é que, agindo assim, podemos nos tornar trabalhadores mais eficientes.

Na General Mills, os funcionários que participaram do curso de Liderança Consciente ministrado por Janice Marturano relataram aumentos vertiginosos na capacidade de "se concentrar em um projeto do início ao fim", de "estar inteiramente atentos em reuniões, teleconferências e apresentações", e de "perceber quando a atenção se desviava e redirecioná-la ao presente". Na Green Mountain Coffee, aprender a meditar ajudou a manter os colaboradores focados em suas tarefas. Ryan Dremiller, artista gráfico que trabalha para a empresa em Vermont, declarou que praticar a consciência plena o ajudou a permanecer concentrado por horas diante da tela de seu computador, tentando aperfeiçoar a identidade gráfica da empresa. Todas aquelas horas gastas focando na própria respiração, trazendo a atenção de volta à inspiração e à expiração, permitiram que ele se concentrasse na tarefa a ser executada ao se sentar em sua mesa de trabalho. "A parte da concentração foi um grande estímulo", afirmou ele. "Para trabalhar com criação gráfica, é fundamental ter a capacidade de se deixar absorver por uma tarefa. E isso também me deixou mais intuitivo, me permitindo descobrir elementos no processo que eu talvez não descobrisse. Em um nível mais sutil, a prática melhora nosso parâmetro de felicidade. É importante levar a positividade para o local de trabalho. Sou uma pessoa melhor de se trabalhar e de se lidar do que eu era há oito anos." A capacidade renovada de se concentrar lhe pareceu tão significativa que, para Dremiller, o treinamento em consciência plena era um dos aspectos mais positivos da Green Mountain. "A meditação é o maior benefício que essa empresa oferece", disse ele. "Mesmo que apenas um ou dois alunos compareçam, é possível gerar uma mudança drástica. Mesmo que a empresa tenha 6 mil funcionários, se dez pessoas estiverem praticando a consciência plena, isso já é grande conquista. Elas podem levá-la ao conhecimento de outras pessoas e, quem sabe, promover alguma mudança no mundo."

A prática da meditação fortalece nossos músculos mentais, nos oferecendo a habilidade de sustentar nosso foco e aprofundar nossa concentração. Na meditação da consciência plena, voltamos nossa atenção a um objeto específico — como a respiração —, repetidas vezes. Quando a mente divaga e começamos a pensar no que vamos fazer depois daquela cansativa sessão de meditação, trazemos nossa atenção de volta à respiração. Quando somos surpreendidos pensando em uma refeição particularmente agradável que acabamos de fazer, retornamos nossa atenção à respiração. Com o tempo, a atenção fica mais estável e a mente divaga com menos frequência. Conseguimos preservar a sensação da respiração por vários minutos, e algumas vezes até mesmo por horas, simplesmente ao experimentar as suaves inspirações e expirações que fazem o corpo oscilar. E, através desses inumeráveis momentos, uma respiração de cada vez, fortalecemos nossos músculos da concentração. Embora incrivelmente simples, essa prática básica é uma das ferramentas mais poderosas para reprogramar nossa mente e conferir-lhes mais estabilidade. E, de fato, nossa mente de macaco pode ser adestrada. Embora existam muitas maneiras de se conseguir isso, a meditação da consciência plena está entre as mais eficazes.

Em um estudo, pesquisadores da Universidade John Moores, de Liverpool, no Reino Unido, compararam o desempenho de praticantes e de não praticantes de meditação em vários testes de atenção.[2] Todos os 25 praticantes de meditação que participaram da pesquisa vinham praticando a consciência plena por algum tempo, e exerciam as mais variadas profissões. Os 25 não praticantes de meditação, recrutados, em sua maior parte, em uma empresa local de gestão de crédito, eram operadores de telefonia, chefes de equipe, técnicos em Tecnologia da Informação, profissionais do mercado financeiro, gerentes de contas, profissionais de marketing e executivos seniores. Para avaliar a capacidade de atenção de cada grupo, os pesquisadores de Liverpool empregaram uma ferramenta conhecida como Teste de Stroop. Batizado com o nome John Ridley Stroop, psicólogo norte-americano que atuou na década de 1930, o Teste de Stroop se vale de um irônico artifício de dissonância cognitiva a fim de avaliar a rapidez e a precisão com que uma pessoa é capaz de se concentrar na tarefa a cumprir. No teste, os sujeitos são apresentados a uma lista de várias cores: AZUL, LARANJA, ROXO, MARROM, e assim por diante. Mas, em cada caso, a cor da tinta utilizada para cada palavra é diferente da cor que a palavra descreve. A palavra AZUL pode estar impressa em tinta rosa. A palavra MARROM pode estar impressa em tinta verde. Na famosa variação do teste usado em Liverpool, a tarefa dos sujeitos era nomear a cor da tinta, e não a palavra em si.

Os praticantes e os não praticantes de meditação receberam o mesmo teste e tiveram dois minutos para identificar a cor, em vez da palavra, no maior número possível das 120 combinações desencontradas entre palavras e cores. Os praticantes de meditação completaram o teste em uma sala em seu centro local de meditação, enquanto os não praticantes realizaram o teste em uma sala silenciosa nos respectivos ambientes de trabalho. E, embora quase todas as condições tenham se mantido idênticas — os grupos tiveram, inclusive, as mesmas horas de sono na noite anterior ao teste —, os resultados foram categóricos. "Os praticantes de meditação apresentaram um desempenho significativamente melhor do que os não praticantes em todas as medidas de atenção", escreveram os pesquisadores. Os praticantes de meditação não apenas responderam mais perguntas durante cada um dos testes de dois minutos, como também cometeram consideravelmente menos erros. "Altos níveis de consciência plena estão correlacionados com alta velocidade de processamento, concentração mental e controle inibitório adequados, e boa coordenação da velocidade com a simultânea precisão no desempenho", sustentaram os autores. Os pesquisadores concluíram que "processos cognitivos que se tornaram automatizados podem ser restabelecidos sob o controle cognitivo e respostas anteriormente automáticas podem ser interrompidas ou inibidas". Em outras palavras, o treinamento em consciência plena pode desfazer nosso condicionamento, reformular os maus hábitos provenientes da incessante dispersão da mente e, em vez disso, estimular o foco sustentado. "Esses resultados confirmam a hipótese de que a consciência plena se correlacionaria positivamente com o desempenho de tarefas", escreveram.

Em outro estudo, dessa vez envolvendo um grupo de profissionais de recursos humanos em São Francisco e Seattle, um grupo de pesquisadores da Universidade de Washington queria verificar como a prática da consciência plena poderia alterar a capacidade de funcionários administrativos permanecerem focados em uma tarefa.[3] Trinta e oito participantes foram separados em três grupos — um grupo de controle, outro que aprendeu técnicas de relaxamento, e um terceiro que aprendeu a consciência plena. O treinamento em consciência plena se baseou no trabalho de Darlene Cohen, monja zen-budista falecida em 2011; em vez de enfatizar a importância da aceitação, ela priorizava a prática da atenção focada. Os alunos foram treinados em como restringir ou ampliar o foco de sua atenção, e em como relaxar sem se desconectar do momento presente. Eles aprenderam a mudar voluntariamente o foco unidirecional de uma coisa para a outra, e a cultivar atenção intensa à respiração, ao corpo e a outros objetos.

Após oito semanas de treinamento, os pesquisadores da Universidade de Washington pretendiam averiguar se algo havia mudado nos funcionários de recursos humanos. Dessa forma, eles projetaram um teste para medir a eficácia dos funcionários na execução de tarefas múltiplas. Os pesquisadores improvisaram um escritório unipessoal com um computador portátil e um telefone, e, em seguida, instalaram uma sofisticada tecnologia de monitoramento que lhes permitiu observar e gravar os sujeitos, além de registrar o conteúdo de suas telas de computador, os toques das teclas e os movimentos do mouse. Os participantes foram convidados a imaginar que aquele era seu primeiro dia de trabalho em uma nova empresa, e que deviam concluir uma série de tarefas, dentre as quais coordenar a disponibilidade de um grupo de pessoas e agendar uma reunião; encontrar uma sala de reuniões livre assim que o horário fosse estabelecido; criar uma comunicação interna sobre a reunião; comer e beber durante o dia todo; e redigir um memorando que propusesse uma pauta criativa para a reunião. As informações necessárias para executar todas essas tarefas lhes chegavam velozmente em vários e-mails, mensagens instantâneas, ligações telefônicas e pessoalmente. Como se isso não bastasse, precisavam completar tudo em vinte minutos e eram interrompidos, esporadicamente, por ligações que não estavam relacionadas à reunião. Em outras palavras, era muito parecido com a vida real. Quando percebemos que essas são as condições em que a maioria de nós trabalha, é surpreendente que consigamos realizar alguma coisa.

E como os praticantes de meditação se saíram na execução de tarefas múltiplas, em comparação com seus pares que aprenderam tão somente a relaxar? À primeira vista, talvez não muito melhor. O grupo de consciência plena não desempenhou todo o conjunto de tarefas com mais rapidez do que os grupos de controle. Mas, quando os pesquisadores analisaram *como* os funcionários empregaram seu tempo, surgiram variações significativas. Ao longo do experimento de vinte minutos, os profissionais de recursos humanos que não haviam passado pelo treinamento em consciência plena realizaram uma média de 54 atividades por sessão. Ou seja, eles variaram entre ler um documento, atender ao telefone e enviar um e-mail aproximadamente a cada vinte segundos. O grupo que foi instruído em consciência plena realizou uma média de quarenta atividades por sessão quando testado. Depois de apenas oito semanas de treinamento em atenção focada, eles estavam 20% mais concentrados nas tarefas que lhes haviam sido atribuídas e apresentavam uma probabilidade 20% inferior de pular de uma coisa a outra. Eles mantinham sua atenção focada em uma tarefa por mais de meio minuto, em oposição à marca de menos de meio minuto dos participantes que não haviam passado pelo treinamento em consciência plena. "A meditação, portanto, parece *reduzir* a comutação entre tarefas", atestaram os pesquisadores. "A meditação parece *aumentar* o tempo gasto em cada atividade." Os funcionários conscientes eram mais focados.

Estar totalmente presente é importante em qualquer profissão. Mas é essencial no mundo dos esportes, uma atividade que, há décadas, tem servido como um improvável laboratório para uma série de experimentos em consciência plena.

Phil Jackson, treinador da equipe profissional de basquete mais bem-sucedida de todos os tempos e praticante zen-budista de longa data, usou a consciência plena durante vinte anos para tirar o máximo proveito de seus jogadores na NBA (Associação Nacional de Basquete). Em seu livro de memórias, *Onze anéis*, Jackson descreveu como usou a meditação para ajudar no treinamento do Chicago Bulls e do Los Angeles Lakers, conquistando, ao todo, 11 campeonatos da NBA.[4] Jackson adotou a consciência plena porque a descreve como "uma técnica de fácil acesso para acalmar a mente irrequieta e focar em tudo o que aconteça no momento presente". Para os jogadores de basquete, "que, muitas vezes, têm de tomar decisões em frações de segundo sob enorme pressão", é uma ferramenta poderosa.

Jackson empregou uma variedade de técnicas para treinar atletas como Michael Jordan, Scottie Pippen, Kobe Bryant e Shaquille O'Neal em consciência plena. Para começar, ele lhes ensinou a respiração básica da meditação, a conscientização corporal e exercícios que despertam a sensibilização para pensamentos e emoções. Mas Jackson também costumava usar métodos de ensino menos convencionais. Em determinado exercício, ele orientou a equipe em exercícios de respiração, fazendo com que todos os jogadores sincronizassem o ritmo respiratório. "Isso os ajudou a entrar em sintonia uns com os outros em um nível não verbal, com muito mais eficácia do que as palavras", escreveu Jackson. "Uma respiração equivale a uma mente." Em outras ocasiões, ele se valeu de técnicas que tiravam as equipes de suas zonas de conforto. Certo dia, fez com que os jogadores do Bulls treinassem em silêncio. Em outro, ele os fez ensaiar jogadas de disputa pela bola com as luzes apagadas, em uma arena escura. Aparentemente, esses exercícios não têm relação alguma com a consciência plena. Mas, na verdade, são os mesmos tipos de técnicas, aquelas que nos forçam a parar de depender dos hábitos e, em vez disso, nos trazem de volta ao momento presente. "Gosto de confundir um pouco as coisas e fazer com que os jogadores se mantenham curiosos", escreveu ele. "Não porque eu queira atrapalhar a vida deles, mas porque desejo prepará-los para o inevitável caos que acontece no instante em que eles pisam em uma quadra de basquete." O mesmo princípio pode servir como lição valiosa para outros trabalhadores, independentemente de sua profissão. Situações desafiadoras podem parecer contratempos injustificáveis no momento em que ocorrem. No entanto, considerando-se que essas ocasiões despertam nossos sentidos e nos obrigam a reduzir nossas expectativas, elas são boas oportunidades para a prática da consciência plena.

Quando Jackson introduziu a meditação no vestiário, ajudou alguns jogadores de elite a desenvolver maior autoconsciência. Michael Jordan, já então um competidor ferrenho, adotou a prática com entusiasmo particular. Mais do que simplesmente aperfeiçoar seu foco nas quadras, Jordan também alcançou algum grau de discernimento por meio da consciência plena. Ele desenvolveu uma conscientização maior de seu papel como líder e do efeito que exerce sobre a dinâmica do grupo, e se mostrou mais ávido por se conectar com os companheiros de equipe. Embora o maior jogador de basquete de todos os tempos demonstrasse, compreensivelmente, um comportamento egoico dentro das quadras, ele suavizou um pouco essa característica fora dos jogos, pelo menos quando entre seus colegas do Bulls. A prática da consciência plena fez com que ele se tornasse mais atento aos sentimentos dos companheiros de equipe, ao menos virtualmente, permitindo que o time adquirisse consistência. Depois de passar um ano e meio jogando beisebol nas ligas inferiores, Jordan regressou ao basquete sem conhecer a maioria de seus novos companheiros, o que lhe dava a sensação de estar excluído do grupo. Mas, com a consciência plena, ele redobrou os esforços para ouvir o que seus novos colegas tinham a dizer, avaliou suas próprias forças e fraquezas naquele momento, e, finalmente, se reconectou com o time. Por fim, ele ajudou a equipe a conquistar outros três anéis.

Evidentemente, nem sempre Jordan pode ser apontado como um cidadão modelo. Mas, graças ao treinamento em consciência plena que Phil Jackson levou ao vestiário, ele conseguiu se tornar um companheiro de equipe melhor e um jogador mais bem-sucedido.

Quando Jackson chegou a Los Angeles para treinar o Lakers, se surpreendeu com o déficit de atenção dos jogadores. Ao contrário do Bulls, cujos integrantes eram incrivelmente tranquilos e controlados, a equipe que Jackson assumiu no Lakers era impaciente e distraída. Então, ele começou tudo de novo, introduzindo a consciência plena, inicialmente com apenas um minuto de meditação antes de cada treino. Ao longo do tempo, foi aumentando a duração da prática, o que permitiu, enfim, que o Lakers se acalmasse, despertasse os sentidos e jogasse de forma intuitiva, como uma equipe. Com Jackson no comando, aquele time do Lakers faria progressos e conquistaria cinco campeonatos.

Jackson se refere ao treinamento em consciência plena como um componente fundamental do extraordinário sucesso dele, mas não estava sozinho nesse movimento de introdução da consciência plena no cenário esportivo. Espetáculo capitalista movido a testosterona e que recompensa a violência frequentemente, o mundo dos esportes apresentado na ESPN nem sempre é dos ambientes mais serenos. No entanto, há uma boa razão para que os atletas procurem ter afinidade com a consciência plena. Ao desempenhar qualquer esporte em seu mais alto nível, os competidores precisam estar profundamente sintonizados com os universos sensoriais ao seu redor. Devem abandonar o modo conceitual e adentrar o modo das experiências.

Já faz alguns anos que vários outros treinadores têm defendido as virtudes da consciência plena. Ao enfatizar a dedicação ao momento presente, focando nos processos e não nos objetivos, treinadores prestigiados como Dean Smith e Mike Krzyzewski têm ensinado os jogadores a ficar mais conscientes — mesmo que seja sob uma designação diferente. Bob Rotella, psicólogo esportivo que trabalha com jogadores de golfe, fala sobre a importância de "se desvencilhar das memórias dos tiros já dados, permanecer no presente, aceitando tudo o que acontece sem emitir julgamentos, e buscar o ritmo do jogo". E, naquela que talvez tenha sido a primeira aplicação direta da consciência plena nos esportes, Jon Kabat-Zinn e seus colegas ofereceram um treinamento em consciência plena à equipe masculina de remo dos Estados Unidos nos Jogos Olímpicos de 1984. Não existem muitos dados disponíveis a respeito de tal treinamento, mas muitos remadores medalhistas declararam que o treinamento melhorou a preparação mental e o desempenho na água.

Entrar no próprio corpo, ou "cair em si", como Jon Kabat-Zinn costuma dizer, é uma parte crucial da conscientização. Tanto melhor se conseguirmos fazer com que nosso corpo aja espontaneamente, sem que seu funcionamento seja obstruído por ações preconcebidas. Isso é particularmente verdadeiro na prática de esportes, e uma das razões pelas quais times como o Bulls e o Lakers se mostraram receptivos ao treinamento em consciência plena. "Em geral, os atletas só conseguem ter êxito se forem conscientes", escreveu Mason Fries, professor da Universidade Nacional, no *Journal of Academic and Business Ethics*.[5] "Eles não podem ficar obcecados por pontos perdidos em cestas, arremessos, interceptações de passes etc. Os campeões devem viver o momento presente e 'esquecer' o passado imediatamente."

Fries, ex-lutador universitário e pesquisador da consciência plena, descreveu uma situação em que a falta de consciência plena fez com que perdesse a conexão com seu fluxo mental, com consequências desastrosas. Ao competir com seus companheiros de equipe da Universidade do Estado do Oregon, num torneio nacional de luta, Fries estava sobre o tatame, vencendo uma partida contra um ex-campeão nacional. Ele tinha conseguido imobilizar seu oponente, deixando-o com os dois ombros no chão. Dentro de poucos minutos, a vitória seria dele. Porém, em vez de manter o foco na partida, a mente de Fries começou a divagar. "Não é possível que eu esteja vencendo, ele é um campeão nacional", pensou. "Se eu ganhar, vou ficar muito empolgado! Será uma façanha e tanto!" Enquanto Fries sonhava acordado, seu adversário se aproveitou. A desatenção dele fez com que afrouxasse seu golpe, e antes que pudesse se dar conta, havia perdido a vantagem que conquistara. E acabou sendo derrotado por um ponto. "Não estar consciente me custou a partida", disse Fries.

Apesar de treinadores e atletas virem praticando a consciência plena nos vestiários e nas quadras há anos, apenas recentemente eles resolveram se assumir publicamente como adeptos da meditação. "Por muitos anos, acreditei que precisava separar minhas convicções pessoais de minha vida profissional", escreveu Jackson. Mas, com o passar do tempo, à medida que se sentia mais à vontade com os princípios da consciência plena e com o modo pelo qual tais princípios poderiam ser eficazmente aplicados ao universo do basquete profissional, Jackson decidiu que não tinha nada a perder ao tornar isso público. "Embora inicialmente eu me preocupasse com o fato de que meus jogadores pudessem considerar minhas opiniões heterodoxas um tanto excêntricas, aos poucos fui descobrindo que quanto mais falasse com o coração, mais os jogadores conseguiriam me ouvir e se beneficiar dos conhecimentos que eu tinha acumulado."

Hoje, a consciência plena vem aparecendo com mais frequência nos esportes profissionais. Pete Carroll, treinador da equipe de futebol americano Seattle Seahawks, usa a consciência plena e outras técnicas de meditação para propiciar à sua jovem equipe uma vantagem competitiva nos campos.[6] Carroll contratou Mike Gervais, psicólogo esportivo com um pendor pela meditação, para que, antes dos treinos, ensine a consciência plena aos jogadores. Eles não são obrigados a participar, mas cerca de vinte jogadores aparecem para se sentar calmamente e meditar, antes de afixarem ao corpo as proteções acolchoadas e se arremessarem uns contra os outros. Carroll e Gervais não procuram convencer os jogadores a praticar a consciência plena simplesmente como um meio de promoção da felicidade — isso não seria muito bem aceito na NFL (Liga Nacional de Futebol Americano), em que a derrota acachapante da equipe adversária é uma meta semanal. E a consciência plena, por si só, não explica o sucesso do Seahawks. Ao contrário, acalmar a mente e eliminar as distrações é apenas mais um componente de um sofisticado regime de técnicas de aprimoramento de desempenho, projetado para ajudar um grupo de atletas de elite a alcançar seu pleno potencial. Mas trata-se de uma parte importante, e parece que vem surtindo algum efeito. O Seahawks venceu o Super Bowl em 2014.

"A meditação é tão importante quanto levantar pesos e entrar em campo para treinar", afirmou Russell Okung, marcador de 1,98 metro, contratado por US$ 48 milhões. "Tem a ver com acalmar a mente e entrar em certos estados em que tudo que está fora de você não importa naquele momento. Há muita gente dizendo que não se deve fazer isso ou aquilo, mas devemos observar esses pensamentos, tomar conta deles e modificá-los."⁷

Até mesmo alunos atletas estão pesquisando a consciência plena. Tim Frazier, ex-armador da equipe masculina de basquete da Universidade Estadual da Pensilvânia, pratica meditação regularmente, e garante que isso melhorou seu desempenho nas quadras.⁷ Frazier, maior líder estudantil em assistências de todos os tempos, aprendeu a praticar a consciência plena com um instrutor de ioga, convocado para ajudar a aumentar o foco da equipe. E ele diz que aprender a se conscientizar de seus pensamentos, sem emitir julgamentos, foi o que fez a diferença em sua forma de jogar. "O jogo é tão rápido que é difícil se concentrar no aqui e agora", disse ele. "A meditação me desacelera, me deixa mais relaxado e mais focado." Uma das contribuições decisivas é o fato de Frazier conseguir se manter atento à jogada corrente, sem se deixar obcecar por algumas posses de bola perdidas anteriormente, ou se preocupar com o próximo conjunto defensivo que poderá enfrentar. "Às vezes, durante o jogo, você fica pensando se as jogadas anteriores foram boas ou ruins, mas a meditação o traz de volta à jogada que está acontecendo naquele exato momento", afirmou ele.

Michael Baime, um dos diretores do Programa de Consciência Plena da Universidade da Pensilvânia, assinalou que, além de estimular a precisão do foco, os benefícios fisiológicos da prática da consciência plena são de enorme valor, particularmente no caso dos atletas. "Mais do que qualquer outra coisa, o que prejudica o desempenho durante a competição é o efeito das emoções negativas sobre a biologia e sobre a habilidade de sustentar a perspectiva e continuar a render no nível em que você é capaz", declarou ele. Na verdade, a prática da consciência plena não difere tanto assim do treinamento atlético.

"Se quisermos nos aprofundar quanto ao aspecto neurocientífico, a prática da consciência plena modifica a estrutura do cérebro responsável pelo funcionamento da atenção", disse ele. "Assim como correr aumenta a força do músculo quadríceps, a prática da consciência plena fortalece a função de controle executório do cérebro. O desempenho atlético de elite é, fundamentalmente, um jogo mental. A consciência plena melhora a memória operacional e as possibilidades de ação diante de uma situação desafiadora. Ela ajuda a concentração nas informações necessárias para se ter um bom desempenho."

Segundo Pat Chambers, treinador de basquete masculino da Universidade Estadual da Pensilvânia, fazer com que os atletas se concentrem hoje, em plena era das mídias sociais, é especialmente desafiador. "O Facebook, o Twitter, o Instagram etc. nos distraem tanto que é preciso achar uma solução para que possamos nos libertar de tudo isso por alguns minutos e recuperar o foco", disse ele. "Minha esperança é a de que, antes do treino, nossos rapazes consigam encontrar uma técnica da qual eles gostem para esvaziar a mente. E que, por algumas horas, eles parem de se preocupar com a prova no dia seguinte ou com a discussão que tiveram com um amigo, de modo que, ao pisar na quadra, todos estejam preocupados em se aprimorar naquele exato momento."

A consciência plena encontrada nos vestiários não prioriza a diminuição da reatividade emocional, e muito menos o estímulo à compaixão. Os atletas precisam ser rápidos, firmes e agressivos. Mas, ao ajudar os jogadores de futebol americano, de basquete e os demais atletas a aperfeiçoar sua concentração, a consciência plena vem lhes dando uma amostra do que a meditação é capaz de proporcionar. Talvez não seja a prática integral, mas é melhor do que nada. E, para certos jogadores inclinados a se aprofundar, uma prática de concentração pode ser apenas o primeiro passo de uma longa jornada.

Como Chambers pôde constatar com seus jogadores, hoje, mais do que em qualquer outra época, devemos desenvolver nossos músculos da concentração. Apesar de os seres humanos possuírem a mente errática desde sempre, a tecnologia atual faz com que cedamos às nossas tendências à distração como jamais havia acontecido. O que teve início há algumas décadas com o ato de "zapear" levou à navegação na internet, que, por sua vez, nos apresentou às mídias sociais, como o Facebook e o Twitter, com suas listas de notícias permanentemente atualizadas e fofocas de fácil absorção. Os smartphones, sempre muito próximos e sempre ligados, nos dão a possibilidade de verificar nosso e-mail, os dados alimentados e as últimas atualizações, de maneira facilitada e impune. Há inúmeras pesquisas demonstrando o perigoso impacto de nossa recém-adquirida dependência da tecnologia. Nossa capacidade de atenção está se restringindo, nossa memória de longo prazo está se deteriorando, e, como resultado, estamos nos sentindo menos conectados uns aos outros. No entanto, é bastante frequente que nos debates sobre as consequências negativas do excesso de mensagens de texto e de tuítes ninguém faça qualquer menção a um antídoto.

Vamos incluir a consciência plena. Embora a consciência plena e a tecnologia não sejam mutuamente excludentes — podemos nos conscientizar de que nos deixamos distrair pelos nossos dispositivos —, a prática regular da meditação pode estimular um foco mais sustentado e nos tornar mais sensíveis aos efeitos prejudiciais de nosso moderado transtorno de déficit de atenção. "A concentração reforça a consciência plena (...) e, ao mesmo tempo, é reforçada por ela, porque conseguiremos nos desvencilhar das distrações cada vez mais facilmente à medida que nos tornarmos mais conscientes", escreveu a professora de meditação Sharon Salzberg, em seu livro *A real felicidade*.[8] "Pensamentos turbulentos, queixas insignificantes e dispersões movidas pela ansiedade podem até aparecer, mas surgirão acompanhados por cada vez menos 'aderência'. Desse modo, eles não tomarão conta de nossa atenção nem nos afastarão de nosso ponto de apoio no momento presente."

Assim como os atletas podem se deixar absorver pelo momento presente graças ao treinamento em consciência plena, podemos ficar cada vez mais absortos por tudo o que estiver acontecendo conosco em momentos específicos, e menos apegados ao que possa estar acontecendo nas mídias sociais. E, quando as pessoas se tornam mais conscientes de seus pensamentos e emoções, muitas delas acabam percebendo que a eterna distração não estimula a produtividade, e tampouco é uma diversão agradável. Mais frequentemente, ela é a causa de uma profunda insatisfação consigo mesmo e com os outros.

Até começar a meditar, há alguns anos, Joe Ens agia de maneira típica em seu consumo diário de informações. Funcionário da General Mills, em Minneapolis, onde ocupa a posição de vice-presidente de marketing, este canadense de 40 e poucos anos, com uma aparência que lembra a dos super-heróis, costumava acordar de manhã e verificar imediatamente seu BlackBerry para saber se alguma crise havia irrompido durante a noite. Enquanto se exercitava em sua academia particular, e, em seguida, arrumava as crianças para irem à escola, monitorava os e-mails recebidos para ter uma ideia do que o dia lhe reservaria, mal se dedicando aos exercícios ou à família. Haveria algum problema com as novas campanhas publicitárias que ele coordenava? Será que algum de seus colaboradores tinha alguma questão que precisava ser resolvida urgentemente? Enquanto dirigia até o trabalho, ele costumava pensar detidamente nas reuniões e apresentações do dia. Será que seus chefes ficariam satisfeitos com seu trabalho? Será que seu modo de liderar impressionaria as outras pessoas? No momento em que chegava à sua mesa, já estava exausto. Ele se encontrava em um estado que os cientistas chamam de "atenção parcial contínua", apenas superficialmente atento ao que estava acontecendo à sua volta, e bastante perdido em seus pensamentos. É um estado familiar a todos nós.

Foi então que Ens começou a praticar a consciência plena com Janice Marturano. Ele não era o mais óbvio dos candidatos. Ávido fã de esportes e ouvinte apaixonado de heavy metal, Ens estava mais interessado na companhia de seus amigos e familiares do que em aprofundar-se nos próprios pensamentos e emoções. Mas, por insistência de Marturano, ele decidiu experimentar. No início, o simples ato de praticar foi uma lufada de ar fresco para Ens, aqueles poucos minutos do dia em que sua atenção se mantinha focada no momento presente, não se antecipando para lidar com o problema seguinte nem se deixando obcecar pelo passado. Mas, em pouco tempo, ele começou a perceber o quanto seus hábitos cotidianos minavam sua energia e seu foco. Aquela verificação incessante de e-mails, aquela voz em sua cabeça que nunca parava de planejar seu próximo passo e de julgar a última ação — tudo era contraproducente. Pouco a pouco, Ens começou a redesenhar sua vida com pequenas ações.

Agora, ao acordar, ele desce as escadas até sua academia particular e passa direto por seu telefone, que é mantido no balcão da cozinha, e não mais na mesinha de cabeceira. Quando termina de se exercitar, ele ignora novamente seu telefone e prepara o café da manhã para as duas filhas. Somente quando elas estão com os pés fora de casa e acomodadas no ônibus ele verifica seu e-mail. "Não tenho mais o hábito de embarcar na agenda das outras pessoas, abrindo todos os e-mails que me enviam durante a noite", afirmou ele. "Agora, costumo começar o dia sob condições que eu mesmo estabeleço."

Ens mantém essa disciplina o dia inteiro. Ao dirigir até o trabalho, ele usa o tempo no carro para praticar a consciência plena, de modo a impedir a dispersão de sua mente. Ele se concentra na estrada à sua frente, experimentando as sensações da visão, do deslocamento pelo espaço e do controle exercido sobre o automóvel por suas mãos e pés. Devido ao fato de a mente estar propensa a divagar, especialmente dentro do carro, ele ouve algumas vezes uma meditação orientada por Saki Santorelli, colega de Jon Kabat-Zinn no Centro de Consciência Plena. Ao chegar ao escritório, Ens se instala em sua mesa de trabalho relativamente simples. Em vez de ter dois monitores de computador, como era seu costume antes e como ainda acontece com a maioria de seus colegas, Ens tem apenas um. Sempre que o departamento de Tecnologia da Informação instala um serviço de mensagens instantâneas em seu computador, ele o desinstala. Também se mantém fiel à sua prática de consciência plena ao longo do dia. À medida que se desloca pelas dependências da General Mills, ele tem o cuidado de não verificar seu telefone com muita frequência, não permitindo que novos e-mails desviem sua atenção da tarefa que precisa ser cumprida. "A consciência plena mudou profundamente minha perspectiva sobre a tecnologia", disse ele.

A consciência plena também tem impactado sua maneira de trabalhar sob muitos outros aspectos. Todas as segundas-feiras, ele reserva um período de tempo inegociável, durante o qual reflete sobre a semana anterior e define suas prioridades para a semana que começa. Na parede de seu escritório, há um cartaz com uma citação de Lao Tzu, filósofo taoísta chinês e autor de *Tao Te Ching*:

Você tem a paciência para esperar
Até que a lama se assente e a água esteja límpida?

Segundo Ens, esse curto verso sintetiza o quanto a consciência plena modificou sua vida profissional. Em vez de reagir impulsivamente, a resposta adequada surge, agora, de uma posição de serenidade. Responde de acordo com o que ele e aqueles que estão à sua volta precisam naquele momento, em vez de reagir a partir de uma posição de medo ou de crítica. Ele também é mais cuidadoso em sua comunicação verbal. "Uma das coisas que mudaram no meu estilo de liderança é que me sinto muito confortável com o silêncio", disse ele. "Eu costumava simplesmente dar uma resposta sem nem saber o que ia dizer. Hoje em dia, me sinto muito confortável vasculhando meus pensamentos desorganizados antes de responder."

Certa vez, quando eu estava conversando ao telefone com Ens, a linha ficou muda. Longos segundos se passaram sem um som sequer. "Alô?", disse eu, esperando alguma resposta. "Alô?" Mas Ens ainda estava do outro lado. Ele riu e explicou que estava apenas esperando que a resposta certa lhe viesse à mente. Atualmente, ele faz isso com frequência, deixando que o silêncio se prolongue de uma forma que alguns podem considerar incômoda. Ele enlouquece sua equipe. Pausas como essas pontuam muitas das conversas com inúmeros praticantes de consciência plena que conheci ao longo dos anos. Eles têm a confiança necessária para se manter em silêncio por alguns instantes, e sabem que dizer algo apenas para preencher o espaço vazio poderia provocar consequências indesejáveis.

Como Ens pôde constatar, nossa dependência cada vez maior da tecnologia é uma profunda fonte de distração. Estamos presos aos nossos dispositivos, dependentes deles para a navegação, para a comunicação, para o entretenimento e muito mais. "Antes mesmo da chegada dos smartphones e da internet, já havia muitas maneiras de nos distrair", postou, certa vez, Jon Kabat-Zinn, justamente em sua página no Facebook. "Agora isso aumentou trilhões de vezes."

Thoreau previu que isso aconteceria. Em *Walden*, ele antecipou nossa afinidade com a tecnologia pela tecnologia em si, nosso desejo por informações rápidas, e, inclusive, nossa obsessão pelas fofocas sobre celebridades. "Nossas invenções costumam ser belos brinquedos, que distraem nossa atenção das coisas sérias. Não passam de meios aperfeiçoados para atingir um fim que não se aperfeiçoou", escreveu ele. "Temos uma pressa imensa para construir um telégrafo magnético do Maine ao Texas; mas talvez o Maine e o Texas não tenham nada de importante a comunicar. (...) Temos a maior vontade de fazer um túnel sob o Atlântico, para diminuir a distância entre o Velho Mundo e o Novo Mundo em algumas semanas; mas pode muito bem acontecer que a primeira notícia a chegar às grandes orelhas de abano americanas seja a de que a princesa Adelaide está com coqueluche. Afinal, o homem cujo cavalo corre um quilômetro e meio em um minuto não leva as mensagens mais importantes."

No entanto, nem mesmo Thoreau poderia ter previsto o mundo conectado em que vivemos hoje. Existem mais telefones celulares no planeta do que pessoas.[9] Acordamos e observamos as telas, devorando todas e quaisquer mensagens e notícias que podemos ter deixado escapar durante a noite. No caminho para o trabalho, talvez passemos ainda mais tempo navegando na internet a partir de nossos dispositivos móveis. Quando chegamos ao local de trabalho, provavelmente ficamos olhando fixamente para as telas sete, dez, doze horas por dia, independentemente da atividade à qual nos dedicamos. Ao voltar para casa, navegamos novamente, até que finalmente paramos diante de nossos aparelhos de televisão. Há telas irradiando informações nos elevadores, em postos de gasolina e afixadas em pontos de ônibus. As coisas estão ficando cada vez piores. Os dispositivos de computação que podem ser usados, como os óculos do Google, estão começando a incorporar as telas até ao nosso vestuário.

À medida que a sociedade se mostra mais inclinada à distração, o lado sombrio do sistema multitarefa se torna cada vez mais nítido. Ele não é apenas improdutivo; muitas vezes, também pode ser fatal. Em 2013, o condutor de um trem espanhol de alta velocidade, que colidiu na periferia de Santiago de Compostela e matou mais de oitenta pessoas, estava falando ao telefone no momento do acidente. Em Nova Jersey, mais ou menos na mesma época, um motorista de ônibus perdeu o controle do veículo enquanto mandava uma mensagem de texto, vitimando uma menina de oito meses de idade que estava em seu carrinho. Essa não é uma situação exclusiva dos condutores de trens, motoristas de ônibus e pilotos de avião. Muitos de nós dirigimos até o trabalho, ou precisamos dirigir como parte de nossa profissão. Até 2009, a condução distraída foi uma das causas de 5.474 mortes apenas nos Estados Unidos, ou 16% do total de óbitos em acidentes automobilísticos. E quase outro meio milhão de pessoas se feriu pelo fato de as pessoas estarem prestando atenção em seus dispositivos, em vez de prestar atenção na estrada.

E, mesmo assim, continuamos acreditando que podemos mergulhar na tecnologia e vivenciar o momento presente simultaneamente. Não podemos. O sistema multitarefa é um mito. É impossível fazer duas coisas ao mesmo tempo. Ao contrário, aquilo que convencionamos chamar de sistema multitarefa é, na verdade, a alternância extremamente rápida entre duas ou mais atividades. "Muitas pessoas se sentem oprimidas porque não conseguem permanecer focadas no presente, e preferem acreditar que o sistema multitarefa as tornará mais rápidas", afirmou Stephen Josephs, instrutor que usa a consciência plena para ajudar os clientes, dentre os quais muitos empreendedores do Vale do Silício, a aumentar o nível de eficiência no trabalho. "Mas elas estão se iludindo. São apenas menos eficientes. A solução para o sistema multitarefa é perceber qual é a sequência correta das tarefas e executá-las uma de cada vez."

Evidentemente, nossa mente já divagava muito tempo antes de a Apple começar a vender o iPhone. A distração, a compulsão por seguir nossos pensamentos para onde quer que nos levem, em um interminável fluxo de livres associações, é uma característica de nossa humanidade, tanto quanto nossa capacidade de trabalho e de colocar a consciência plena em prática. Alguns chamam isso de "mente de macaco" — nossos pensamentos saltitam, indomáveis como um macaco selvagem. Essa é uma verdade milenar, e afeta a todos da mesma forma: de modo geral, não controlamos nossos próprios pensamentos. Basta pensar na última vez que você participou de uma teleconferência e decidiu excluir alguns e-mails de sua caixa de entrada no momento em que a conversa não lhe parecia muito interessante. Ao voltar a prestar atenção à chamada, muito provavelmente você não tinha nem ideia do que acabou de ser dito nos vários minutos que se passaram. Muitas vezes, toda essa divagação pode ser útil, nos permitindo planejar, processar e dar um sentido à nossa vida. Mas nossa mente de macaco também pode nos colocar em apuros e nos deixar bastante infelizes.

Em 2010, o doutorando de Harvard Matthew Killingsworth e seu orientador, Daniel Gilbert, publicaram um artigo na revista *Science* cujo título ia direto ao ponto: "Uma mente dispersa é uma mente infeliz". "Ao contrário de outros animais", escreveram eles, "os seres humanos gastam muito tempo pensando no que não se passa ao seu redor, contemplando eventos que aconteceram no passado, que podem acontecer no futuro, ou que nunca vão acontecer".[10] Em outras palavras, eles enfatizavam aquilo que já sabemos: na maior parte do tempo, não estamos muito conscientes. Killingsworth e Gilbert sustentam que o modo padrão do cérebro parece ser o da dispersão da mente, e que, apesar de nossa capacidade de contemplar o futuro e levar em consideração o passado ser uma "notável conquista evolutiva", ela traz consigo um "custo emocional". Visto que "várias tradições filosóficas e religiosas ensinam que a felicidade deve ser encontrada vivendo o momento presente, e que os adeptos são treinados para resistir à dispersão da mente e 'estar no aqui e agora'", parece justo presumir que, no entender de tais tradições, uma mente dispersa é uma mente infeliz. Para descobrir se as tradições estão corretas, os autores fizeram o que qualquer cientista empreendedor faria nos dias de hoje: projetaram um aplicativo otimizado para o iPhone.

O aplicativo, que pode ser encontrado em www.trackyour happiness.org, envia lembretes aos usuários o dia inteiro, perguntando-lhes como eles estão se sentindo e no que eles estão pensando. Uma pergunta do tipo "Como você está se sentindo neste momento?" é seguida de "O que você está fazendo neste momento?", que é subsequentemente acompanhada por "Você está pensando em algo diferente do que está fazendo agora?". Quando eles publicaram o artigo, mais de 5 mil pessoas, de 83 países diferentes, já haviam submetido 250 mil dados.

Os dados conduziram a três conclusões principais. Em primeiro lugar, "a mente se dispersava com frequência, independentemente do que as pessoas estavam fazendo". Isso não é nenhuma surpresa. O mais interessante foi que "as pessoas se mostravam menos felizes quando a mente estava dispersa do que quando não estava, e isso foi constatado em todas as atividades, inclusive as menos agradáveis". Ou seja, aquilo para que estamos verdadeiramente programados — a dispersão da mente — é exatamente o que parece nos deixar infelizes. Mesmo quando as pessoas estavam fantasiando com algo prazeroso, elas se mostravam mais infelizes do que quando se mantinham focadas no momento presente.

A descoberta ao fim do artigo talvez seja a mais reveladora de todas. "Aquilo em que as pessoas estavam pensando foi um melhor fator de predição de sua felicidade do que aquilo que estavam fazendo", escreveram os autores. Em outras palavras, pouco importava se alguém estivesse no trabalho, matando tempo no computador, executando alguma tarefa ou desfrutando de uma refeição com amigos. O que importava era se as pessoas estavam prestando atenção ao que estavam fazendo, sem sonhar com o futuro ou ruminar sobre o passado. "A mente humana é uma mente dispersa, e uma mente dispersa é uma mente infeliz", concluíram Killingsworth e Gilbert. "A habilidade de pensar no que não está acontecendo é uma conquista cognitiva que tem um custo emocional."

• • •

Pode parecer uma missão ingênua tentar fazer com que as pessoas se desapeguem de seus smartphones, especialmente os jovens de hoje, que constituem a primeira geração de nativos digitais autênticos. Mas as primeiras investigações têm sugerido que, de fato, a consciência plena pode provocar um impacto até mesmo em adolescentes irrequietos e universitários arredios. Se esse for realmente o caso, o treinamento em consciência plena — que já vem sendo introduzido em todos os níveis, desde o jardim de infância até os cursos de pós-graduação — poderia repercutir em nosso modo de aprendizagem.

Um grupo de professores canadenses realizou um experimento para avaliar a maneira pela qual a consciência plena influenciava os níveis de energia e os estados emocionais de um grupo de alunos de graduação.[11] Anteriormente, os pesquisadores já haviam feito um trabalho semelhante com enfermeiros, que, conforme o esperado, tinham se beneficiado de um programa de redução do estresse baseado na consciência plena. Os enfermeiros se tornaram menos "esgotados emocionalmente", uma mudança altamente benéfica para profissionais que ocupam a linha de frente dos cuidados de saúde e precisam lidar regularmente com a morte e com pacientes terminais. E isso aconteceu com um breve programa de MBSR, e não com o curso padrão, de oito semanas de duração.

Os pesquisadores das universidades de Toronto e Manitoba imaginavam que os estudantes universitários responderiam da mesma forma ao breve programa. Ofereceram, então, um curso eletivo, com foco em estresse e esgotamento. Na ementa do curso, foi incluído um rápido programa de Educação para o Bem-Estar Baseada na Consciência Plena (MBWE, na sigla em inglês). Além dos componentes tradicionais de um curso de MBSR, o programa em questão enfatizava a promoção da saúde e do bem-estar. Palestras no horário das aulas faziam parte do treinamento, e os alunos recebiam lições de casa — não se guiavam apenas por um CD e um livro de exercícios de bem-estar, mas também eram convidados a meditar cinco dias por semana, em sessões que variavam de 15 a vinte minutos.

Embora alguns estudantes tenham se queixado de que a lição de meditação lhes exigia muito tempo ("Exercícios cinco vezes por semana!", disse um; "Na verdade, se isso fosse ligeiramente reduzido, os alunos poderiam se empenhar mais para fazer os exercícios"), ao fim de oito semanas, o curso de MBWE apresentou resultados. Comparado com o grupo de controle, os alunos que participaram do curso exibiram maior grau de consciência plena e mais satisfação com a vida, e afirmaram se sentirem mais saudáveis. E embora tenha havido variações em algumas outras medidas referentes à eficácia do treinamento, houve uma área que simplesmente não correspondeu aos resultados previstos. Quando os pesquisadores avaliaram a forma pela qual o treinamento impactara o estresse psicológico dos estudantes, a prática da consciência plena não causou alteração alguma nesse grupo. "A Intervenção do Bem-Estar Baseada na Consciência Plena não apresentou a influência esperada sobre o estresse psicológico", escreveram os pesquisadores, com certo desânimo, na conclusão. Em outras palavras, nem mesmo a consciência plena pode impedir que o ambiente escolar seja uma experiência verdadeiramente angustiante.

Porém, em outro estudo sobre alunos e consciência plena, os pesquisadores de psicologia da Universidade da Califórnia em Santa Bárbara avaliaram a relação entre a dispersão da mente e o desempenho acadêmico, com o intuito de investigar se uma pequena dose de consciência plena poderia melhorar os resultados dos testes. A equipe tinha um palpite. Eles já haviam descoberto que existia uma conexão básica entre a dispersão da mente e habilidades como capacidade de memória operacional e inteligência. Como era de se esperar, a dispersão da mente não contribuía em nada. Sujeitos mais atentos apresentavam níveis mais elevados de memória operacional, o que, por sua vez, levava a uma melhor pontuação em exames de compreensão de textos. Para testar a hipótese, a equipe de Santa Bárbara acompanhou um grupo de universitários que foi submetido a um programa intensivo de consciência plena durante duas semanas. O resultado: a dispersão da mente dos estudantes diminuiu, e a memória operacional se fortaleceu. Então, ao se inscreverem no Graduate Record Examination, o teste padronizado que os alunos precisam fazer quando se candidatam aos programas de pós-graduação, eles tiveram um rendimento melhor do que os colegas que não haviam recebido o treinamento em consciência plena.

Nesse estudo, ficou comprovado que a consciência plena era mais eficaz do que outras mudanças de estilo de vida aparentemente benéficas, como dieta e exercícios físicos.[12] Os pesquisadores selecionaram 48 estudantes de cursos de graduação da UCSB e os dividiram em dois grupos, informando a cada um que o estudo era sobre o aprimoramento do desempenho cognitivo. Metade do grupo foi submetida a um novo e saudável regime alimentar, e os integrantes foram solicitados a manter um diário de tudo aquilo que ingeriam. A outra metade adotou uma versão compacta da MBSR, aprendendo a se concentrar em sua respiração e a permanecer no momento presente. Duas semanas depois, os grupos foram reavaliados no tocante à dispersão da mente, à memória operacional e à compreensão de textos. Os resultados do grupo submetido à dieta alimentar não haviam mudado. Mas o grupo submetido ao treinamento em consciência plena estava mais focado e apresentava uma memória mais aguçada, e suas notas de compreensão escrita no GRE saltaram de uma média de 460 para 520 pontos. A prática da consciência plena, ao que parece, pode melhorar os resultados das provas.

Há um volume crescente de pesquisas que oferecem pistas sobre o que se passa em nível neurológico em casos como esses. Em 2011, uma equipe do Hospital Geral de Massachusetts, liderada por pesquisadores de Harvard, mostrou que a prática da consciência plena promovia modificações significativas na parte do cérebro associada à memória. O estudo, que utilizou imagens escaneadas de fMRI de um grupo de participantes antes e depois de serem submetidos a um curso de MBSR, revelou aumentos na densidade da massa cinzenta do hipocampo, região do cérebro conhecida por ser de fundamental importância para nossas capacidades de aprendizagem e memória.[13] Em 2007, um estudo realizado por pesquisadores de Dalian e Pequim constatou que os estudantes chineses exibiam um nível aprimorado de concentração; menos ansiedade, depressão, raiva e fadiga; diminuição do cortisol, o hormônio do estresse, e melhor imunorreatividade quando submetidos a apenas cinco dias de educação integradora mente-corpo, que incluía o treinamento em meditação da consciência plena.[14]

O estudo de Dalian é um lembrete de que a consciência plena nunca é apenas fazer uma coisa de cada vez. Mesmo quando praticada com o objetivo de melhorar a concentração, a consciência plena atua em vários outros lugares em nosso coração e nossa mente — nos tornando mais sensíveis às necessidades dos outros, e melhorando, inclusive, nossa saúde. Mesmo que a meditação de Michael Jordan tivesse como objetivo deixá-lo mais focado nas quadras, também o transformou, perante seus companheiros de equipe, em uma pessoa de convívio mais agradável. Além de fortalecer nossos músculos da concentração, a consciência plena nos torna mais perceptivos a toda uma série de reações, desde pensamentos até emoções e sensações físicas. Todas essas percepções se somam umas às outras. Nós nos sensibilizamos mais com o que nos incomoda, com o que nos faz sentir bem e com o que nos propicia uma felicidade mais duradoura. Com o tempo, também começamos a perceber o que nos deixa insatisfeitos, e o que provoca a infelicidade nas outras pessoas. A consciência plena não desenvolve apenas a concentração. Ela muda nossa forma de entender o mundo à nossa volta, nos brindando com um sentido mais sutil de causa e efeito. No próximo capítulo, veremos o que acontece quando a prática evolui, deixando de atender apenas aos nossos próprios desejos fugazes, e passando a servir mais às necessidades dos outros. E nossa primeira parada é, justamente, o Congresso dos Estados Unidos.

6. Compassivos

UM DIA APÓS o presidente Barack Obama ser empossado no cargo para seu segundo mandato, segui viagem até o Capitólio para um encontro com o congressista Tim Ryan, um dos mais improváveis defensores da consciência plena nos Estados Unidos. Ryan representa o 13º distrito de Ohio, que abrange faixas empobrecidas do Cinturão da Ferrugem e cidades carentes de recursos, como Akron. No entanto, com sua bela aparência juvenil, olhos brilhantes e largo sorriso, Ryan é o embaixador da felicidade de seu distrito. Corpulento e imponente, ainda preserva o porte e o ar confiante que fizeram dele um famoso zagueiro de futebol americano no ensino médio. Também é o mais típico representante do Centro-Oeste que se possa encontrar.

No dia em que apareci por lá, um punhado de eleitores aguardava na sala de espera do escritório particular dele, e funcionários se alvoroçavam, finalizando os preparativos para os últimos eventos das comemorações da posse. Antes da chegada dele, sozinho no santuário de Ryan por alguns minutos, examinei as lembranças de seus dez anos de mandato. Uma flâmula do estado dos castanheiros-da-índia e fotos nas quais Ryan aparecia ao lado do presidente adornavam a parede. Mas outros enfeites eram mais surpreendentes. Uma tigela sonora, usada para abrir e fechar as sessões de meditação, repousava sobre a mesa. Sobre o móvel, estava também uma pedra gravada com a frase "SOMOS AQUILO QUE PENSAMOS" — BUDA. Pendurado na porta, havia um aviso de "Não perturbe" furtado de um hotel, em que se podia ler SHHH, ESTOU MEDITANDO. Nas prateleiras, havia fichários coloridos repletos de pesquisas sobre a consciência plena aplicada à educação, aos esportes, às forças armadas e à saúde. Finalmente, Ryan adentrou a sala e me deu um vigoroso aperto de mão. Pediu desculpas por estar atrasado, mas seus horários estavam um tanto desencontrados naquele dia, em parte por causa da demora para o início das festas de posse, que ocorriam desde as primeiras horas da manhã.

Ryan começou a praticar a consciência plena em 2008, depois de ter sido reeleito para seu quarto mandato. Apesar de comandar um distrito bastante comedido, Ryan se sentia cada vez mais enredado nos impasses políticos que tomam conta de Washington. Ele é democrata centrista, e suas posições vinham ficando mais resolutas à medida que os colegas do outro lado do corredor se mostravam mais extremistas. Assim, antes de ser empossado, Ryan decidiu se engajar em um retiro de silêncio de cinco dias, ministrado por Jon Kabat-Zinn no Centro de Retiro Menla Mountain, em Catskills. Católico praticante até hoje, Ryan já havia experimentado a meditação anteriormente, sem nunca ter se dedicado com muito afinco. Porém, enquanto participava do retiro com Kabat-Zinn, ele começou a se ajustar à prática. "O fato é que passei a ficar cada vez mais tranquilo", me disse ele. "Eu estava centrado. Minha mente e meu corpo estavam sincronizados, no mesmo lugar e ao mesmo tempo. E eu pensei: 'Meu Deus, por que ninguém me ensinou isso quando eu era criança?' Teria sido muito diferente. Frequentei colégios católicos todos esses anos, e, teoricamente, eu adquiria uma boa formação, mas ninguém me ensinou isso."

Isso, para Ryan, era uma nova maneira de enfrentar seus dias extremamente tensos; uma nova maneira de interagir com os agentes reguladores, com os demais membros do Congresso e com os lobistas. Era uma oportunidade de reformular o modo pelo qual conduzia o próprio ritmo e cuidava da mente e do corpo. Durante seus três primeiros mandatos, ele trabalhara 24 horas por dia, com a intensidade de um zagueiro tentando ganhar o jogo em um ataque final. Evidentemente, ele se sentia motivado pelo desejo de servir a seus eleitores, mas também tinha a ambição e a avidez de progredir no cruel mundo da política. E embora tivesse apenas uns 30 e tantos anos de idade, aquele ataque já começava a cobrar seu preço. Ryan vivia exausto e ganhara peso. O homem quase sempre jovial que os eleitores haviam escolhido estava ficando mais rude com seus colegas e amigos. Em 2009, porém, Ryan iniciou uma rotina regular de meditação, e conforme a prática foi se aprofundando, ele suavizou seu temperamento em alguns aspectos importantes. Isso não significa, absolutamente, que ele tenha passado a trabalhar com menos empenho. Na verdade, seus propósitos no Capitólio se tornaram mais nítidos. Em alguns meses, já se mostrava muito mais cuidadoso em suas ações, inclusive com os membros da própria equipe. Se anteriormente ele fazia comentários irrefletidos que talvez levassem seus funcionários a se ocupar de inúmeras tarefas para atender a uma vaga demanda, ele começou a gerenciá-los de forma mais eficaz, expressando com mais clareza aquilo que precisava ser feito. "Eu fazia e dizia coisas que desperdiçavam o tempo deles, porque não pensava antes de falar", disse Ryan. Ele tentava aliviar a pressão sobre seus funcionários, mesmo que apenas discretamente. Embora ainda não estivesse percebendo isso de imediato, a consciência plena fazia com que ele se tornasse mais compassivo.

Em pouco tempo, Ryan também pôde sentir o mesmo nos encontros com os eleitores. Ele estava mais consciencioso, dando-lhes toda a atenção e não permitindo que sua mente divagasse para outras questões enquanto eles falavam. E as histórias dos eleitores — tudo, desde os casos de desemprego até os relatos de violência doméstica — o sensibilizavam como nunca havia acontecido antes.

"Sinto que é cada vez mais agradável estar na companhia deles, em vez de me deixar distrair", afirmou ele. "Estou disponível para ouvi-los, até mesmo quando se trata de histórias tristes."

Não demorou muito para que a consciência plena começasse a mudar a agenda legislativa de Ryan. Inicialmente, ele se mostrava satisfeito em seguir apenas as diretrizes do partido, mas, ao pesquisar os efeitos da consciência plena, constatou o poderoso impacto que a prática poderia causar em ambientes educacionais e o quanto poderia funcionar como antídoto contra os empregos com alto nível de estresse. Assim, nos últimos anos, Ryan se tornou um defensor de investimentos mais vultosos não somente em educação, como também na aprendizagem social e emocional, inclusive o ensino da consciência plena nas escolas. No seu distrito em Ohio, ele conseguiu levantar financiamento para programas-piloto de ensino da consciência plena em salas de aula, ajudando crianças de escolas em áreas desfavorecidas a aprender habilidades sociais e emocionais que poderão ajudá-las a abrir caminho nas dinâmicas traiçoeiras do lar e da escola. Além disso, ele também defende o uso da consciência plena nas forças armadas, e tem trabalhado para apresentar as práticas de redução do estresse aos militares da ativa e aos veteranos.

Praticar a consciência plena tem modificado, inclusive, as relações de Ryan com os colegas do outro lado do corredor. É um liberal fervoroso, mas a meditação lhe permitiu sentir empatia pelos colegas ideologicamente diferentes, mesmo que não concorde com eles. "Sou muito mais paciente do que costumava ser, muito mais tolerante com os pontos de vista das outras pessoas", contou. "Ainda não me deixei convencer pelos meus colegas do Tea Party. Mas tento ouvi-los mais do que fazia antes, e tento encontrar o cerne de algo em que possamos trabalhar juntos; encontrar algum terreno comum." E, quando se envolve em uma discussão, ele se mostra mais criterioso com o tom e a linguagem. "Sou mais reflexivo em meus embates", disse ele. "Mesmo que eu diga as mesmas coisas, não sou mais tão agressivo. Não quero contribuir para a agressividade do sistema político nem cultivar o sentimento de raiva."

Depois de alguns anos de prática, Ryan se sentiu estimulado a escrever um livro sobre suas descobertas, intitulado *A Mindful Nation*.[1] Um passeio descontraído pela própria jornada e suas propostas para tornar a consciência plena uma alternativa viável ao uso de Ritalina em crianças hiperativas ou de Prozac em veteranos de guerra com transtorno de estresse pós-traumático, *A Mindful Nation* foi, também, uma espécie de cerimônia de reapresentação de Ryan à sociedade. Ele deixou de ser apenas um político típico do Centro-Oeste, para, a partir de então, ser o congressista que praticava meditação. Ele enviou uma cópia de seu livro para cada representante do Capitólio e começou a falar sobre isso a quem quisesse ouvir.

A princípio, sua atitude provocou alguns risinhos dissimulados nos corredores do Capitólio. Os membros da equipe se perguntavam o que havia acontecido com seu deputado; os eleitores se questionavam sobre suas prioridades; e seus correligionários acreditavam que ele estava se tornando vulnerável a ataques. "Não ignoro o fato de que isso pode ser banalizado e usado contra mim", Ryan me disse. "Mas é um risco que pretendo correr."

No entanto, com toda a sua polarização, Washington pode ser uma cidade extremamente tolerante. E, após o choque inicial, hoje em dia a maioria das pessoas simplesmente aceita Ryan como o parlamentar consciente. Até mesmo alguns colegas republicanos, que prefeririam não ser identificados, leram o livro e se permitiram incursionar pela consciência plena. Ryan concebeu uma "Convenção Partidária Silenciosa", realizada antes das sessões de votação, às segundas ou terças-feiras. A cada semana, o encontro atrai algumas pessoas que se reúnem e compartilham alguns minutos de silêncio antes de entrar no caótico plenário da Câmara. "Quero apenas criar um espaço no Capitólio, no início de cada semana, em que possamos desfrutar de alguns momentos de silêncio", explicou Ryan. "Só para valorizar esse gesto. Só para dizer: isso é importante. É preciso fazer isso na sociedade em que vivemos."

Atualmente, Ryan é um incansável defensor da incorporação do treinamento em consciência plena nas escolas e nas forças armadas, ministrando oficinas em todo o país, além de continuar se pronunciando a respeito de sua prática para quem se dispuser a ouvir. Desde que o encontrei em seu escritório, já o vi em centros budistas locais, como o Projeto Interdependência, em Nova York; em eventos de especialistas em tecnologia adeptos da consciência plena, no Vale do Silício; e, certa vez, em uma recepção patrocinada pela Dom Pérignon no apartamento de Jon Bon Jovi em Nova York, avaliado em US$ 40 milhões. Em alguns momentos, ele parece ser um representante do movimento de popularização da consciência plena, tanto quanto uma das vozes de sua região.

Além disso, Ryan tem a intenção de formar uma coalizão em torno da consciência plena. Ao utilizar a extensa rede de estúdios de ioga, ele acredita que talvez seja possível fazer com que os praticantes se envolvam em questões como a captação de recursos para a educação, a preservação ambiental e a assistência de saúde aos veteranos. "Quando pensamos na plataforma ioga-consciência plena no sentido de formar um movimento político, acredito que poderia ser altamente benéfico", me disse Ryan. "Há estúdios de ioga em todas as comunidades, e poderíamos alcançar regiões periféricas dos Estados Unidos que, na verdade, não são essencialmente dominadas pelos Democratas. Quando falamos sobre responsabilidade pessoal, sobre cuidar de si mesmo, sobre ser um ambientalista, isso vai além de qualquer divergência política. Quem não é a favor de cuidar da coletividade?"

Ryan considera que, ao propiciar um pouco mais de espaço — para observar as próprias reações; para pensar antes de falar —, a prática de consciência plena fez com que ele se tornasse menos egocêntrico e mais preocupado com os outros. "Você, de fato, desacelera o suficiente e passa a prestar atenção a toda e qualquer pessoa que não seja você mesmo", afirmou.[2] "Quando seus níveis de estresse estão elevados, você age rispidamente com alguém ao telefone: 'Tá, tá, tá. Tudo bem, tchau.'" Mas com a consciência plena em sua vida, "você desacelera, você realmente começa a apreciar a ideia de que há outro ser humano na sua frente", disse Ryan. "E se você praticar o suficiente e desacelerar o suficiente, reconhecerá minimamente sua própria dor e perceberá que, obviamente, outros também devem sentir o mesmo. Então você se torna um pouco mais simpático, empático ou compassivo."

Com o tempo, a prática da consciência plena costuma gerar um sentimento de compaixão conosco e com os outros. Ao observarmos nossos pensamentos e experiências, começamos a entender que nossas frustrações não são exclusivas. Assim como a dor que as outras pessoas sentem, tais frustrações são fruto de uma incompatibilidade entre nossas expectativas e o modo como as coisas são. Embora possa soar um pouco opressivo, esse entendimento se torna, na verdade, uma força libertadora em nossa vida. Já não dependemos da tirania de nossos desejos fugazes. Desenvolvemos a autocompaixão, reconhecendo que nossa mente está programada não apenas para se deixar obcecar pelo passado e disparar em direção ao futuro, mas também naturalmente inclinada a se apegar às sensações agradáveis e a rejeitar as desagradáveis; reconhecendo, ainda, que temos o poder de reduzir o grau em que todas essas reações nos afetam. Como um pai amoroso que consola uma criança inquieta, consolamos nossa mente aflita, sabendo que tudo o que está nos incomodando logo passará.

Com um pouco mais de espaço para respirar — entendendo que nossos problemas são passageiros, e que podemos controlar o quanto eles nos perturbam —, é possível começar a dirigir nossa atenção às necessidades dos outros com o tempo e a prática. Começamos a compreender que todos ao redor, literalmente, travam as mesmíssimas batalhas. Todos nós suportamos pequenos aborrecimentos que nos irritam, e todos nós enfrentamos grandes desafios no trabalho e em casa. Por meio da meditação, podemos contar com uma margem de manobra para contornar tais obstáculos. E, ao reconhecer o quanto essas dificuldades são universais, também podemos cuidar um pouco daqueles que travam batalhas idênticas. Com o tempo, a consciência plena cria não apenas o espaço para a compaixão, mas também nos inspira a ajudar os outros.

Quanto mais conscientes nos tornamos, mais espontaneamente a compaixão se manifesta. A compaixão é consequência natural de uma rotina assídua de meditação. No entanto, também existem práticas específicas, muitas vezes ensinadas paralelamente à consciência plena básica, projetadas para estimular sentimentos sustentados de amor e bondade. Assim como a meditação da consciência plena nos torna mais atentos aos próprios pensamentos, emoções e sensações, a meditação da compaixão também abre nosso coração para novas gradações de empatia e contentamento.

Uma das técnicas mais comuns é a *metta*, ou o amor universal. Foi a técnica à qual me submeti no laboratório de Jud Brewer, em Yale, e que geralmente é praticada por cinco ou dez minutos no início ou no fim de uma sessão normal de meditação da consciência plena, embora, algumas vezes, constitua uma prática intensiva em si mesma. A *metta* pressupõe, simplesmente, desejar o bem para si e para os outros. Repetindo frases como "Que eu possa ser feliz; Que eu possa ter saúde e estar seguro; Que eu possa me libertar do sofrimento", podemos gerar sentimentos de benevolência para conosco. Em seguida, ampliando esses pensamentos para incluir pessoas com quem nos preocupamos, nossos benfeitores e até mesmo pessoas de quem não gostamos, podemos estimular a empatia. Finalmente, desejando o bem para todos os seres sensíveis, a *metta* enseja uma compaixão que se estende para muito além de nós mesmos.

Nos últimos anos, a compaixão também tem provocado uma espécie de revolução científica, quase da mesma forma que a consciência plena. O Centro de Pesquisa e Educação em Compaixão e Altruísmo de Stanford, ou CCARE (na sigla em inglês), é um florescente núcleo de pesquisas sobre as emoções positivas nos locais de trabalho. Recentemente, a instituição formou uma parceria com Thupten Jinpa, tradutor do Dalai Lama há muitos anos, com o intuito de criar uma nova definição operacional da compaixão. Segundo afirmaram Jinpa e sua equipe, a compaixão é "um estado mental caracterizado pelo senso de preocupação com o sofrimento dos outros e pela expectativa de que tal sofrimento seja amenizado".

A seu modo, a compaixão tem se revelado um sólido campo de investigação. Muito além dos limites físicos do CCARE, cientistas e professores privilegiam a compaixão em pesquisas, e organizações e empresas buscam meios de incorporá-la aos processos cotidianos. Enquanto isso, pesquisadores estão descobrindo que existe uma forte conexão entre a consciência plena e a compaixão, e que a primeira pode nutrir a última.

Um experimento conduzido por pesquisadores da Universidade Northeastern consolidou a noção de que a consciência plena induz a um comportamento mais compassivo.[3] Em uma variação de um experimento clássico, 39 pessoas da área de Boston participaram pela primeira vez de um curso de meditação, em que aprenderam a praticar a consciência plena. Vinte participantes fizeram o curso antes dos demais, e os outros 19 foram colocados em uma lista de espera. Após o primeiro grupo completar o curso de oito semanas de duração, todos os participantes foram conduzidos de volta ao laboratório para um experimento que, segundo lhes foi informado, testaria sua memória e atenção. Porém, ao chegar ao laboratório, eles foram acomodados em uma sala de espera. Na sala, havia três cadeiras, duas das quais já estavam ocupadas quando o participante entrava. Assim que o participante se sentava na terceira cadeira, uma mulher que usava muletas e uma bota ortopédica adentrava a sala e "gemia alto de dor, enquanto se apoiava desconfortavelmente na parede". As outras duas pessoas sentadas, que também faziam parte do experimento, não se levantavam para oferecer seus lugares à mulher de muletas. A questão era saber se o participante do experimento se levantaria. "Será que ele vai agir compassivamente, abrindo mão de sua cadeira em favor da mulher, ou vai ignorar de forma egoísta o sofrimento dela?", indagavam os pesquisadores. A resposta dependeria do fato de o participante ter concluído ou não o treinamento em consciência plena. No grupo que ainda não havia participado do curso de oito semanas, somente 16% dos participantes ofereceram seu assento para a mulher de muletas. Entre aqueles que haviam sido treinados em consciência plena básica, esse índice aumentou para 50%. "Esse aumento é impressionante, não apenas porque ocorreu após apenas oito semanas de meditação, mas também porque foi alcançado dentro do contexto de uma situação conhecida por inibir o comportamento atencioso: testemunhar outras pessoas ignorando alguém que está passando por alguma aflição — o que os psicólogos chamam de efeito espectador — reduz as chances de que um indivíduo isolado se disponha a ajudar", escreveram os autores, no New York Times. "No entanto, a meditação multiplicou por três a resposta compassiva."

A compaixão despertada pela prática da consciência plena não é direcionada apenas ao mundo exterior. A prática da consciência plena também parece gerar compaixão consigo mesmo. O fenômeno foi estudado recentemente por Kristin Neff, da Universidade do Texas em Austin, e Christopher Germer, da Faculdade de Medicina de Harvard.[4] "A autocompaixão envolve a sensibilização com o próprio sofrimento, gerando o desejo de aliviar a própria dor e tratar a si mesmo com compreensão e preocupação", escreveram ambos, no Journal of Clinical Psychology. "A autocompaixão é pertinente a todas as experiências pessoais de sofrimento, inclusive a percepção das deficiências, dos fracassos e das situações de vida mais dolorosas em geral." Os autores afirmaram que a autocompaixão é caracterizada pela autobenevolência em vez do autojulgamento; pelo senso de humanidade comum em vez do isolamento; e pela "consciência plena em vez da superidentificação com emoções e pensamentos dolorosos e autorreferentes".

Em sua pesquisa, Neff e Germer ressaltaram que a consciência plena e a autocompaixão não são a mesma coisa, embora estejam intimamente ligadas. "Uma diferença importante entre a autocompaixão e a consciência plena é que a autocompaixão inclui sentimentos de bondade e humanidade comum", relataram. "Uma maior percepção da humanidade compartilhada está relacionada, provavelmente, a mais sentimentos de conexão social, ao passo que os atributos suavizantes da autobondade tendem a reduzir a depressão e a ansiedade."

Com a finalidade de avaliar o nível de eficácia da consciência plena na produção da autocompaixão, Neff e Germer desenvolveram uma versão da MBSR com exercícios extras, destinados a estimular os participantes a serem bondosos consigo mesmos. Algumas dúzias de profissionais foram selecionados na área de Boston e apresentados à meditação da consciência plena pela primeira vez. Além da prática formal das sessões — nas quais aprenderam a acompanhar a respiração e a observar os pensamentos, emoções e sensações —, eles receberam orientações adicionais em amor universal, ou na prática da *metta*. Após oito semanas de treinamento, "os participantes relataram um significativo aumento em autocompaixão, consciência plena, satisfação com a vida e felicidade, assim como uma diminuição da depressão, ansiedade e estresse", concluíram os pesquisadores. Os resultados tampouco foram obra do acaso. Quanto mais os participantes praticavam a meditação formal, mais autocompassivos se tornavam. "Isso implica dizer que a autocompaixão é uma habilidade passível de aprendizado, e 'dose-dependente'", afirmaram na pesquisa. "Quanto mais você pratica, mais você aprende."

Essa dinâmica também se verifica nos esportes. Quando pensamentos negativos aparecem, especialmente aqueles relacionados à autocrítica, a consciência plena pode ajudar os atletas a superar avaliações severas, e por vezes paralisantes, a respeito do próprio desempenho. Diane Reibel, diretora do Instituto de Consciência Plena do Hospital Universitário Jefferson, na Filadélfia, afirmou que a autocompaixão provou ser uma ferramenta valiosa para que os atletas tentem superar os erros no calor da competição. "Imagine um atleta que perdeu o gol", sugeriu Reibel. "O que ele faz agora? Ele poderia passar o tempo todo se remoendo por conta disso, ou dizer: 'Eu sou humano, eu cometo erros, e eu vou melhorar da próxima vez'." Frazier, ex-armador do time da Universidade Estadual da Pensilvânia, concorda. "Às vezes, durante o jogo, você fica pensando se as jogadas anteriores foram boas ou más", disse ele, "mas a meditação o traz de volta à jogada que acontece naquele exato momento".

Ser compassivo, no entanto, não implica em ser delicado. A compaixão pode orientar nosso espírito em todos os tipos de trabalho, inclusive nos empregos que exigem confrontação constante. Na verdade, algumas vezes, a compaixão pode ser um convite ao conflito.

Cheri Maples descobriu a consciência plena da mesma forma que muitos de nós: sentia dores. Agente policial em Madison, Wisconsin, Maples distendeu as costas ao retirar uma motocicleta roubada do porta-malas de sua viatura, e foi parar no consultório de um quiroprático. Lá, em cima da mesa da sala de espera, havia um livro sobre consciência plena, de autoria de Thich Nhat Hanh. Um ano antes, em 1991, ela nem sequer teria se dado ao trabalho de ler a primeira página. Nos últimos tempos, porém, ela havia se tornado mais serena e, nesse processo, um pouco mais receptiva à espiritualidade. Com três semanas de licença compulsória para cuidar de suas costas, Maples decidiu, então, se dedicar integralmente, inscrevendo-se em um retiro localizado nas cercanias de sua cidade e coordenado por alguns monges e monjas seguidores de Thich Nhat Hanh.

Maples chegou ao retiro com suspeitas de que os outros participantes não a compreenderiam, já que trabalhava como policial. Quando foi solicitada a passar pelas cinco etapas do treinamento em consciência plena, a primeira delas denominada Reverência à

Vida, Maples argumentou que não conseguiria fazê-lo. Seu trabalho, explicou a uma das monjas, poderia obrigá-la a matar alguém. "Quem mais poderíamos querer que portasse uma arma a não ser alguém consciencioso?", retrucou a monja. Aquele momento funcionou como uma pequena abertura para Maples. Sua identidade como oficial da lei já não a impedia de cultivar, também, um lado muito mais expansivo e compassivo dentro do próprio ser. Desde a realização daquele retiro, ela tem se mostrado uma dedicada praticante.

Inicialmente, Maples começou a introduzir a consciência plena no trabalho verificando suas intenções sempre que atendia a um chamado. Em vez de permitir que cada convocação por rádio equivalesse a um sequestro da amígdala, descarregando adrenalina no corpo enquanto se preparava para enfrentar uma situação potencialmente perigosa, ela fazia uma pausa consciente. Cultivava o sentido de serviço à comunidade e lembrava que seu papel era o de criar uma circunstância que minimizasse os danos. Com essa saudável intenção estabelecida, ela partia para a cena do crime, comprometida não apenas em desarticular uma situação potencialmente perigosa, mas também em ajudar os necessitados. Ao longo dos anos, isso acabou salvando vidas. Maples passou a ser mais cautelosa em suas reações. "Nunca precisei atirar em ninguém, mesmo em situações em que, de acordo com o código, eu poderia ter atirado", disse ela. "Portar uma arma pode ser um ato de amor quando nos munimos da consciência plena."

Na fase seguinte, ela começou a se tornar mais consciente de como se comportava quando era convocada para ocorrências mais complexas. Em vez de simplesmente se precipitar novamente à rua, sucumbindo à pressão corporativa que incentiva os policiais a lidar com o maior número possível de chamados, ela não se deixava afligir. Refletiria sobre o que acabara de acontecer e, com o auxílio da autoconsciência, avaliaria o próprio desempenho profissional. Ela havia respondido habilmente? Como poderia ter melhorado seu comportamento? Se estivesse aturdida ou esgotada, ela reservava o tempo necessário para se recuperar. Maples também estava praticando a autocompaixão.

De volta à delegacia, Maples trabalhava para coibir o falatório, tão comum entre os policiais. Em sua opinião, a linguagem negativa era corrosiva, enfraquecendo os vínculos que mantinham a harmonia da força policial, o que, por fim, acabava fazendo com que os agentes se mostrassem menos unidos em sua missão de proteger a população. A competição por popularidade na delegacia também era um dos maiores agentes estressores naquela função, e Maples sabia que remover parte da ansiedade no local de trabalho só poderia ajudar. Ela começou, inclusive, a se pronunciar contra as injustiças, ainda que, algumas vezes, isso a submetesse a certos riscos. Quando seus companheiros faziam alguma piada permeada de sexismo ou racismo, Maples encontrava uma maneira de se retirar discretamente.

Mais tarde em sua carreira, ela passou a treinar novos recrutas, acrescentando algumas práticas de consciência plena ao esquema de treinamento. Em um dos exercícios, pedia que eles registrassem por escrito reflexões sobre valores, estimulando-os a explorar a própria compaixão, mesmo que ela se encontrasse em estado de latência. "Eu queria que eles entrassem em contato com os valores mais importantes da vida deles", explicou ela.

Ao introduzir a compaixão no trabalho, Maples praticamente iniciou uma nova carreira. O policiamento deixou de ser algo que Maples fazia, um trabalho que a definia, para se transformar em um processo do qual participava ativamente, e a partir do qual poderia efetuar alguma mudança positiva no mundo. Seu papel de policial altamente vocacionada e cercada de perigos passou a ser uma oportunidade de ajudar, de praticar a compaixão e de cuidar das pessoas da comunidade. "Não significa que eu não tivesse de prender ninguém, ou que não precisasse usar a força", disse ela. "Continuei protegendo a mim mesma e a pessoa que eu estava prendendo da energia do hábito inconsciente. Mas passei a fazer isso com uma intenção distinta, e isso fez a diferença."

Quando a possibilidade de praticar a compaixão no trabalho é considerada, muitas pessoas relutam. Ser amoroso e bondoso não combina com ambientes profissionais que costumam ser competitivos e agressivos. "Nem sempre encaramos a compaixão e o amor universal como as forças que efetivamente são", escreveu Sharon Salzberg, em *A real felicidade*.[5] "De modo geral, eles são vistos — na melhor das hipóteses — como virtudes secundárias em nossa cultura competitiva: se você não consegue ser corajoso, brilhante ou excepcional, então bem que você poderia ser bondoso. Mas a bondade não é uma virtude insignificante; na verdade, é uma poderosa ferramenta de transformação, uma vez que nos leva a abdicar de nossos próprios padrões de resposta condicionados." Como Maples demonstrou, abraçar a compaixão não significa que tenhamos de postergar as coisas e ser delicados. Isso é válido tanto nas delegacias de polícia quanto em uma redação de jornal ou televisão.

Dan Harris, âncora dos programas da ABC *Good Morning America Weekend* e *Nightline*, descobriu que ser compassivo no contexto de um cargo exigente não só é possível, como também profundamente gratificante. No início, Harris se aproximou da meditação com ceticismo ou, até mesmo, com total desprezo. Ele começou a praticar a consciência plena depois de passar por um colapso nervoso ao vivo, em rede nacional de televisão, induzido pelo uso de medicamentos. Em *10% mais feliz*, um vívido relato de sua conversão de descrente a defensor, Harris narra seus esforços para incorporar a compaixão àquela que já era uma difícil rotina de meditação. No começo, ele achava que aquilo simplesmente não funcionaria. Embora soubesse que a compaixão era benéfica para a mente e o corpo, ele se inquietava com o fato de que a prática poderia fazê-lo perder a vantagem competitiva que o conduzira tão precocemente à posição de âncora em sua carreira. "Eu me preocupava porque em carreiras muito competitivas como as dos telejornais, a compaixão talvez não pudesse ser adaptada", declarou Harris.[6] "Além disso, eu ainda não era um grande fã da prática da *metta*, que me parecia forçada e artificial. Mas eu queria todos aqueles benefícios. Assim, com alguma hesitação, acrescentei um caminho paralelo à experiência científica que vinha conduzindo comigo mesmo."

Para Harris, os resultados logo se mostraram evidentes. "Alguns meses após a inclusão da compaixão na minha prática de meditação, as coisas começaram a mudar", disse ele. "Não que eu tivesse me transformado de repente em um santo, ou passado a exibir uma completa extroversão, mas o simples fato de ser uma pessoa simpática — algo sempre importante para mim, pelo menos em termos teóricos — se tornou, a partir de então, uma prioridade diária e consciente."

Antes circunspecto e competitivo, Harris começou a querer estabelecer contato visual com os colegas e a sorrir. Estranhamente, ele gostou da experiência. "Era como se eu estivesse concorrendo para o cargo de prefeito", disse ele. "Meus dias passaram a incluir longas sequências de interações positivas, e isso fez com que eu me sentisse bem (para não dizer popular). Reconhecer a humanidade básica das outras pessoas é uma forma extremamente eficaz de espantar a nuvem de pensamentos autorreferentes que ficam zumbindo como mosquitos ao redor da nossa cabeça."

Harris também começou a perceber mais nitidamente o quanto é destrutivo perder a paciência. Certa vez, no aeroporto, ele presenciou passageiros se exaltarem com os funcionários da Agência de Segurança dos Transportes, e sentiu empatia por eles. Ele conseguiu se relacionar com sua dor e reconhecer a desagradável sensação de raiva, o aperto no peito e "as toxinas correndo nas veias". Isso apenas reforçou a motivação para ser bondoso consigo mesmo e com os outros.

Mas a prática da compaixão, que Harris acabara de descobrir, foi colocada à prova quando ele se sentou diante de Paris Hilton para entrevistá-la. Ele sabia que a estrela de Hilton estava se apagando, e, com razão, fez uma pergunta provocativa sobre como ela se sentia ao ver seu brilho ofuscado. Hilton, irritada, abandonou a entrevista, criando uma cena feita sob medida para a televisão. Alguns dias depois, quando o programa foi ao ar, se tornou viral, e Hilton foi crucificada na imprensa. Harris, no entanto, se viu em uma posição conflitante. "Apesar de bastante ridículo, esse incidente levantou algumas sérias questões sobre minha orientação compassiva", disse ele. "Será que eu havia acabado de cometer uma enorme infração?"

Harris estava ciente de que Hilton poderia reagir daquela maneira, e admitiu, inclusive, que até esperava que ela reagisse assim, pois sabia que os índices de audiência seriam excelentes. Mas ele havia preparado uma armadilha para Hilton? Havia sido rude com ela? "Naquele caso, havia um problema maior em jogo", disse Harris. "O jornalismo — ou, na verdade, qualquer outra profissão competitiva e de alto risco — seria incompatível com a *metta*? Meu trabalho me obrigava a fazer perguntas provocativas, a 'partir para o ataque', como se costuma dizer — e, muitas vezes, isso não era muito agradável."

Como jornalista, já refleti inúmeras vezes sobre essa questão. Publicar artigos que aborrecem as pessoas sobre as quais eu escrevo é algo rotineiro. Os repórteres de jornais têm sua própria maneira de partir para o ataque. Como diz o ditado, "se você não estiver irritando alguém, provavelmente não está fazendo seu trabalho". E embora eu não me empenhe em ferir os sentimentos das pessoas, não me intimido diante de uma notícia importante apenas porque talvez possa ser considerada incômoda. Por outro lado, tento ser claro quanto às minhas intenções. Contanto que eu não provoque um sofrimento deliberado, mas, em vez disso, me dedique incansavelmente a apurar uma notícia, continuarei realizando meu trabalho. E, enquanto isso, continuarei me esforçando ao máximo para cultivar a compaixão comigo mesmo e com os outros também.

A ação de indivíduos como Dan Harris e Cheri Maples são sementes que permitirão a consolidação de uma sociedade mais consciente. Se cada um praticasse um pouco mais de compaixão consigo e com os outros, nossa vida profissional e nossa vida doméstica seriam, sem dúvida, muito mais harmoniosas. Mas sozinhos, ou mesmo em pequenos grupos, não conseguiremos fazer com que os esforços para introduzir a compaixão nos ambientes de trabalho avancem muito. Para que a compaixão se dissemine, será preciso incorporá-la à própria natureza dos produtos, e não apenas às suas respectivas culturas empresariais. E, felizmente, existem alguns engenheiros de software no Vale do Silício que estão tentando fazer exatamente isso.

• • •

Minha primeira tarefa no *Financial Times* foi escrever sobre o Vale do Silício, sob o ponto de vista da filial de São Francisco. Era a melhor das atribuições, pois minha missão consistia em cobrir o Facebook e o Twitter, investigando como eles deixaram de ser curiosidades nascidas em dormitórios universitários para se expandir e se transformar em gigantes da tecnologia capazes de mudar o mundo. Visitei bastante o Facebook durante aqueles dias, mas em nenhum momento ouvi seus engenheiros fazendo qualquer referência à consciência plena, e muito menos à meditação. Sempre que eu entrevistava o fundador do Facebook, Mark Zuckerberg, ele falava em criar um mundo "mais aberto e conectado". Parecia um objetivo suficientemente nobre (mesmo que contínuas invasões de privacidade viessem alimentando preocupações de que o Facebook se tornasse uma espécie de Big Brother da vida real). Alguns anos depois, porém, quando regressei para visitar meus amigos do Facebook, me surpreendi ao descobrir que os princípios da consciência plena estavam se manifestando na própria arquitetura da maior rede social do mundo, e que alguns dos aliados mais próximos de Zuckerberg eram praticantes assíduos de consciência plena. De forma ainda mais surpreendente, os compassivos engenheiros do Facebook estavam comprometidos com a reinstrumentalização do site, alterando uma característica de cada vez, em uma tentativa de facilitar uma comunicação mais empática entre 1 bilhão de usuários.

Tudo começou quando o diretor de engenharia Arturo Bejar foi encarregado de revisar o processo por meio do qual os usuários marcavam determinadas fotos como impróprias. À medida que Bejar e sua equipe examinavam o interminável arquivo digital com as fotos denunciadas, três coisas lhes pareceram bastante curiosas: a maioria das fotos marcadas não violava os termos de serviço do Facebook e não era ofensiva; na maioria dos casos, a pessoa que denunciara a foto também aparecia nela; e, quase sempre, a foto em questão tinha sido postada por um colega da pessoa que fizera a denúncia. Algumas eram fotos de amigos em uma festa, e o usuário responsável pela denúncia estava se sentindo envergonhado ou incomodado. Outras exibiam um usuário bebendo cerveja ou em trajes de banho, o que arranharia a imagem profissional que ele tentava preservar. Outras, ainda, mostravam o usuário denunciante acompanhado por um antigo parceiro amoroso. Tais fotos não violavam os termos de serviço do Facebook. Elas violavam a sensação de bem-estar pessoal de seus usuários.

Quando Bejar começou a analisar esse problema, os usuários contavam apenas com algumas opções radicais caso não gostassem de uma foto. Eles poderiam denunciá-la como imprópria, uma ação que poderia provocar a suspensão da conta do usuário infrator. Ou poderiam desfazer a amizade com aquela pessoa, e, até mesmo, bloquear o usuário, para que ele nunca mais entrasse em contato. A única forma de solicitar que uma foto embaraçosa fosse excluída sem ferir nenhuma suscetibilidade era pedir à pessoa que a havia postado para excluí-la, enviando uma mensagem ou um comentário. "É difícil dizer aos seus amigos que eles fizeram algo que o ofendeu ou o deixou constrangido, especialmente em um fórum público", me disse Bejar.

Mais ou menos naquela mesma época, Bejar participou de uma conferência de especialistas em tecnologia praticantes de consciência plena, chamada Sabedoria 2.0, no Museu da História da Computação, uma pequena e charmosa instituição que narra a ascensão do Vale do Silício, fazendo com que algumas décadas atrás pareçam um passado remoto. No encontro, Bejar teve seu primeiro contato com professores de meditação, incluindo Jon Kabat-Zinn e Jack Kornfield. Eles o fizeram refletir sobre como ele poderia incorporar a consciência plena, a sabedoria e a compaixão ao seu trabalho.

Ele também conheceu o organizador da Sabedoria 2.0, Soren Gordhamer, a quem revelou o que investigava no Facebook. Gordhamer apresentou Bejar a Emiliana Simon-Thomas, neurocientista que, naquela ocasião, trabalhava no Centro de Pesquisa e Educação em Compaixão e Altruísmo de Stanford, e Bejar e Simon-Thomas começaram a conversar sobre formas de aprimorar o processo de denúncia das fotos embaraçosas. Eles concordaram que, para tornar o processo menos binário, precisavam permitir que os usuários estabelecessem conversas mais flexíveis. E, considerando-se que essa é uma tarefa árdua até mesmo nas melhores circunstâncias, chegaram à conclusão de que precisariam automatizar o processo tanto quanto possível. "É fácil comunicar amor, alegria ou felicidade, mas é mais difícil comunicar que você está se sentindo incomodado", alegou Bejar.

Durante aquela fase, Simon-Thomas mudou de emprego, passando da Universidade de Stanford para a Universidade da Califórnia em Berkeley — a rival localizada no outro lado da baía —, onde se tornou diretora de ciências do Centro de Ciências para o Bem, ligado à instituição. Enquanto isso, o psicólogo social Dacher Keltner, que trabalhava no centro, aderiu ao esforço comum e, em conjunto, a equipe passou a se dedicar à reengenharia do método de sinalização de fotos no Facebook. Sabia-se que o sistema em uso até então não era inteligente do ponto de vista emocional. Sutilmente, incentivava o mesmo tipo de reatividade impulsiva que ocasiona tantas discórdias on-line. Viu uma foto da qual você não gosta? Denuncie a pessoa que postou a foto. Desfaça a amizade. Bloqueie totalmente a pessoa. Ou lhe envie uma mensagem. Onde estava, naquele processo, a oportunidade de autoconhecimento, da plena conscientização do próprio estado emocional?

Antes de a equipe começar a trabalhar, apenas 20% dos usuários enviava uma mensagem a alguém pedindo que determinada foto fosse excluída.[7] O Facebook tentou melhorar esse índice, sugerindo o emprego de uma linguagem padrão: "Olá, eu não gosto dessa foto. Por favor, retire-a." Isso ajudou, elevando a taxa de envio de mensagens para 51%. Mas a equipe acreditava que uma parte fundamental do processo ainda não havia sido contemplada. Eles queriam que os usuários reservassem algum tempo para identificar as próprias emoções antes de responder. Queriam que os usuários fossem conscientes.

Em pouco tempo, um sistema revisado foi instalado. Em vez de os usuários simplesmente clicarem em "Eu não gosto dessa foto", o novo sistema começava com uma sugestão — "Eu não gosto dessa foto porque...". Essa frase vinha acompanhada por uma lista de opções, como "É constrangedora", "Ela me entristece", ou "Não é uma boa foto minha". Essa pequena mudança pareceu fazer a diferença. Logo após sua implementação, os usuários passaram a escolher uma dessas opções 78% das vezes em que queriam denunciar alguma foto.

Se a foto não violar os termos de serviço do Facebook, o usuário é encaminhado para uma tela com a informação de que a melhor maneira de removê-la é enviar uma mensagem ao usuário que a postou. Em vez do antigo texto "Por favor, retire-a", uma nova linguagem foi desenvolvida, incorporando os motivos apontados pelo usuário por não ter gostado da foto. Assim, quando minha esposa posta uma foto minha on-line que considero comprometedora, o site sugere, agora, que eu envie esta mensagem: "Olá, Alison, eu acho que essa foto é imprópria e não deveria estar no Facebook. Você poderia excluí-la, por favor?"

É uma sutil mudança de tom, porém significativa. Em vez de adotar uma postura de enfrentamento, a nova mensagem pede compreensão. E em vez de transformar a situação em um erro da outra pessoa, a nova linguagem faz com que a conversa gire em torno da maneira como o remetente se sente. Em pouco tempo, mais de 75% das pessoas passaram a enviar as novas mensagens conscientes, sem editá-las. E metade das fotos ofensivas começou a ser removida, em comparação com um terço de fotos excluídas antes desse sistema mais compassivo ter sido implantado.

Quando Keltner apresentou esses resultados na segunda edição anual do Dia da Pesquisa em Compaixão do Facebook, ele explicou o que acontecia em termos neurológicos. Ao fazer uma pausa para avaliar seu próprio estado emocional, o usuário do Facebook quebra o ciclo de reatividade, valendo-se apenas de um único momento consciente. "Há uma grande quantidade de dados mostrando que quando me sinto estressado, mortificado ou constrangido por algo que acontece no Facebook, isso ativa as partes mais primitivas do cérebro, como a amígdala", explicou ele aos engenheiros que estavam presentes. "E no momento em que coloco isso em palavras, em termos precisos, o córtex pré-frontal assume o comando e acalma a fisiologia relacionada ao estresse."

Depois de a empresa constatar que o novo sistema de notificação e de mensagens vinha funcionando com muitos usuários, Bejar passou a dar atenção a um grupo demográfico com uma notória dificuldade de administrar suas emoções on-line: os adolescentes. Marc Brackett, psicólogo de Yale, participava do Dia de Pesquisa em Compaixão do Facebook e achou que poderia ajudar. Ao trabalhar com Bejar e outros colegas, a equipe entrevistou adolescentes de 13 e 14 anos que haviam sofrido bullying cibernético, focando nas emoções específicas que eles estavam sentindo e na linguagem que utilizavam para se expressar. Em seguida, os pesquisadores personalizaram um novo conjunto de interações.

Quando os usuários decidiam denunciar um conteúdo impróprio, a terminologia já era diferente. Em vez de serem solicitados a "denunciar" a ação, eles clicavam em um botão que dizia: "Essa postagem é um problema." Em vez de os adolescentes precisarem clicar em um botão dizendo que se sentiam "assediados", o Facebook apresentava opções mais precisas, permitindo aos usuários afirmar que a postagem "me ameaçou ou me ofendeu" ou "eu simplesmente não gosto disso". A linguagem pode parecer menos formal, mas, na verdade, é um reflexo mais exato da forma de pensar dos adolescentes. E parece estar funcionando. Quarenta e três por cento dos adolescentes que usaram o novo sistema de notificação pediram a ajuda de um adulto de sua confiança ao denunciar um problema, em comparação com 19% no sistema antigo.

No momento, Bejar tem planos ainda mais ambiciosos. Ele pretende implantar o novo sistema de notificação social para os usuários internacionais do Facebook, que, por vezes, denunciam como ofensivo um conteúdo benigno, como uma foto de um time de futebol (presumivelmente, tais denúncias vêm sendo feitas por torcedores de times de futebol adversários). A esperança dele é que o uso cada vez mais frequente desses recursos ao longo do tempo faça com que as pessoas aprendam a modificar seu comportamento e a postar conteúdos menos lesivos.

O experimento realizado no Facebook é um exemplo saudável de como uma tecnologia mais consciente pode amenizar o sofrimento de uma infinidade de pessoas no planeta. Pode parecer uma ninharia em um mundo com problemas tão monstruosos, mas levando-se em conta exatamente esse cenário, não valeria a pena tentar reduzir a quantidade de dor e de angústia, mesmo que seja apenas um pouco? Como argumentou o repórter Noah Shachtman, em um artigo publicado na revista *Wired* a respeito da consciência plena no Vale do Silício, "Seria fácil ser cínico a respeito desse esforço — rir das pessoas que se identificam muito com uma estrela de Bollywood ou questionar por que professores de meditação, os mestres no direcionamento da atenção, vêm trabalhando com as redes sociais, responsáveis por tanta distração.[8] Mas quando nos sentamos ao lado de Bejar e de seus colegas do Facebook enquanto analisam tais denúncias — quando vemos todas as brigas, todas as fotografias constrangedoras, as desavenças entre mães e filhas —, é difícil não se entristecer e não se impressionar com a quantidade de desentendimentos e de ofensas. Mais de um milhão de conflitos como esses acontecem todas as semanas no Facebook. Se fosse possível ter uma visão neutra de tudo isso, você não gostaria de lidar com essa dor de uma forma mais amena?".

O experimento do Facebook com a engenharia compassiva traz lições para empresas situadas muito além do Vale do Silício. Embora a tecnologia do Facebook e sua magnitude sejam únicas, a vontade de Bejar e de seus supervisores de aperfeiçoar um produto altamente bem-sucedido — tentando incutir nele um pouco mais de compaixão — é um exemplo bem-vindo, que outras empresas poderiam seguir. É uma demonstração de que até mesmo pequenas mudanças podem causar um grande impacto, especialmente quando motivadas pela consciência plena. E, apesar de tudo, ainda estamos engatinhando quando se trata de introduzir a compaixão nos ambientes de trabalho. Indivíduos podem fazer a diferença, e algumas empresas podem encontrar meios de dar a devida dimensão ao sentimento de compaixão. A criação de empresas totalmente compassivas, porém, pode demorar mais algum tempo. É mais factível permitir que a consciência plena sirva de inspiração para a responsabilidade social. No próximo capítulo, visitaremos várias empresas que fizeram exatamente isso. E vamos começar em uma cidade à beira-mar, no Sul da Califórnia.

7. Socialmente responsáveis

EM UM EXUBERANTE DIA DE SOL, peguei a rodovia Highway 1, com o cintilante Oceano Pacífico à minha direita, e segui em direção à sede da Patagonia, fabricante de vestuário para esportes ao ar livre, ao norte de Los Angeles. Empresas como a General Mills vinham ensinando a meditação nos ambientes de trabalho, e algumas, como o Facebook, incorporavam a compaixão aos seus produtos, mas eu pretendia visitar alguns executivos empenhados em usar suas organizações como veículos para a aplicação prática da consciência plena.

Fundada em 1960 por um alpinista francês chamado Yvon Chouinard, originalmente, a Patagonia se dedicava à fabricação de pitões — as travas que os alpinistas afixam na face da rocha para prender as cordas — e outros equipamentos de montanhismo para os pioneiros que se aventuravam pelas íngremes escarpas rochosas da Meia Abóbada de Yosemite e de El Capitan. Chouinard, no entanto, era muito mais do que um simples hippie que decidira morar dentro de sua van. O francês de baixa estatura guardava uma profunda ligação espiritual com a terra, e desenvolveu uma serena prática zen-budista que serviu como base de suas escolhas empresariais ao longo dos últimos cinquenta anos. A reviravolta aconteceu quando, durante uma escalada, ele percebeu que os pitões estavam causando rachaduras nas rochas e desestabilizando-as. Chouinard concebeu um novo tipo de pitões que não agredia as rochas, e foi assim que a Patagonia nasceu.

Para Chouinard, a consciência plena encontrou sua mais autêntica expressão pessoal na atividade física. Além do alpinismo, ele ocupa o tempo se dedicando à pesca com mosca, canoagem em corredeiras e trilhas pelo mundo. "Aprendi inúmeras lições com esses esportes", me disse Chouinard, em minha visita à empresa. Embora atualmente ele exerça a função de presidente do conselho, após ter delegado as obrigações da diretoria a uma sucessão de executivos, Chouinard ainda é uma presença assídua nas dependências da Patagonia, supervisionando o desenvolvimento de novos produtos e orientando os rumos da empresa sempre que não está passando por córregos em busca de trutas arco-íris. Quando nos sentamos em um escritório sobre um jardim orgânico e com vista para os painéis solares dos edifícios vizinhos, Chouinard me contou que usa uma espécie de intuição consciente para se superar nos esportes aquáticos, mesmo já estando em uma idade avançada. Canoísta bem-sucedido, aprendeu desde cedo a impulsionar seu barco sem utilizar o remo. Para ele, era uma tarefa muito fácil. Então, certo dia, decidiu navegar por um trecho inteiro de corredeiras na parte mais alta de Gros Ventre, em Wyoming, novamente sem o remo. As águas estavam bastante revoltas, as corredeiras de Classe IV se estendiam vigorosamente por todo o trajeto, e o nível da água diminuía 30 metros a cada 1,5 quilômetro. Absorvido por aquele momento, Chouinard se manteve incólume sem emborcar.

"O que essa experiência me ensinou?", perguntou ele. "Bem, antes de mais nada, eu devia fazer tudo certo. O barco poderia ter virado, mas precisei posicioná-lo de lado e fazê-lo avançar. Quando uma rocha aparece no seu caminho, basta usar o remo e simplesmente contorná-la no último minuto. Porém, quando não se tem um remo, é preciso enxergar bem à frente e se preparar. E se eu me deparasse com uma ribanceira, não poderia cruzar os braços; precisava enfrentar aquela ribanceira. Não emborquei em nenhum momento, e minha descida foi perfeita. Perfeita. Não significa que, a partir dali, nunca mais utilizaria um remo, mas naquele momento eu realmente aprendi a andar de caiaque. Aprendi, de fato, a interpretar o rio, sem depender unicamente dessa ferramenta tão poderosa, mas que pode acobertar uma série de erros graves."

Recentemente, ele passou a adotar uma abordagem intuitiva similar em sua pesca com mosca, capturando trutas com apenas uma vara e uma linha básicas, sem nenhum molinete. "Pesquei mais peixes do que jamais havia pescado em toda a minha vida", disse ele. "É inacreditável. Saio para pescar com alguns dos melhores pescadores com mosca do mundo e eles capturam de seis a oito peixes em um dia, e eu pego cinquenta. Isso apenas reforça a questão da simplicidade. De substituir todas essas coisas pelo conhecimento, pela experiência. Quanto mais você sabe, de menos você precisa."

À medida que Chouinard falava, eu conseguia distinguir o inconfundível eco de Steve Jobs. O foco na simplicidade, as respostas elípticas — eram as características de um empresário profundamente influenciado pela prática zen. E a empresa de Chouinard, assim como a de Jobs, também desenvolveu uma cultura que reflete a forte personalidade de seu fundador. Mas apesar de toda a sua consciência plena individual, Chouinard fundou uma empresa que, hoje em dia, vende produtos que são mais estilosos do que utilitários, e essa contradição o deixa ansioso de certa forma. "Por que continuamos fazendo isso, mesmo sabendo que já ultrapassamos a capacidade de absorção da Terra, e que haverá mais alguns bilhões de pessoas no planeta daqui a trinta ou quarenta anos?", questionou ele. "Aonde é que isso vai nos levar? De certa forma, é um tanto deprimente."

Ao longo dos anos, Chouinard encontrou meios de introduzir sua consciência plena pessoal nas operações de seu negócio. A Patagonia tem realizado um relevante trabalho de minimização de impacto ambiental. É pioneira na técnica de reciclagem de embalagens plásticas de refrigerante para a fabricação de jaquetas de lã, e muitos de seus produtos utilizam mais materiais reciclados do que os produtos dos concorrentes. A empresa também organiza um mercado consistente de pós-venda de produtos usados da marca Patagonia. "Não tentamos justificar o que fazemos, mas acreditamos que, hoje, conseguimos melhores resultados do que a maioria das empresas", disse Chouinard, demonstrando um tom melancólico. "Mas o que acontecerá no futuro?"

Há alguns anos, Chouinard decidiu que, para se preparar melhor para o futuro, a Patagonia precisava de um administrador mais jovem, com mais senso comercial. Assim, ele contratou seu pupilo de longa data, Casey Sheahan, e o nomeou como o mais novo CEO da empresa. Chouinard conhecia Sheahan desde menino, quando o ensinara a pescar. Sheahan havia feito carreira na indústria do esqui, e, em seguida, ocupado cargos de destaque nas indústrias de calçados Nike e Merrell, antes de se tornar CEO da Patagonia. Desde então, Sheahan já se aposentou, mas ele se lembra do choque inicial de sair da Nike, uma empresa notória pelo alto nível de competitividade, e se transferir para a Patagonia, cujas prioridades transcendiam os meros resultados financeiros. Em uma das primeiras reuniões do conselho das quais participou, Sheahan descrevia em linhas gerais o plano de crescimento que concebera para o trimestre seguinte e explicava como conseguiria atingir aqueles números quando Chouinard o interrompeu. "Ele disse: 'Não se preocupe com o resultado concreto nem com os números'", lembrou Sheahan. "'O que você vai fazer para que a empresa melhore até chegar lá? Vai focar no produto de melhor qualidade? Vai se certificar de que estaremos sempre na liderança?'"

Com esses questionamentos, Chouinard estava dizendo a Sheahan que se o processo não fosse sólido, se suas intenções não viessem do lugar certo, o resultado, por mais rentável que fosse, não importava. Isso sensibilizou o novo CEO. Sheahan recordou que, quando era menino e Chouinard lhe ensinara a pesca com mosca, aquele senhor gostava de destacar a importância da técnica calculada e imersiva.

"Ele fez com que eu trabalhasse meu arremesso, me ensinou a não me afobar, a desenvolver um lançamento mais eficaz e mais simples, em vez de apenas tentar fisgar um monte de peixes a esmo de uma só vez", disse Sheahan. "Então, ao se concentrar no processo e se aperfeiçoar nisso, você terá, de fato, um resultado satisfatório. O processo será melhor, e você pegará os peixes, porque estará sintonizado com o que está acontecendo na água e ao seu redor, em vez de apenas tentar capturá-los. Aquela foi uma lição importante para mim e fazia parte de uma tácita abordagem zen-budista que Yvon também costumava aplicar aos negócios. Era uma decorrência das primeiras experiências dele como alpinista. Na verdade, não se resumia simplesmente em chegar ao cume, mas em como se fazia aquilo."

Assim, Sheahan deixou de lado a busca pelas metas trimestrais e redobrou os esforços na abordagem administrativa que prioriza a questão ambiental, processo no qual Chouinard se mostrou pioneiro. Não foi fácil abandonar o foco em finanças que o transformara em uma celebridade na Nike, mas, no caso de Sheahan, a inclinação para se concentrar nos cuidados com a Terra surgiu naturalmente, pois, além de ele ser adepto da meditação, sua esposa, Tara, também era uma praticante experiente. Sheahan passou a intensificar o compromisso da Patagonia com o ambientalismo, sem prejudicar o crescimento contínuo da empresa, e sempre tentando ser um gerente compassivo perante uma força de trabalho cada vez mais numerosa.

Mas não foi tão simples assim. O primeiro teste para Sheahan apareceu logo depois de sua posse. Durante o auge da crise financeira, as vendas despencaram, e, segundo seus cálculos, ele precisaria demitir 150 colaboradores. A Patagonia não despedia ninguém desde 1991, e aquela seria uma forma pouco auspiciosa de dar início ao exercício de seu cargo. Certa noite, ele chegou em casa dilacerado diante da decisão a ser tomada. Tara lhe fez uma pergunta direta: "Você vai tomar essa decisão a partir de uma posição de medo, ou a partir de uma posição de amor?"

"De medo, é claro", respondeu ele.

"O que aconteceria se você tomasse uma decisão a partir de uma posição de amor?", ela quis saber.

"A Patagonia é minha família", disse ele. "Encontraríamos uma solução criativa para reduzir os custos operacionais sem precisar demitir."

E foi o que ele fez. Após alguns trimestres conturbados devido à crise financeira, as vendas começaram a alcançar níveis inéditos. Os anos seguintes foram os mais bem-sucedidos da história da empresa. "Como se explica isso?", indagou Sheahan. "Foi algo que também coincidiu com a maior conscientização que adquirimos sobre nosso impacto como fabricantes de vestuário. Com a maior transparência com que os consumidores foram informados sobre o que estava acontecendo em nossas fábricas e sobre os materiais utilizados nos produtos."

Hoje, a sede da Patagonia, um conjunto de edifícios abastecidos por energia solar, é uma pequena utopia corporativa situada em um vale à beira-mar. Um serviço gratuito de creche é oferecido aos filhos dos funcionários. Chefs cozinham alimentos orgânicos no refeitório. Cães descansam perto das mesas. Todos parecem tratar uns aos outros sem qualquer formalidade. Um jardim orgânico circunda as instalações. Espaços de reunião ao ar livre são montados para as equipes que desejam conversar sob as árvores. Em termos de atração de profissionais talentosos, a abordagem da empresa tem sido um sucesso absoluto; para cada vaga aberta, a Patagonia recebe cerca de mil inscrições.

E, mesmo assim, em certo sentido a Patagonia vem lutando para se reconciliar com o próprio sucesso. Um dos resultados do desconforto de Chouinard com o consumismo inerente ao negócio foi a criação de uma campanha publicitária decididamente incomum: de tempos em tempos, a Patagonia costuma veicular anúncios que desencorajam os consumidores a comprar seus produtos. "Não compre essa jaqueta", dizem os anúncios — uma estratégia inteligente que, com uma só tacada, aumenta a percepção da marca, sugere o grau de conscientização da empresa e acrescenta uma fascinante aura de tabu a uma jaqueta. Segundo Sheahan, o objetivo também era fazer com que os consumidores questionassem o próprio comportamento. "Queremos que as pessoas analisem a própria vida, vivam de forma ponderada e, mais uma vez, questionem se, na verdade, apenas desejam aquele produto ou se realmente precisam dele porque está fazendo frio nesse inverno", afirmou ele.

Embora a Patagonia não se refira explicitamente a isso, a empresa tem feito a sua parte para divulgar um movimento conhecido como "consumo consciente". Assim como a própria consciência plena, o consumo consciente é simples na teoria, mas complexo na prática. Requer um exame sério das motivações e implicações de todas as nossas compras. Implora que sejamos honestos conosco sobre aquilo de que necessitamos, em oposição àquilo que desejamos. E exige que investiguemos as causas e as condições subjacentes de cada item adquirido, de cada bem que consumimos e de cada serviço que solicitamos. "O consumo consciente tem como premissa a conscientização de pensamentos e comportamentos relacionados às consequências do consumo", diz a definição apresentada em um artigo frequentemente citado sobre o movimento emergente, assinado por professores da Universidade Emory e da Universidade Politécnica do Estado da Califórnia.[1]

O consumo consciente funciona em diversos níveis. Retira o ônus da sustentabilidade das corporações e de outros atores anônimos e o coloca diretamente no indivíduo. O objetivo é estimular uma "mentalidade de preocupação consigo mesmo, com a comunidade e com a natureza, que se traduza comportamentalmente na moderação dos excessos contraproducentes associados ao consumo ganancioso, repetitivo e ambicioso". O consumo consciente também pede que os indivíduos e as empresas questionem os próprios méritos do consumo. "Nos negócios, e particularmente no marketing, o consumo tem sido tratado, de modo geral, como um indicador das demandas do mercado, e quanto maior, mais isso tem sido visto como algo benéfico para os negócios", escreveram os autores. Mesmo quando o consumo desenfreado é reconhecido, frequentemente acredita-se que esse problema poderia ser resolvido se houvesse ênfase na ecologia e com isso mais sustentabilidade do meio ambiente. Em outras palavras, o problema não é o impulso de consumir; o problema é que o consumo prejudica o meio ambiente. Mas o consumo consciente não aceita que não há nada de errado com o consumismo, desde que este não prejudique o meio ambiente. Ele questiona os próprios fundamentos de nossa cultura materialista, exigindo que investiguemos as motivações que sustentam nossos hábitos de compra. "O consumo consciente é a maneira de nos curar e de curar o mundo", disse Thich Nhat Hanh.[2]

Será que estamos comprando aquela mochila nova porque ela está na moda e é a última tendência da temporada? Ou porque realmente necessitamos de uma mochila nova? Será que realmente precisamos daquele aparelho de televisão novo, ou adquiri-lo satisfaz a ânsia primitiva de consumir, preenchendo profundas necessidades emocionais com bens materiais efêmeros? Cada compra tem desdobramentos que vão muito além da caixa registradora, e ser um consumidor consciente significa considerar o que está envolvido no fornecimento, na produção, na distribuição e na entrega de um bem ou serviço, antes de sacar irrefletidamente um cartão de crédito do bolso. O objetivo não é parar de comprar coisas. Precisamos realizar transações para nos sustentar, viver e alimentar a economia. No entanto, ao consumir algo, devemos procurar fazê-lo conscientemente, apoiando empresas interessadas não apenas nos resultados financeiros, mas também no bem-estar de seus funcionários, do planeta e da sociedade.

Evidentemente, nem todos podem se dar ao luxo de fazer escolhas conscientes em todas as compras. Quem vive com um orçamento apertado talvez não possa, por exemplo, comprar um hortifrutigranjeiro orgânico em lugar de um convencional. Mas até mesmo os que dispõem de menos recursos podem tomar decisões inteligentes ao fazer compras, escolhendo alimentos simples e saudáveis, em vez de alimentos sem nenhum valor nutritivo, e escolhendo economizar para o futuro, em vez de esbanjar dinheiro em modismos passageiros. De fato, em alguns casos, o consumo consciente pode representar um desafio ainda maior para quem tem mais recursos. Há uma enorme pressão da sociedade para acumular coisas simplesmente por acumular; para viver em uma casa grande porque podemos; para ter uma segunda casa e preencher essa nova casa com mais coisas; e para continuar gastando indefinidamente. Para aqueles que contam com recursos suficientes para satisfazer tais fantasias consumistas, o verdadeiro desafio é conseguir dizer não.

Praticar o consumo consciente pode parecer um esforço entediante e exaustivo. Até mesmo decisões banais de compra — como adquirir ou não uma nova tigela para salada, e qual delas adquirir — podem estar repletas de incertezas e de dilemas éticos irrespondíveis. É melhor gastar um pouco mais e comprar uma tigela de madeira feita por artesãos da Carolina do Norte? Ou economizar um pouco e comprar uma de plástico, mais barata, na Target? Não existe uma resposta correta, é claro. E ser um consumidor consciente não significa consumir somente coisas orgânicas, ou jamais comprar um produto em uma loja de departamentos. Ao contrário, significa refletir profundamente sobre cada escolha, pesando as prioridades e as implicações conflitantes, e assumindo — em um nível emocional — a própria decisão. Significa sermos responsáveis pelos impactos de nossos hábitos de compra perante nós mesmos e perante a sociedade. Embora a prática do consumo consciente possa parecer um compromisso assustador, com o tempo tais considerações serão mais fáceis. O consumo consciente se torna uma decisão intuitiva, em vez de algo que implique um trabalho desmedido.

"Se fizermos um número suficiente de perguntas, chegaremos à raiz do problema", afirmou Chouinard. "E se fizermos um número suficiente de perguntas, vamos querer saber: 'Por que há tantas empresas irresponsáveis produzindo coisas de má qualidade pelo menor preço possível?' A resposta é que nós reivindicamos isso. O consumidor. Nele reside toda a responsabilidade. Não somos mais chamados de cidadãos. Somos chamados de consumidores. Somos nós que pedimos às empresas para fabricar coisas assim. Dizemos às companhias de gasolina que queremos combustíveis baratos, independentemente de sua origem, desde que o preço seja baixo. Portanto, o problema somos nós."

Em algum momento de nossa conversa, Chouinard fez uma digressão a respeito de um produto recém-lançado que o deixara particularmente enfurecido: um fatiador de bananas feito de plástico. Moldado em plástico amarelo, no formato de uma banana, o fatiador havia acabado de se tornar tema de milhares de matérias, depois que avaliações irônicas no site da Amazon se tornaram virais. Chouinard não conseguia acreditar que as pessoas realmente comprariam algo assim, fabricado a partir de um subproduto do petróleo, quando uma faca é capaz de cortar uma banana perfeitamente. Enquanto ele falava sobre o fatiador de bananas, cada vez mais eu me contraía internamente. Não fazia muito tempo, eu havia comprado um, vencido pelo alvoroço que a mídia fizera em torno do utensílio. E o pior é que eu usara o fatiador apenas uma vez. Foi uma decisão insensata de minha parte, e, de repente, meu rosto se ruborizou de culpa diante daquele sábio alpinista. Mas não tive coragem de confessar minhas fraquezas a Chouinard, e deixei a conversa seguir adiante. Sua mensagem, porém, me marcou, e, desde então, venho tentando ser mais cauteloso em minhas compras.

Considerando-se o fato de ele ser fundador e sócio majoritário de uma bem-sucedida fábrica de vestuário, Chouinard é excepcionalmente hostil em relação às pessoas que compram seus produtos. Acredita verdadeiramente que a maioria dos que adquirem os itens da Patagonia não deveria fazê-lo, uma vez que essas compras se baseiam no impulso e no egoísmo, e não na necessidade. Ele compara nossa fixação pelas compras com o drama de um viciado, e afirma que, para uma mudança significativa acontecer, não basta apenas que a Patagonia produza roupas mais sustentáveis; é preciso que os consumidores também passem a comprar menos. "É como ser um alcoólatra e negar que você é um alcoólatra", ele me disse. "Se você não reconhecer o fato de que é um alcoólatra, esse problema nunca será superado. Portanto, não apenas precisamos mudar, fabricar nossos produtos da melhor forma possível, mas também educar nossos consumidores para que consumam menos." Chouinard não teme, porém, que essa atitude possa levar a Patagonia à falência. Ele calcula que a empresa venda para apenas uma fração de sua clientela potencial, e mesmo que os admiradores atuais comprassem somente uma parte do que compram hoje, a empresa poderia continuar crescendo. "Nossa intenção é, tão somente, vender menos para nossos antigos fregueses e fazer com que eles levem uma vida mais ponderada e mais simples", disse ele.

Pois a alternativa, segundo Chouinard, é insustentável. O consumo desenfreado reduzirá nossos recursos, além de nos deixar espiritualmente descontentes e financeiramente falidos. "Não há negócios a serem feitos em um planeta morto", disse Chouinard, citando o conservacionista David Brower. "E é exatamente isso que nos espera."

Nos últimos anos, à medida que minha prática de consciência plena se aprofundou, naturalmente comecei a comprar menos coisas. Isso não se deveu apenas ao fato de que vivo com minha esposa em um apartamento pequeno em Nova York. E sim porque, antes de sacar meu cartão de crédito do bolso, eu parava para refletir sobre os motivos que me levam a fazer determinada compra, e sobretudo o que estava envolvido na produção daquele item que sentia a tentação de comprar. Embora aquele novo par de sapatos parecesse ótimo, eu, de fato, não precisava dele. Um terno a mais teria sido interessante para completar meu guarda-roupa profissional, mas a verdade é que eu já tinha muitos ternos. Com o tempo, comecei a comprar menos e a economizar mais. Nosso pequeno apartamento ficou menos abarrotado do que ficaria, e evitei acumular mais cacarecos descartáveis, sem grande valor duradouro. Hoje, ao ser confrontado com a opção de adquirir algum bem que não seja essencial, muitas vezes ouço as palavras de Chouinard ressoando em minha cabeça e decido adiar aquela compra, ao menos momentaneamente.

Outras empresas de renome adotam, em algum grau, os princípios do consumo consciente. Nem todas tentam influenciar abertamente as pessoas a comprar uma quantidade menor de seus produtos. No entanto, assim como a Patagonia, algumas delas procuram produzir vestimentas atemporais que não saiam de moda em poucos meses e que sejam suficientemente duráveis para atravessar uma geração.

Como Chouinard bem sabe, a Patagonia não é perfeita. Por mais que tente minimizar seu impacto na Terra, ainda está exaurindo os recursos naturais, embora em ritmo mais lento do que algumas concorrentes. E, embora Sheahan já tenha se afastado, o trabalho que ele e Chouinard iniciaram ainda continua rendendo frutos. Equipes da Patagonia avaliam a possibilidade de diminuir a quantidade de embalagens — usando apenas um elástico de borracha, em vez de uma sacola —; o principal objetivo é criar uma linha de produtos totalmente reciclados e recicláveis. A Patagonia também faz o que está ao seu alcance para apoiar outras causas sociais. A empresa vem trabalhando para recuperar habitats naturais do planeta, promove o comércio justo e se empenha em reduzir os impactos ambientais da cadeia de produção, em sintonia com fornecedores e demais parceiros. Em seu livro *The Responsible Company*, Chouinard mencionou que, apesar da desoladora situação econômica, o esforço de aprimoramento, amparado em uma perspectiva de décadas de prática de consciência plena, é contínuo.[3] "Todos nós ainda estamos começando a aprender que nosso meio de ganhar a vida não apenas ameaça a natureza, como também não satisfaz nossas mais profundas necessidades humanas", disse ele. "O empobrecimento de nosso mundo e a depreciação de valores inestimáveis minam nosso bem-estar físico e econômico. No entanto, a intensidade e a amplitude das inovações tecnológicas das últimas décadas mostram que não perdemos nossos dons mais preciosos: os seres humanos são engenhosos, adaptáveis, inteligentes. Também temos capacidade moral, compaixão com a vida e desejo por justiça. Precisamos, agora, nos deixar envolver mais plenamente por esses dons, para que a vida econômica seja socialmente mais justa e ambientalmente mais responsável, e menos destrutiva para com a natureza e os bens comuns que nos sustentam."

Da mesma forma que a consciência plena alimenta pacientemente os sentimentos de empatia por nós mesmos e pelos outros, também nos incentiva a fazer o bem aos outros mundo afora. A responsabilidade social é uma extensão natural da compaixão. Ao concluir uma prática de meditação *metta*, deseja-se o bem para todos os seres sensíveis. Aderir à responsabilidade social é colocar esse sentimento em prática. Quando entendemos que, a seu modo, nossos consumidores e o meio ambiente também estão sofrendo, o impulso natural é ajudar.

É muito mais fácil dizer isso do que fazer, especialmente dentro dos limites corporativos. Mas, apesar de tudo, é algo que acontece em grandes e pequenas empresas. E, assim como a Patagonia, pude observar que algumas das empresas mais conscientes eram aquelas cujos fundadores ou CEOs encarnavam pessoalmente uma vida pautada pela consciência plena, e se esforçavam para que esses mesmos princípios se refletissem nas operações comerciais. Eram empresas que avaliavam detidamente o trabalho que faziam e que procuravam fazê-lo sendo compassivas com os funcionários, respeitosas com fornecedores e parceiros, e intensamente conscientes do impacto causado no planeta. E se existe uma característica que parece distinguir muitas das empresas mais conscientes que conheci, esta é a preocupação com o meio ambiente.

A consciência plena insiste que analisemos com profundidade as causas e as condições de todos os fenômenos — desde nossos próprios pensamentos e emoções até o clima. A prática da meditação amplia nossa conscientização não apenas em relação a nós mesmos e à coletividade, mas também em relação à sociedade e ao meio ambiente. "Se sua empresa estiver causando problemas ambientais e se você já tiver praticado a meditação alguma vez, então talvez você tenha noção de como conduzir os negócios de forma que a natureza seja menos prejudicada", afirmou Thich Nhat Hanh.[4] "A meditação pode aliviar seu sofrimento e lhe propiciar mais discernimento e um entendimento mais apurado de si mesmo e do mundo. Se você tiver sabedoria coletiva, então naturalmente desejará administrar e conduzir a empresa de modo que o mundo sofra menos."

E, de fato, a consciência plena parece nos deixar mais propensos a um comportamento socialmente responsável. Em um artigo de 2010, intitulado "Neste momento: o efeito da consciência plena na tomada de decisão ética", Nicole Ruedy, da Universidade de Washington, e Maurice Schweitzer, da Universidade da Pensilvânia, defendem a tese de que sentar para meditar e não fazer nada leva a um comportamento mais virtuoso.[5]

O cerne do argumento deles é que quanto mais autoconsciente uma pessoa for, menos confortável se sentirá ao se comportar mal. "A consciência plena aumenta a conscientização dos próprios processos de pensamento, e, assim, um nível mais elevado de consciência plena tende a dificultar as justificativas para desvios de conduta mais severos", escreveram eles. Para testar essa hipótese, Ruedy e Schweitzer conduziram alguns experimentos. Inicialmente, os pesquisadores utilizaram a Escala de Atenção e Consciência Plena (MAAS, na sigla em inglês), um questionário de 15 tópicos que avalia o quanto as pessoas estão focadas no presente, para medir a consciência plena inata de 97 participantes que não eram adeptos formais da prática, selecionados em uma grande universidade da região Nordeste do país. Eles descobriram que os indivíduos mais conscientes também se mostravam mais propensos a usar a ética ao tomar decisões. Em seguida, os pesquisadores trabalharam com

135 pessoas e, novamente, avaliaram níveis básicos de consciência plena por meio da MAAS. Dessa vez, eles desenvolveram um experimento no qual os participantes teriam quatro minutos para decifrar 15 anagramas e receberiam um dólar por cada resposta correta. Em um triste retrato da natureza humana, 55,2% dos participantes trapacearam, copiando as respostas dos outros. A ausência de consciência plena, porém, não pôde ser apontada como um fator de predição cabal daqueles que iriam trapacear e daqueles que não iriam. Mas houve uma novidade. "Entre os trapaceadores, os participantes que praticavam a consciência plena trapacearam menos do que os participantes com menos experiência em consciência plena", descobriram os pesquisadores. "Isso sugere que um nível mais elevado de autoconsciência restringe o comportamento antiético, possivelmente por aumentar os custos sobre o autoconceito quando se age de forma antiética."

Uma das questões éticas mais urgentes do nosso tempo é como enfrentaremos as mudanças climáticas. À exceção de algumas vozes dissonantes, a comunidade científica é taxativa: a atividade humana vem aumentando a temperatura da Terra e está mudando seu clima. Dadas essas condições, como seria possível que um CEO consciente *não* considerasse o impacto causado por sua empresa no planeta? "Assim como os indivíduos precisam despertar para isso, se as organizações e as empresas não adotarem uma atitude mais esclarecida, iremos destruir a Terra", me disse Tara Brach, a popular professora de consciência plena.

E, da mesma forma que nosso coração se revela a nós mesmos quando estamos conscientes, ele também se sensibiliza com o solo quando nos tornamos atentos à finitude dos recursos naturais e à facilidade com que somos capazes de exauri-los e degradá-los. "A consciência plena abre nossos sentidos", disse Mark Coleman, ambientalista e professor de consciência plena que costuma coordenar retiros em meio à natureza. "Se estivermos engajados em qualquer prática genuína de consciência plena, estaremos integrados e mais conscientes sensorialmente. Estabeleceremos uma sintonia muito mais profunda com nosso corpo e nosso local de origem."

Estar junto à natureza suscita as mesmas qualidades que a prática da meditação — a tranquilidade, a curiosidade e a paz. É por isso que, do mesmo modo que me sinto um pouco embrutecido quando não medito por alguns dias ou semanas, também fico apreensivo quando passo muito tempo sem caminhar na mata. Na verdade, às vezes o simples fato de estar em contato com a natureza já é uma poderosa prática meditativa. "A consciência plena faz o coração despertar para a gratidão, os mistérios e o encantamento, virtudes que se revelam na natureza", afirmou Coleman.

A prática da consciência plena — até mesmo a desenvolvida e cultivada na selva urbana — pode fazer surgir ambientalistas entre aqueles que nunca deram muita importância às maravilhas da natureza. "À medida que nos tornamos mais conscientes, conseguimos perceber nosso grau de conexão, a matriz da vida e o lugar que ocupamos nela", disse Coleman. "Percebemos que nossas ações e as ações dos outros têm consequências reais. Percebemos que, se uma empresa estiver realmente preocupada com seu impacto social e ambiental, não restará alternativa a não ser fazer modificações." No entanto, apesar da crescente disseminação da consciência plena nos locais de trabalho, Coleman se mostra pessimista a respeito da perspectiva de uma mudança efetiva nos conselhos administrativos. "Até que tenhamos um paradigma diferente que não esteja a serviço dos acionistas, as mudanças serão, na melhor das hipóteses, graduais", declarou ele. "Ainda assim, a consciência plena deixa as pessoas mais conscientes do próprio impacto."

Coleman é professor titular do Centro de Meditação Spirit Rock, mas também trabalha em um novo nicho de atuação, auxiliando empresas que desejam introduzir o espírito da consciência plena ao local de trabalho. A empresa com a qual lidou mais estreitamente se chama Prana, uma fabricante de roupas para alpinistas e iogues, com sede no Sul da Califórnia. Assim como a Patagonia, a Prana foi fundada com base em um conscienciso conjunto de valores. A empresa apresenta todas as características inerentes a um ambiente simpático à meditação — aulas de ioga e consciência plena —, além de ter transformado a responsabilidade social em uma parte essencial de sua missão.

Todos os dias, por volta das 15 horas, alguém toca um gongo gigante pendurado entre as pequenas baias de trabalho. Quando o toque ecoa pelo escritório, a empresa paralisa o serviço. As pessoas desligam as músicas que ouvem, encerram suas chamadas telefônicas e param de conversar. Por alguns minutos, todos os colaboradores focam apenas em sua respiração, levando o tempo que for necessário para reencontrar seu eixo em meio à confusão ao redor. Scott Kerslake, CEO da Prana, me disse que a pausa da tarde faz parte de um esforço para manter cada colaborador sintonizado com seu coração, mente e corpo ao longo do dia.

A Prana existe há mais de vinte anos, e a afinidade com a consciência plena está em seu DNA. Kerslake afirmou que o esporte da escalada depende integralmente da habilidade do alpinista de permanecer no momento presente, atento à relação do corpo com o desfiladeiro. Não estar presente pode ser fatal. A ioga, naturalmente, tem as próprias raízes espirituais, que são muito mais profundas do que a power ioga ensinada nas academias comerciais poderia sugerir. "O tecido conectivo entre a ioga e a escalada é a consciência plena", declarou Kerslake.

Assim como a Patagonia, a Prana se esforça para minimizar seu impacto ambiental. "Estabelecemos esse objetivo desde o início. Focar em nossas próprias ações e ficar atentos aos desdobramentos — estar cientes das relações de causa e efeito — isso é ser consciente", me disse Kerslake. "Nós nos perguntamos: qual é o nosso impacto como empresa, em termos dos resíduos, das condições de trabalho, dos materiais que usamos em nossos produtos?"

Nos últimos anos, à medida que a Prana foi crescendo, beneficiando-se do surto de popularidade da ioga, buscou apoio em Mark Coleman para se manter fiel aos próprios fundamentos.

Kerslake conheceu Coleman ao participar de um retiro de Meditação da Introspecção ministrado por dez dias no Spirit Rock, e logo depois Coleman começou a fazer visitas regulares à sede da Prana no litoral. Hoje, quando Kerslake e sua equipe precisam enfrentar espinhosas decisões comerciais, podem recorrer à consultoria de Coleman. Nos últimos tempos, a empresa tenta aumentar o uso de algodão orgânico e de alternativas ambientalmente viáveis para os tecidos sintéticos. "O algodão e o raiom convencionais são terríveis do ponto de vista ambiental", afirmou Kerslake. Mas "isso, às vezes, entra em conflito com nossas metas financeiras". Tais conjunturas exigem que os gerentes seniores conversem francamente uns com os outros, equilibrando as ambições da empresa com a realidade financeira.

Para ajudar a equipe a tomar decisões a partir de uma posição de compaixão, Coleman orienta os gerentes em exercícios destinados a aumentar a empatia. Em um deles, Coleman os instrui a se identificar com diferentes indivíduos — consumidores, fornecedores, operários — e a se colocar nessa nova posição. Tentem imaginar a vida que eles levam, e, em seguida, lembrem-se de que, "assim como eu", eles querem ser felizes. "Assim como eu", eles querem prosperar e ser bem-sucedidos. "Assim como eu", eles não querem sofrer. Essa prática, uma variação da que é ensinada nos cursos do Spirit Rock e da MBSR ao redor do mundo, é uma poderosa forma de nos afastar de nossas próprias narrativas autocentradas e, em vez disso, começar a tomar decisões com base nas necessidades de uma gama muito mais ampla de indivíduos.

Kerslake sabe que a Prana pode melhorar ainda mais. A empresa utiliza alguns materiais indesejáveis e continua fabricando produtos que seriam mais bem descritos como artigos de luxo do que como necessidades. "Na condição de homem e de ser sensível, essa é uma luta que enfrento. Não é fácil lidar com isso", me confessou. Mas, na condição de CEO, ele vislumbra uma oportunidade valiosa de mudar a mentalidade das pessoas.

"Existem poucas empresas que se preocupam com o impacto de suas ações", disse ele. "Essa é minha motivação para estar aqui. É como se eu tivesse de usar um pouco de jiu-jitsu. Nosso papel na Prana é mudar a mentalidade das pessoas, aumentar a compreensão sobre o processo de fabricação das coisas." Ao enfatizar o comércio justo de peças de vestuário, a promoção do ambientalismo e a mudança de paradigma na vida corporativa, Kerslake acredita ter a possibilidade de influenciar positivamente a forma pela qual seus consumidores e funcionários se envolvem com o consumo e com o trabalho. "Ainda somos muito ruins nisso", disse ele. "Mas somos menos ruins do que um monte de gente."

Desde o princípio, a Patagonia e a Prana foram criadas com base em uma mentalidade consciente. Mas nem todas as empresas têm esse DNA ecológico. Algumas empresas crescem amparadas em estruturas convencionais, mas mudam de rumo quando seus líderes se tornam mais conscientes. Foi esse o caso de Eileen Fisher — a empresa e a mulher passaram a abraçar a responsabilidade social à medida que a fundadora aprofundava sua prática da consciência plena.

Eileen Fisher, uma mulher franzina de cabelos curtos e grisalhos, começou a praticar ioga no fim de 1990, muito tempo depois de sua empresa de roupas batizada com o mesmo nome estar devidamente estabelecida. Para complementar o alongamento, acrescentou uma prática básica de meditação da consciência plena. Inicialmente, a dedicação era pouca, apenas cinco minutos por dia, mas o impacto foi imenso e imediato. "Isso me permitiu dar um tempo, observar, questionar por que e o que eu estava fazendo", ela me disse. Não demorou muito para que sua prática de sessões de meditação aumentasse para trinta minutos diários, e para que ela também passasse a introduzir a consciência plena em outros aspectos de sua vida pessoal. E, conforme descobri, o empenho na prática da consciência plena pode mudar, ao longo do tempo, nosso modo de compreender a sustentabilidade ambiental, o capitalismo e muitas coisas mais.

Aos poucos, Fisher começou a oferecer aulas de ioga, pilates e consciência plena aos funcionários. Mas ela não parou por aí. Em um esforço para introduzir uma cultura mais consciente nos ambientes de trabalho, instalou um par de sinos em todas as salas da sede da empresa. Antes de cada reunião, os sinos são tocados, e os que estão presentes ficam sentados juntos em silêncio por alguns minutos, entrando em contato com seu corpo e mente e buscando uma sensação de lucidez como forma de se preparar para a reunião. "É difícil dizer concretamente qual foi a diferença que isso causou, mas a sensação de conexão é incrível", afirmou Fisher. "Aqueles minutos de pausa são poderosos. Todos saem de seus diferentes mundos e agendas, e isso nos une."

A empresa também adota o que chama de "O Caminho do Círculo". Sempre que possível, as reuniões são realizadas em um círculo, em vez de em uma mesa de conferência tradicional, com um líder sentado à cabeceira. A concepção é a de que "existe um líder em cada cadeira". Assim como outras técnicas de reunião baseadas na consciência plena, o Caminho do Círculo permite que os introvertidos e os colaboradores mais jovens possam se manifestar. Nas reuniões intituladas World Café, pessoas provenientes de todas as áreas da empresa se reúnem e discutem ideias, independentemente do cargo ou especialização.

Fisher ganhou a confiança de seus funcionários não apenas ao dar um bom exemplo, mas também ao zelar por eles. Pelo menos 10% dos lucros anuais após a dedução dos impostos são repassados à equipe. E, nos últimos anos, Fisher vem transferindo a propriedade da empresa aos funcionários por meio da implementação de um plano de remuneração em ações. Sessões de massagens são disponibilizadas para todos durante o expediente. E, embora existam gerentes e uma hierarquia, Fisher defende uma estrutura corporativa menos rígida do que na maioria das outras empresas com mais de mil colaboradores. A empresa inteira passou por uma transformação radical nos últimos 15 anos. Hoje, as reuniões conscientes são obrigatórias na Eileen Fisher, "mas quando tentei isso 15 anos atrás, as pessoas me lançaram olhares de reprovação", me disse ela.⁶ Atualmente, um grupo local de meditação tibetana utiliza o edifício durante os fins de semana para realizar retiros de silêncio.

Em relação ao impacto da empresa no mundo, a consciência plena fez com que Fisher se tornasse mais sensível à degradação ambiental. Nos últimos anos, ela transformou a sustentabilidade, que já era um dos valores da empresa, em prioridade máxima, substituindo processos de fabricação e mudando fornecedores de matérias-primas. "A cada dia, nos esforçamos mais para causar menos danos ambientais", disse ela, acrescentando que procuram usar materiais duráveis, como linho e seda, sempre que possível. "As múmias eram embrulhadas em linho", disse Fisher. "A seda é mais resistente do que os diamantes." A partir de 2004, a empresa começou a se voltar para o algodão orgânico, após Fisher perceber que o cultivo tradicional do algodão está entre as culturas mais ambientalmente destrutivas do mundo.

Em 2012, a Eileen Fisher mudou a forma de tingir sua seda na China, reduzindo o uso de produtos químicos em 45% e a utilização de água em 25%. E, por fim, a consciência plena levou Fisher a reavaliar as unidades de produção da empresa no exterior. Embora a fábrica da China esteja em funcionamento desde o início da década de 1990, nos últimos anos Fisher redobrou o compromisso com colaboradores locais. As instalações foram aperfeiçoadas, os funcionários passaram a contar com salários melhores e períodos de descanso mais extensos, criaram-se clínicas de saúde da mulher, e, atualmente, a empresa obedece a padrões de remuneração equitativa. Além disso, hoje em dia todos os colaboradores em tempo integral da unidade chinesa recebem treinamento em empreendedorismo, para que possam, conforme se espera, abrir os próprios negócios, em vez de continuar a trabalhar em uma fábrica. "Lidando diretamente com empresários individuais e com nossos parceiros sem fins lucrativos na China, descobrimos que podemos criar uma mudança social positiva, uma fábrica de cada vez", afirmou ela.⁷

Assim como Chouinard, por vezes Fisher é obrigada a lutar contra o fato de que, em última instância, ela produz e comercializa itens de moda, tirando partido de recursos naturais e contribuindo, ainda que minimamente, para perpetuar a cultura do consumo. Mas ela enxerga a roupa como uma necessidade humana fundamental, e tenta fazer com que as peças que fabrica sejam duráveis e atemporais. "Todos nós precisamos de roupas; até mesmo as pessoas que vivem nos países mais pobres precisam de roupas", afirmou ela. "É maravilhoso ter roupas bonitas que realmente duram." Como parte de seus esforços para reduzir o impacto ambiental da empresa a longo prazo, ela instituiu um amplo programa de reciclagem, intitulado Green Eileen [Eileen Ecológica, em tradução livre], por meio do qual os consumidores podem doar roupas usadas, que serão higienizadas e revendidas, com a renda revertida para instituições beneficentes.

Somados, os compromissos crescentes da empresa com a responsabilidade social e o bem-estar dos funcionários simbolizam um novo paradigma de empresa consciente, empenhada em não causar danos ao mundo à sua volta e, ao mesmo tempo, em aprimorar os que trabalham ali. "Não se trata apenas de nosso nível de felicidade atual", me disse Fisher. "Precisamos ter uma visão mais holística. Precisamos tomar decisões tendo como parâmetro algo que vá além de resultados financeiros. Quando penso no que realmente importa, o fundamental é que cada um de nós possa descobrir quem realmente somos e alcançar a plenitude individual na própria vida."

O resultado dessa filosofia não constitui um impedimento para o sucesso no gerenciamento de uma empresa. Após um declínio nas vendas durante a crise financeira, a Eileen Fisher retomou o crescimento, os funcionários estão revigorados e a qualidade da roupa produzida nunca foi tão boa. Fisher atribui essa resiliência corporativa ao fato de a equipe estar totalmente envolvida com seu trabalho em nível pessoal e profissional, acreditando tanto na missão da empresa quanto no papel que desempenha nesse processo. "Quando os funcionários são cheios de vida e presentes, encaram o trabalho de forma mais criativa e mais holística, e ficam mais bem-dispostos", observou Fisher. "Eles fazem muito mais do que qualquer CEO poderia lhes pedir para fazer. Eles agem com sua verdadeira essência."

A Eileen Fisher conseguiu mudar seu rumo, deixando de ser uma marca de roupas relativamente convencional para se tornar uma empresa que abraçou a consciência plena de dentro para fora. A transformação da empresa e da fundadora servem como um exemplo poderoso aos que desconfiam de que se possa fazer alguma modificação em culturas corporativas consolidadas, e como inspiração para aqueles que também pretendem ser líderes conscientes.

A Patagonia, a Eileen Fisher e a Prana eram, todas elas, empresas privadas, imunes às expectativas dos acionistas em relação ao crescimento dos resultados trimestrais, e livres para definir a própria trajetória. Mas o que acontece quando uma grande e tradicional empresa pública decide colocar a consciência plena em prática — não apenas oferecendo-a aos próprios funcionários, mas transformando-a em uma parte significativa da oferta de produtos? No caso da Aetna, a grande seguradora de saúde com sede em Hartford, Connecticut, a mudança começou, literalmente, por acidente.

Em 18 de fevereiro de 2004, Mark Bertolini, estrela em ascensão na Aetna, aproveitava um merecido dia de folga com a família. Exímio esquiador que adorava utilizar rampas, Bertolini tinha saído de sua casa, em Hartford, com a esposa e a filha, e viajado até uma estância turística em Killington, Vermont.[8] Bertolini estava esquiando em alta velocidade. Sentindo-se confiante, ele começou a se deslocar rapidamente, até mesmo pelos percursos mais traiçoeiros, e acabou se distanciando do grupo. Ainda em ritmo acelerado, Bertolini se virou para procurar sua filha, Lauren.

Mas ele não teve tempo de localizá-la. Um de seus esquis ficou preso, lançando-o pelos ares. Sua ossatura de 1,85 metro foi arremessada contra uma árvore e ricocheteou sobre uma saliência do terreno, antes de rodopiar 9 metros barranco abaixo. Bertolini estava inerte quando Lauren o encontrou. O corpo dele estava caído à beira de um penhasco e seu pescoço havia sido travado por um toco de árvore, a única coisa que o impedira de escorregar mais 9 metros abaixo até a altura de um rio glacial. O pescoço de Bertolini estava quebrado; cinco de suas vértebras haviam se rompido. Sua escápula estava dividida ao meio. Um feixe de nervos responsável pelos movimentos de seu braço esquerdo tinha se desprendido da medula espinhal. A patrulha de socorristas de esqui o resgatou, e um helicóptero levantou voo para transportar Bertolini até o Centro Médico Dartmouth-Hitchcock, em New Hampshire. Na unidade de terapia intensiva do hospital, um padre ministrou a extrema-unção.

Bertolini sobreviveu, e conseguiu deixar o hospital em apenas uma semana. Foi quase um milagre, e ele atribui seu restabelecimento, em parte, ao bom condicionamento físico preexistente. Menos de um mês após o acidente, ele se apresentou em uma conferência da Aetna para investidores, apoiando-se em uma bengala, o braço esquerdo em uma tipoia e a cabeça retorcida de dor. Mas Bertolini já não era mais o mesmo homem desde o acidente. "Antes de me acidentar, eu costumava correr 6,5 quilômetros todas as manhãs, ir à academia, e estava realmente em ótima forma", garantiu ele. "Eu trabalhava duro e me divertia bastante." Depois do acidente, porém, as dores eram debilitantes. Bertolini logo percebeu que não recuperaria todos os movimentos do braço esquerdo. Ele havia adquirido uma neuropatia, o que provocava dores ininterruptas em todas as suas extremidades. "Era como se alguém estivesse queimando meu braço com uma tocha o dia inteiro, e até hoje sinto isso", disse ele. "Não parou nunca mais." Para administrar essa dor, Bertolini seguiu as orientações do médico e começou a tomar medicamentos. Ele usou OxyContin, Vicodin e Fentanyl, mas praticamente não ajudaram, e Bertolini mal conseguia dormir à noite. "Eu tomava aqueles remédios todos, e tudo se resumia apenas a uma grande confusão mental e à dor que não ia embora", declarou ele. "A dor só aumentava." Não demorou muito para que Bertolini estivesse com 18 quilos a mais. Os colegas começaram a encorajá-lo a entrar com um pedido de invalidez permanente e, finalmente, se aposentar. "Você tem sorte de estar vivo", diziam eles. Essa é uma maneira de encarar as coisas, pensava Bertolini, "mas não posso viver entorpecido por remédios, nem ficar sentado em casa o dia todo".

Então, após um ano de resultados insatisfatórios com os tratamentos convencionais, Bertolini saiu em busca de soluções alternativas. Ele começou com a terapia craniossacral, que melhora a circulação do líquido cefalorraquidiano. Em quatro meses, conseguiu se libertar dos sedativos. Para melhorar a flexibilidade deteriorada, ele procurou, a contragosto, a ashtanga ioga.

No início, Bertolini achava que a ioga "era coisa para meninas". Mas depois da primeira aula, "eu não conseguia me mexer no dia seguinte", de tão dolorido que estava o seu corpo. Ele gostou do desafio, e começou a se dedicar seriamente à prática. Todas as manhãs, o vigoroso alongamento se tornou um agradável substituto de suas corridas diárias, agora impossíveis por causa das lesões. Ele também começou a se aprofundar na história intelectual e cultural da ioga, lendo os Vedas, os Upanixades e o Bhagavad Gita. Em pouco tempo, ele adotou a prática de meditação como complemento da ioga diária e passou a apreciar e a praticar a consciência plena, com sessões matinais e noturnas, todos os dias. Da mesma forma que a massagem craniossacral reduziu sua dor e a ioga melhorou a flexibilidade e a disposição, a consciência plena mudou a maneira como Bertolini encarava o mundo. "Comecei a perceber que, por meio da prática, focando no meu eu interior, eu podia controlar a dor", disse ele.

Antes, Bertolini vivia pensando em algo que deveria fazer ao longo do dia, e isso o impedia de prestar atenção verdadeiramente no que estava acontecendo. Porém, a partir daí passou a viver o aqui e agora, a estar "presente no momento". Emoções e pensamentos difíceis se tornaram mais fáceis de administrar. "A meditação não significa não pensar em nada; significa aceitar o que você pensa, reverenciar esses pensamentos e se desvencilhar deles", disse ele. "Significa se desapegar de tais pensamentos. O mesmo acontece com a dor. Você reconhece que se trata de uma dor — eu reconheço a realidade biológica da dor — e, portanto, posso me desvencilhar dela quando ela aparecer."

As palavras de Bertolini me trouxeram à mente um ditado comum nos círculos de consciência plena: "A dor é obrigatória. O sofrimento é opcional." Ou seja, todos nós sentiremos dor. Mas depende de nós saber *como* a vivenciaremos. Será que vamos deixar a dor nos definir? Será que reagiremos, permitindo que ela limite nossa perspectiva e obscureça a riqueza de nossas outras experiências? Ou será que vamos percebê-la, aceitá-la, investigar sua curiosa influência em nossa psique, e optar por não nos identificar com ela? Para seu próprio bem, Bertolini está preferindo vivenciar a dor a ter de sofrer.

Antes do acidente, não faltavam ambição ou talento a Bertolini, mas, nos anos que se seguiram, a prática de consciência plena começou a trazer benefícios sutis à sua vida profissional. Além de sentir menos dores do que poderia estar sentindo, ele ficou menos estressado, mesmo diante do aumento de suas responsabilidades. Ao longo de 2008, ele lideraria as reuniões na Aetna, que tentava, então, traçar um plano a fim de atravessar a crise financeira. As pessoas lhe perguntavam: "'Por que você está tão zen?'", contou ele. Sua resposta: "Não adianta nada se deixar abalar por causa disso. Precisamos ficar ainda mais presentes." A empresa estava com um déficit de US$ 550 milhões em relação à meta anual, e Bertolini dizia aos colegas executivos para não reagirem com pânico, pararem de usar seus BlackBerrys e computadores portáteis durante as reuniões, e prestarem atenção uns aos outros. "Se nos mantivermos lúcidos e presentes, vamos ultrapassar essa fase com mais rapidez", era o que ele costumava dizer. "Vamos encontrar as respostas certas e vamos sair dessa." Sua conduta firme foi recompensada. Em 2010, Bertolini se tornou CEO da Aetna, uma empresa Fortune 100 com mais de US$ 30 bilhões em receita e mais de 20 milhões de afiliados.

Na opinião de muitos executivos corporativos, aquela teria sido a ocasião de preparar as velas e avançar a todo vapor. Analistas, investidores e conselheiros não gostam de surpresas. A lógica diz que é melhor agir de modo protocolar e tentar não fazer nenhuma besteira. Mas em vez de seguir essa cartilha, Bertolini resolveu flexibilizar. Ele raciocinava: se a consciência plena o havia ajudado tanto, por que não poderia ajudar seus funcionários, e, inclusive, os milhões de clientes da Aetna? Bertolini decidiu usar a empresa como um laboratório.

Quando ele abordou pela primeira vez o diretor médico da Aetna, Lonny Reisman, sugerindo que a empresa oferecesse aulas de ioga e consciência plena nos ambientes de trabalho, a reação foi fria.

Reisman entrou na sala de Bertolini e disse: "Mark, que ideia é essa?"

"É uma coisa importante", respondeu o CEO.

"Só porque você está fazendo ioga, todo mundo tem de fazer ioga?", retrucou Reisman. "É isso o que todos estão comentando."

"Vou fazer uma proposta, Lonny", disse Bertolini, apelando para o profissional de saúde. "Vamos medir a variabilidade da frequência cardíaca. Vamos medir os níveis de cortisol, se você quiser. Mas vamos verificar o nível de estresse de nosso pessoal e analisar os resultados."

Reisman consentiu, e quando os resultados chegaram, os executivos ficaram pasmos. Apesar de os funcionários mencionarem as inúmeras vantagens de trabalhar na Aetna, quase todos estavam altamente estressados. "Será que agora a empresa poderia tentar implantar a ioga e a meditação nos locais de trabalho?", quis saber Bertolini.

Pouco tempo depois de assumir o cargo de CEO, Bertolini selou uma parceria com o Instituto Americano de Viniyoga e uma empresa da Flórida chamada eMindful, que ensina consciência plena principalmente por meio de videoconferências. Ele pretendia descobrir se os funcionários conseguiriam se beneficiar dessas práticas do mesmo modo que ele havia se beneficiado. Para conferir certo rigor acadêmico ao projeto, Bertolini procurou a Universidade Duke e seu Programa de Medicina Integrativa, que tem se especializado no acompanhamento dos benefícios de tratamentos alternativos. A Aetna e seus parceiros decidiram implementar o treinamento em dois locais: um na sede da empresa em Hartford, e outro em um escritório em Walnut Creek, Califórnia, perto de São Francisco. Foram selecionados 239 colaboradores, e cada um deles foi encaminhado a um treinamento em viniyoga de 12 semanas de duração ou a um curso de consciência plena, também de 12 semanas de duração. Somente aqueles que se autodefiniram como altamente estressados e não haviam se submetido a nenhum treinamento prévio em meditação intensiva foram aceitos como participantes.

O programa de ioga talvez não seja aquilo que se poderia imaginar. Em vez de incentivar a prática de posturas elaboradas e a torções do corpo, o programa de viniyoga usa técnicas de respiração para redução do estresse, técnicas de relaxamento mental e posturas de intensidade moderada, projetadas com o objetivo mais focado em acalmar a mente do que em alongar os músculos. O programa de Consciência Plena no Trabalho concebido pela eMindful é inspirado no programa de MBSR de Kabat-Zinn, adaptado para focar no estresse relacionado ao trabalho, no equilíbrio entre a vida profissional e a vida particular e no autocuidado. Na intervenção da Aetna, a ioga foi ensinada pessoalmente tanto na costa Leste quanto na costa Oeste, enquanto a consciência plena foi ensinada pessoalmente em Hartford, e através de videoconferências para alguns participantes de Hartford e para todos aqueles de Walnut Creek.

Em 2012, ao relatar os resultados de tais intervenções no *Journal of Occupational Health Psychology*, os autores forneceram um pequeno resumo do modo exato como a consciência plena age nos ambientes de trabalho.[9] "A consciência plena pode reduzir o nível de estresse, permitindo que os indivíduos mudem significativamente suas experiências, aprendendo a prestar atenção ao momento presente, com uma atitude de curiosidade e de tolerância", escreveram eles. "Quando a mente é treinada para se conscientizar do fluxo de eventos sensoriais e perceptivos, a pessoa começa a se dar conta de como as intenções e os comportamentos se formam. A prática cuidadosa e contínua dessa observação que dispensa a emissão de julgamentos permite, gradualmente, que os indivíduos percebam que os acontecimentos, na verdade, são processos em desenvolvimento, de modo geral bastante fluidos. Em outras palavras, até mesmo os eventos, pensamentos, sensações, emoções e comportamentos aparentemente negativos passam a ser vistos como passíveis de mudança. Embora esse processo não seja necessariamente consciente nem mesmo entre aqueles que são informados de sua existência, ele permite, sim, que os indivíduos vivenciem o mundo de um modo significativamente diferente e menos estressante."

Os cursos de 12 semanas de duração começaram a ser ministrados logo após a eclosão da crise financeira. Demissões eram planejadas na Aetna, aumentando a insegurança dos funcionários já estressados. Os pesquisadores, porém, se esforçaram para garantir a acessibilidade do treinamento, oferecendo aulas durante os intervalos de almoço. A facilidade de aplicação era um critério importante. "Para enfrentar essa questão de maneira bem-sucedida em benefício dos *colaboradores*, os programas de gestão de estresse nos locais de trabalho devem ser acessíveis, envolventes e cômodos em termos de programação, requisitos de tempo e adequação aos próprios espaços de trabalho, além de contar com o apoio da gerência", escreveram os pesquisadores.

Após 12 semanas, os resultados vieram à tona. Em comparação com o grupo de controle, todos os colaboradores que aderiram à ioga ou à consciência plena relataram redução significativa na percepção do estresse e nos distúrbios do sono. Todos também demonstraram aprimoramento na frequência respiratória e um ritmo cardíaco consistente, um dos parâmetros do equilíbrio do sistema nervoso autônomo. Também houve evidências de que tais programas poderiam afetar os resultados financeiros. Em comparação com o grupo de controle, os funcionários que observaram uma redução em seus níveis de estresse apresentaram queda nos custos gerais dos cuidados de saúde, da ordem de US$ 2 mil anuais por funcionário.

Desde aquele estudo inicial, a Aetna já ofereceu aulas de consciência plena e viniyoga para mais de um terço dos empregados. A Aetna também tem oferecido viniyoga e treinamento em consciência plena para os clientes, como parte de seu pacote de ofertas de bem-estar. A eMindful, a empresa com a qual a Aetna trabalhou, ministrou o treinamento para mais de mil funcionários nos últimos anos. Para medir a eficácia do treinamento, a eMindful fez uma série de perguntas aos participantes antes e depois do término das oficinas, como, por exemplo, "No último mês, quantas vezes você ficou chateado em função de algo que aconteceu inesperadamente?" e "No último mês, quantas vezes você se sentiu nervoso e 'estressado'?". As respostas, em seu conjunto, foram compiladas em uma Escala de Estresse Percebido (PSS, na sigla em inglês). Antes do treinamento oferecido pela eMindful, os trabalhadores atingiram uma média de 23,5 na PSS. Ou seja, esse foi o nível básico de estresse dos colaboradores nas empresas em que o treinamento foi ministrado. Após o treinamento, os níveis de estresse foram medidos novamente, e a pontuação média na PSS entre aqueles que haviam aderido à consciência plena caíra para 14,7. O número dos que se autodescreveram como estressados tinha sido reduzido em um terço.[10]

Funcionários que fizeram o curso da eMindful também evidenciaram ganhos similares em medidas autorrelatadas de administração do tempo, percepção do caráter extenuante do emprego, demandas mentais e interpessoais no exercício das atividades, e capacidade de lidar com o volume de trabalho. A consciência plena, ao que parece, facilitou a vida deles. E também os tornou mais eficientes. Antes de se submeter ao curso de Consciência Plena no Trabalho, os entrevistados perdiam 146 minutos por semana em termos de produtividade. Depois de completar o programa, o tempo perdido diminuiu para 77 minutos, resultando em um aproveitamento de mais de uma hora semanal de trabalho por funcionário. Aqueles que participam dos programas exibem reduções substanciais na variação da frequência cardíaca — um típico sinal de estresse — e se mostram produtivos por 69 minutos adicionais por mês, segundo me informou Bertolini.

Enquanto me relatava os impactos provocados por seus programas, Bertolini sorria naturalmente e gesticulava livremente com a mão direita. Seu braço esquerdo, porém, continuava sem firmeza, uma herança da lesão sofrida no acidente de esqui. Perguntei se ainda sentia dores, e ele sorriu ironicamente, sugerindo que eu não sabia de nada. Os receptores nervosos de seu braço ainda permaneciam ativos, alertando-o constantemente sobre os danos irreversíveis que haviam sido causados. No entanto, Bertolini se mantinha calmo. Embora estivesse sentindo dor, ele não estava sofrendo.

À medida que a Aetna começou a oferecer a consciência plena aos funcionários, passou a se concentrar nos maus hábitos alimentares, por considerá-los uma fonte primordial de doenças. A partir dessa percepção, surgiu a oportunidade de treinar os funcionários em alimentação consciente, uma prática que pode produzir efeitos imediatos em nossa saúde e em nosso bem-estar. O resultado foi um programa que abrangia toda a empresa, intitulado "Saúde Metabólica em Pequenas Doses", com o objetivo ensinar hábitos alimentares conscientes aos funcionários e informá-los sobre as causas da obesidade.[11] Esse é um terreno fértil para a prática. Para muitos de nós, a comida é algo a que recorremos como a uma muleta. Quando nos sentimos estressados, tristes ou confusos, nossa mente procura algo capaz de afastá-la do sofrimento, e a poderosa descarga de dopamina que recebemos de determinados alimentos — especialmente açúcar, gordura e sal — estimula nossos receptores de prazer. Porém, assim como acontece com muitas outras coisas, recomenda-se apreciar com moderação os alimentos indulgentes.

O programa Saúde Metabólica em Pequenas Doses foi aplicado a um grupo de seiscentos funcionários da Aetna e mostrou resultados iniciais positivos. Atualmente, é oferecido aos seus quase 35 mil funcionários, e milhares deles já participaram. Tandon Bunch, coordenadora de enfermagem da Aetna em Arlington, Texas, foi triatleta no ensino médio, levando a vida mais saudável possível, tornando-se líder de torcida na Faculdade Estadual de Connors, em Oklahoma.[12] Porém, aos 30 e poucos anos, assolada por dores crônicas nas costas e no pescoço, ela havia parado de se exercitar e ganhara peso rapidamente. A comida se tornou uma muleta, e ela logo passou a pesar 79 quilos, praticamente um terço a mais do que seu peso ideal. Quando ouviu falar do programa Pequenas Doses pela primeira vez, Bunch se mostrou um tanto cética. "Não é que eu considerasse a ideia estranha ou esquisita, mas eu não sabia se funcionaria comigo", admitiu ela. Ainda assim, com a intenção de melhorar a própria saúde e de dar um bom exemplo à mãe, que também sofria com o excesso de peso, ela se matriculou no programa.

Uma das primeiras lições que Bunch aprendeu foi avaliar seu nível de satisfação. Seu instrutor lhe ensinou a monitorar a fome em uma escala de um a sete, inclusive enquanto estava se alimentando, a fim de ter consciência de seu grau de saciedade. Em pouco tempo, Bunch percebeu que, assim como diversas pessoas, muitas vezes ela comia até mesmo quando não estava com fome. Ela comia porque o gosto era bom. Ela comia pela compulsão de terminar a comida. Ela comia porque os outros estavam comendo. Isso era particularmente verdadeiro quando frequentava restaurantes. Hoje em dia, Bunch se vale de um artifício para evitar comer em demasia quando está fora de casa: ela pede um recipiente para levar a comida logo no início da refeição, guarda uma parte lá dentro para comer mais tarde, e come apenas o que fica no prato.

Um gesto pouco convencional, talvez, e certamente inadequado em determinados estabelecimentos de alta gastronomia, mas alguns de seus amigos vêm seguindo o exemplo. Uma terceira habilidade consciente que ela aprendeu a utilizar para coibir excessos é discernir se está realmente com fome ou, na verdade, simplesmente com sede. Às vezes, confundimos a necessidade de hidratação com a necessidade de comer, uma sutileza que hoje Bunch consegue distinguir mais claramente, graças à prática.

A alimentação consciente ajudou Bunch a reduzir seu peso para 65 quilos, quase alcançando o objetivo de 61 quilos. Além disso, ela conta que seu bem-estar geral aumentou. "Não fiquei doente. Não tive nenhum resfriado e tampouco as pequenas enfermidades que as pessoas costumam pegar", disse ela. "Sinto que minha aparência está muito melhor, que minhas roupas estão caindo melhor. E quando sua aparência melhora, você se sente melhor em todos os outros aspectos."

Componente clássico do treinamento em consciência plena tanto na configuração monástica quanto na laica, a alimentação consciente é uma parte fundamental da prática, apesar de ser facilmente negligenciada. Em um nível puramente sensorial, ela possibilita uma oportunidade fantástica de nos desligar de nossa mente e entrar em sintonia com nosso corpo. Quando comemos, é fácil experimentar o mundo por meio do paladar, do olfato, do tato, da visão e da audição. Como Bunch pôde constatar, também é uma excelente chance de nos tornarmos mais conscientes da diferença entre nossas necessidades e nossos desejos, entre o que é necessário e o que é força do hábito. Estudos realizados por pesquisadores da Universidade do Novo México mostraram que variações dos programas de MBSR atenuaram o transtorno da compulsão alimentar.[13] Em outro estudo com indivíduos acima do peso, a prática da consciência plena reduziu a alimentação compulsiva e a gordura abdominal.[14] Por causa desses resultados, a alimentação consciente vem despertando cada vez mais a atenção dos acadêmicos.

Costumo almoçar em minha mesa de trabalho. Não é um hábito muito bom, mas quando isso acontece, tento ser consciente, em vez de simplesmente engolir às pressas meu sanduíche ou minha salada. Tento desacelerar, mastigar bem, prestar atenção em como minha mente está se comportando. Quando consigo fazer isso, almoçar em minha mesa, afinal de contas, não é tão ruim assim. Em vez de outros trinta minutos que se misturam à confusa jornada de trabalho, aquele tempo se transforma em uma oportunidade de voltar a entrar em contato com meu corpo e aprimorar minha capacidade de focar no momento presente. É algo que muitos funcionários da Aetna estão vivenciando, graças ao compromisso de Bertolini com a prática. Cerca de 13 mil funcionários dessa empresa já participaram de algum curso de consciência plena ou de ioga.

Mas será que perseguir o bem maior pode ser benéfico para os resultados financeiros? Essa é a visão da Aetna e de outras grandes empresas gerenciadas por líderes conscientes, e elas estão começando a calcular o retorno sobre o investimento tomando por base a variável da consciência plena. Consideremos o estudo que a Aetna realizou com o apoio da Universidade Duke. Uma das descobertas foi a de que funcionários altamente estressados acarretavam um custo adicional de US$ 2 mil por ano nos gastos com cuidados de saúde, em comparação com seus pares menos estressados. Quando dimensionado para uma empresa de grande porte, isso equivale, rapidamente, a milhões de dólares por ano em encargos relacionados ao estresse. E embora seja difícil estabelecer um nexo causal direto, a Aetna já está começando a perceber os resultados. Os custos de saúde da empresa — que totalizam mais de US$ 90 milhões por ano — estão caindo. Em 2012, conforme os programas de consciência plena se intensificaram, os custos de saúde diminuíram 7%. Isso significa US$ 6,3 milhões diretamente computados como resultados financeiros, em parte, ao que parece, devido ao treinamento em consciência plena. Evidentemente, nem tudo isso pode ser atribuído à meditação. Mas o estresse cobra seu preço em uma corporação — tanto em termos de custos de produtividade quanto de cuidados de saúde. Reduzir o estresse, portanto, ajudará a melhorar os resultados financeiros. A Aetna calcula que os ganhos de produtividade, por si sós, chegaram a US$ 3 mil por funcionário, um retorno sobre o investimento de 11 para um. Seja qual for o programa adotado, trata-se de um impressionante retorno sobre o investimento. Mesmo que a consciência plena não seja sempre 100% gratuita, especialmente quando anunciada como proposta de uma grande seguradora de saúde, ela, certamente, tem um custo muito baixo.

Esses resultados iniciais são suficientes para inspirar Bertolini a continuar insistindo, apesar de algumas reservas quanto à oferta de meditação como uma espécie de medicamento. Ele se mostra compreensivelmente cauteloso para não ser percebido como proselitista. "Introduzir esses conceitos nos locais de trabalho sem fazer parecer que os colaboradores estão aprendendo budismo, hinduísmo ou qualquer outra prática religiosa é uma linha muito tênue a se trilhar", disse ele. "É preciso escolher corretamente as palavras." Mas, na opinião dele, as vantagens são extraordinárias. Se conseguir melhorar a produtividade e a saúde de seus funcionários e, ao mesmo tempo, economizar o dinheiro da empresa com um baixo custo de implementação, isso vale mais do que quaisquer riscos à sua reputação. "Tudo o que fizemos até agora não foi tão caro assim", afirmou. "Provavelmente, nos custou US$ 120 mil por ano. Se salvarmos uma vida, quem dará a mínima para o dinheiro? Se impedirmos quatro pessoas de se tornarem diabéticas, teremos realizado algo extremamente poderoso."

Os benefícios de obter mão de obra mais consciente não podem ser quantificados somente em termos de dólares. Mas sólidos dados econômicos que possam sustentar as evidências empíricas certamente ajudarão a fazer com que a consciência plena chegue a mais ambientes de trabalho mais rapidamente. Imagine se todas as empresas de cuidados de saúde, e não apenas a Aetna, estivessem incorporando a consciência plena às próprias culturas corporativas e oferecendo-a aos clientes.

Bertolini demonstrou a força de um executivo motivado pela consciência plena quando ele se dispõe a prestar um bom serviço aos funcionários e clientes. Esse continua sendo um dos maiores e mais bem-sucedidos experimentos corporativos baseados na consciência plena. Em pouco tempo, Bertolini poderá ter companhia. Embora ele tenha efetuado a mudança por conta própria, descobrindo a prática como uma solução para seu próprio sofrimento e, em seguida, tomando medidas para disseminar a consciência plena dentro da Aetna, outros executivos vêm agindo deliberadamente para se tornar mais conscientes. Eles são atraídos pela praticidade desse campo emergente conhecido como liderança consciente, e estão em busca de conhecimento e de treinamento onde quer que possam encontrá-los. E, para alguns deles, isso significa procurar um antigo mosteiro cristão às margens do rio Hudson.

8. O espaço para liderar

O INSTITUTO GARRISON PODE PASSAR despercebido facilmente. As torres do antigo mosteiro franciscano são pouco visíveis da Amtrak, cujos trilhos margeiam o sopé de uma colina com vista para o rio Hudson. A estrada que atravessa a cidade suburbana de Garrison contorna a propriedade, mas não permite sequer vislumbrar a fachada de tijolos vermelhos e pedra, tal qual uma fortaleza. No entanto, ao adentrar um acesso de saibro e passar por um descampado, o instituto, uma grande e espaçosa construção semelhante a um desenho de M. C. Escher, irrompe à nossa vista.
O mosteiro foi construído em 1932, mas caiu em desuso e foi abandonado. Uma década atrás, havia planos de demoli-lo. Mas Jonathan Rose, corretor imobiliário e praticante de meditação residente nas proximidades de Nova York, se deparou com o imóvel e teve a ideia de transformá-lo em um refúgio onde pudesse aprofundar sua antiga prática de meditação e oferecer aos professores um espaço no qual eles pudessem instruir outras pessoas. Com o auxílio de Diana, sua esposa, Rose adquiriu e restaurou o edifício, transformando-o em um centro de retiro que hoje em dia abriga um extenso calendário de programas de consciência plena. E era ali que, em um

fim de semana abafado de verão, Janice Marturano comandava outro grupo de praticantes de meditação, dessa vez inscritos em um retiro de Liderança Consciente.

Desde que eu estivera com Marturano pela última vez, ela havia deixado a General Mills e fundado o Instituto de Liderança Consciente, por intermédio do qual vinha ministrando aulas em todo o país. Era um território familiar para ela sob muitos aspectos. O conteúdo programático havia mudado muito pouco desde a época em que ela instruía os colegas em Minneapolis. Mas, no decorrer daqueles meses, era Marturano quem parecia ter mudado. Ela estava mais confiante, e até mesmo um pouco mais serena. Um ano ensinando consciência plena além dos limites do próprio escritório havia lhe proporcionado um domínio do conteúdo renovado e uma nova segurança no momento de oferecê-lo a apreensivos principiantes.

Marturano também sabia como deixá-los à vontade. "Isso aqui não é uma terapia de grupo", disse ela aos cerca de vinte executivos que haviam tirado alguns dias de folga do trabalho em organizações sem fins lucrativos, como o Clube de Escoteiras. Era um dia de verão escaldante, e as pessoas suavam lá dentro, apesar de os aparelhos de ar-condicionado estarem ligados. "Pensem que é algo a mais que pode ser usado a seu favor", alertou Marturano, enquanto o grupo se retorcia. "Outras coisas das quais é preciso estar consciente."

Muitos dos alunos, inclusive eu, cochilaram durante a primeira sessão de meditação. Era o fim de uma longa semana de trabalho, e o calor que imperava do lado de fora lembrava uma sauna. A sonolência é um obstáculo comum e totalmente compreensível na prática da meditação. A única vez que realmente desaceleramos é quando dormimos. Assim, quando a mente não tem algo com que se ocupar, entra automaticamente no modo de repouso. A sonolência abate os praticantes de meditação experientes e também os novatos. Mas, com a prática, fica mais fácil aproveitar a consciência plena para se manter confortável e desperto, mesmo nas ocasiões em que o corpo está cansado.

Depois de meditarmos, Marturano pediu que o grupo refletisse sobre os atributos essenciais da boa liderança. As descrições apresentadas — "compassiva", "atenciosa", "acolhedora", "estimulante" — não eram as mesmas que alguém usaria para traçar o perfil de um general em um campo de batalha. Palavras como "motivada", "agressiva" e "exigente" não chegaram a ser mencionadas. Em seguida, Marturano usou a conversa como um trampolim para discutir o que ela considerava algumas das principais qualidades de uma liderança eficaz: clareza, foco e compaixão. Todas essas, em seu entender, poderiam ser cultivadas por intermédio da consciência plena.

A clareza, para Marturano, significa enxergar nitidamente as coisas como elas são. Trata-se de "não ter expectativas em relação a algo exceto o que aquilo é", disse ela. Ou seja, está relacionada com a aceitação, o mesmo tipo de reorientação mental que reduz eficazmente o estresse, como aprendemos no Capítulo 4. A clareza significa entender que nossa reação inicial pode não corresponder à verdade absoluta. Significa entender que tudo o que estamos sentindo e tudo o que está acontecendo está sujeito à mudança. Dessa forma, seria mais prudente não nos apegarmos às nossas primeiras impressões, mas, em vez disso, garantir alguma margem de manobra nas situações que costumam ser complicadas, tanto em casa quanto no trabalho.

O foco, como vimos no Capítulo 5, surge quando praticamos a meditação, o esforço reiterado de trazer nossa atenção de volta à respiração, fortalecendo nossa mente como se estivéssemos em uma academia de ginástica. Na atualidade, segundo Marturano, isso é particularmente importante no caso dos líderes, já que nossas conexões incessantes no mundo digital roubam constantemente a atenção até mesmo dos melhores gerentes. Hoje, inúmeros trabalhadores reagem ininterruptamente às informações que recebem em suas caixas de entrada, sem jamais reservar um tempo para definir as próprias agendas. "Isso faz com que jamais nos desconectemos", disse Marturano. "Aceleramos incrivelmente e permanecemos nesse ritmo."

E a compaixão, para Marturano, significa se deixar sensibilizar pelas dores que nós e aqueles ao nosso redor vivenciamos todos os dias, e encontrar meios de fazer algo em relação a isso. "De modo geral, não levamos muito jeito para reconhecer as dificuldades em nossa vida, mas somos muito bons em renegar e ignorar os aspectos dolorosos", afirmou Marturano. "Isso é especialmente verdadeiro no caso dos líderes." Como vimos no Capítulo 6, a compaixão pode ser uma força transformadora nos locais de trabalho. E o poder da compaixão é ampliado quando exercido por um executivo com influência real sobre uma organização. De acordo com Marturano, líderes conscientes reconhecem as próprias dores, mas não deixam que seus problemas pessoais tenham um impacto negativo nas interações com os outros. Além disso, reconhecem quando as pessoas estão insatisfeitas, e se esforçam para aliviar essa dor.

Como Marturano lembrou ao seu grupo de alunos no Instituto Garrison: líderes conscientes personificam muitas das habilidades essenciais promovidas pela consciência plena. Eles são menos estressados e mais tolerantes com o que acontece. Mostram-se mais focados e não se deixam distrair facilmente, concentrando-se nas tarefas que são executadas e prestam atenção aos que estão ao redor. E eles são compassivos, empenhando-se em melhorar as próprias condições de trabalho e as dos outros. "A presença da liderança é uma qualidade palpável", escreveu Marturano, em seu livro *Finding the Space to Lead*[1] [Encontrando o espaço para liderar, em tradução livre.] "Isso exige uma consciência plena e integral ao momento presente, sem emissão de julgamentos. Aqueles que convivem com um líder consciente veem e sentem essa presença."

Marturano encerrou aquele dia em Garrison dando algumas dicas aos líderes que pretendiam introduzir a consciência plena nas comunicações com os colegas. Primeiro, disse ela, líderes conscientes devem parar para verificar o corpo. Se você estiver levando tensão, raiva ou estresse a uma reunião de trabalho, desvencilhe-se de tudo isso antes de prosseguir, respondendo à situação existente, em vez de reagir ao seu estado de espírito de cinco minutos atrás. Em seguida, mostre-se disponível para o que está diante de você. Acrescente clareza à situação e aceite-a como ela é, em vez de ficar chateado porque você esperava que ela fosse diferente. Depois, escute profundamente. Interromper as pessoas impede-as de compartilhar seus sentimentos. Não tente terminar as frases dos outros. "Quando estiver formulando uma resposta, observe quando sua mente começar a divagar", disse ela. "Normalmente, as reuniões viram batalhas. Estamos sempre procurando uma abertura para fazer valer nosso ponto de vista." Por fim, fale a verdade, sem intenção de prejudicar ninguém. Isto é, seja honesto e compassivo.

O fim de semana transcorreu dessa forma, uma mistura de sessões de meditação, troca de ideias e ensinamentos, enquanto os alunos de Marturano tentavam lidar com o calor. Como prova de sua própria dedicação e das habilidosas lições de Marturano, todos eles resistiram até o fim, participando daquela que, hoje, é uma das mais populares vias de acesso à consciência plena: o treinamento em liderança consciente.

• • •

Uma ampla indústria artesanal vem surgindo em torno da liderança consciente. Retiros prometem transformar gerentes medíocres em gurus intuitivos. Alguns, como os de Marturano, são ministrados por professores bastante qualificados, ao passo que outros são de procedência duvidosa.

A necessidade é evidente. As responsabilidades aumentam, assim como o alcance e a magnitude dos problemas que deveríamos ser capazes de resolver. Em vez de apenas executar uma tarefa, um gerente de nível intermediário talvez seja encarregado de supervisionar um pequeno grupo de trabalhadores. A ascensão de posto, para o cargo de chefe de divisão, pode implicar supervisionar vários gerentes e as respectivas equipes. A cada promoção, a escala e a complexidade se intensificam. "Líderes de diversas áreas costumam descrever a sensação com uma expressão idêntica, a de estar entrando em um 'terreno desconhecido', em que velhos modelos, rotinas e premissas são questionados, sem caminhos claros nos quais se guiar", afirmou Jeremy Hunter, professor da Escola de Pós-Graduação em Administração Peter F. Drucker e Masatoshi Ito, da Universidade de Pós-Graduação de Claremont, onde ensina liderança consciente.[2] "Consequentemente, há um acentuado nível de estresse sobre os indivíduos, as instituições e as organizações, solicitados a lidar e a se adaptar de maneira eficaz a acontecimentos cada vez mais dissonantes, imprevisíveis e extremos."

No entanto, a clareza, o foco e a compaixão podem ajudar a aliviar esse fardo. Ao se tornarem mais tolerantes, menos distraídos e cada vez mais altruístas, os líderes podem administrar com mais eficácia o próprio tempo e as próprias expectativas, trabalhando em prol de resultados benéficos para si mesmos e para os outros.

Bill George, membro do conselho da Goldman Sachs e professor de liderança consciente da Escola de Negócios de Harvard, é defensor dessa prática. "As práticas conscientes, tais como meditação, introspecção e sistema de arquivos com registros de mudanças, vêm ganhando espaço em empresas bem-sucedidas como Google, General Mills, Goldman Sachs, Apple, Medtronic e Aetna, e contribuem para o sucesso dessas notáveis organizações", declarou George.[3] "Essas empresas competitivas compreendem a enorme pressão que recai sobre os funcionários — desde os principais executivos aos que ocupam posições hierárquicas inferiores. Elas reconhecem a necessidade de dedicar algum tempo à reflexão sobre as questões mais relevantes a fim de criar mecanismos capazes de superar os desafios mais complexos. Todos nós precisamos encontrar meios de organizar as incontáveis demandas e inquietações, mas é especialmente necessário que os líderes com grandes responsabilidades consigam ter foco e clareza na hora de tomar as decisões mais importantes; criatividade para transformar as empresas; compaixão com os consumidores e funcionários; e coragem para seguir o próprio caminho. Foco, clareza, criatividade, compaixão e coragem. Essas são as qualidades dos líderes conscientes com quem tenho trabalhado e a quem venho instruindo, orientando e entrevistando."

"Quando as responsabilidades de liderança aumentam, o segredo é manter a tranquilidade e a autenticidade, enfrentar os novos desafios com humildade, e equilibrar o sucesso profissional com parâmetros mais significativos de sucesso pessoal, embora menos facilmente quantificáveis", aconselhou George.[4] Ele reconhece que é muito mais fácil dizer isso do que fazer, mas argumenta que a liderança consciente oferece várias ferramentas que nos permitem continuar altamente eficazes no trabalho, sem comprometer nossa integridade. "Quando você é consciente, tem noção de sua presença e dos modos pelos quais impacta os outros. É capaz não apenas de observar, mas de participar de cada momento, e reconhecer os efeitos de suas ações a longo prazo. E isso o impede de se deixar levar por uma vida que o afasta de seus valores."

Essa tensão — entre as exigências de um emprego respeitável e um inequívoco conjunto de valores pessoais — pode tirar do eixo até mesmo os melhores líderes. Enquanto eu viajava por todo o país para conhecer trabalhadores adeptos da consciência plena, encontrei muitos executivos que, depois de terem começado a meditar, simplesmente abandonaram seus empregos bem-remunerados. E, por essa razão, é ainda mais extraordinário encontrar ferrenhos praticantes de meditação que também permanecem devotados ao trabalho — especialmente quando ocupam os mais altos cargos de uma das maiores montadoras de automóveis do mundo.

Quando fiquei frente a frente com Bill Ford na sala de espera de um auditório em São Francisco, ele parecia abalado. Ford, herdeiro do império automobilístico batizado com o mesmo sobrenome, ex-CEO e então presidente da empresa, tinha acabado de sair do palco, onde, diante de mais de mil pessoas, se assumira como praticante de meditação. Vestindo calças jeans, uma camisa social impecável e um blazer de aparência cara, Ford estava reclinado sobre um sofá de couro branco, bebericando uma garrafa d'água, enquanto me explicava como a prática da meditação da consciência plena havia mudado sua vida e a da empresa de sua família.

A jornada de Ford teve início com seu próprio comprometimento com o ambientalismo. Ao longo de sua criação no Norte de Michigan, ele passava horas ao ar livre, fosse qual fosse a estação do ano, entre florestas e lagos congelados que faziam lembrar a Escandinávia. Quando era menino, Ford costumava acompanhar o caseiro até um antigo clube de pesca do qual os pais eram sócios. Seguindo-o através dos bosques, aprendia lições sobre árvores e peixes. "Aquilo despertou em mim um interesse precoce por todas as coisas da natureza", disse ele. Mas foi preciso que Ford chegasse à faculdade para perceber que boa parte do mundo estava sendo espoliada e poluída por complexos industriais como aquele que havia gerado a fortuna de sua família. Após concluir seus estudos, ele voltou para casa e avistou um pequeno centro comercial onde antes havia um belíssimo prado, "e comecei a pensar: 'Caramba! Como foi que isso aconteceu?'".

Ford estudou artes e filosofia, tornando-se um dos integrantes mais contemplativos da dinastia familiar e um empenhado conservacionista. Ao mesmo tempo, vinha sendo preparado para se aprofundar nos negócios da família, até que, finalmente, foi alçado ao comando da empresa. Ainda assim, não se afastou das leituras de filosofia e continuou a pensar sobre a natureza. Conciliar sua vocação com suas reflexões foi um desafio pessoal. Muitas vezes, os pontos de vista ambientalistas não combinavam com o trabalho que a empresa executava. Como ele conseguiria se manter fiel aos seus valores dentro de uma empresa industrial clássica que fazia o mínimo necessário para cumprir as normas ambientais?

Ao se integrar à Ford, ele recebeu a recomendação expressa de romper os vínculos com os ambientalistas e de guardar suas opiniões para si mesmo. "Eu era considerado um bolchevique na empresa", revelou. Os ambientalistas ficaram igualmente desconfiados, acreditando que ele era um lobo em pele de cordeiro. Ford vivenciava um conflito interno. "Como eu poderia preservar meu senso de humanidade se continuava trabalhando lá?", ele se questionava.

Então, no início de 1990, ele se deparou com um livro de Jack Kornfield, o professor de consciência plena, intitulado *Um caminho com o coração*.[5] Kornfield foi um dos primeiros ocidentais a apresentar a meditação da consciência plena ao grande público nos Estados Unidos, e, em *Um caminho com o coração*, o autor explica lucidamente o processo da meditação da consciência plena, não apenas para aliviar o estresse e aprimorar o foco, mas também para ajudar as pessoas a se tornarem emocionalmente mais receptivas e mais compreensivas. "Literalmente, aquilo mudou minha vida", disse Ford a respeito do livro.[6] Terminada a leitura, Ford buscou informações e conseguiu o número de telefone da residência de Kornfield. Quando Kornfield atendeu ao telefone, Ford explicou quem ele era e o dilema que enfrentava. Em seguida, após essa primeira ligação, Ford pegou um avião e foi até o Spirit Rock para um encontro ao vivo. Daquele momento em diante, Kornfield passaria a ser o professor de Ford.

O Ford ambientalista continuava a lutar contra o Ford da indústria. Ele se perguntava como aqueles dois aspectos de sua vida conseguiriam coexistir. Às vezes, Ford pensava em se afastar da empresa de automóveis, uma gigantesca e inata poluidora. Entretanto, ao incentivar Ford a praticar a conscientização dos próprios conflitos internos — ao analisar suas prioridades conflitantes e encontrar uma maneira de equilibrá-las —, Kornfield o ajudou a entrar em contato com suas intenções como líder. E, com o tempo, ficou claro que o herdeiro estava realmente comprometido com o negócio familiar.

Mas Ford sabia que precisava implementar algumas mudanças. Ele assumiu a missão de fazer com que a empresa deixasse de ser uma corporação irredimivelmente prejudicial ao meio ambiente para transformá-la, ao menos, em uma empresa que ajudasse a mudar as coisas aos poucos, mesmo que não pudesse ser perfeita. "Se não ficássemos do lado certo nessa história, acabaríamos como a indústria do tabaco", lembrou Ford. Ele temia que, dali a vinte anos, as pessoas não quisessem mais trabalhar na Ford, e ele se envergonharia de contar aos amigos sobre seu trabalho.

A mudança exigiria tempo e esforço. Quando Ford ingressou na empresa, encontrou outros executivos que "haviam perdido sua humanidade". A cultura corporativa era abastecida pelo ego e pela arrogância, e os líderes da empresa permitiam que o trabalho dominasse a vida deles. Havia o gerente que só colocava o ponto final em uma reunião quando terminava de fumar seu charuto, não importando se a equipe já tivesse cumprido toda a pauta trinta minutos antes. Havia o executivo que considerava um sinal de fraqueza se alguém se ausentasse de uma reunião para ir ao banheiro. E lá estava o gerente que, quando Ford lhe convidou para almoçar, respondeu que o próximo horário livre em sua agenda era dali a três anos. Se aqueles eram os efeitos causados em um homem que passava a vida em cargos de chefia, Ford não queria participar nem um pouco daquilo.

Foi nesse momento que Ford começou a ligar freneticamente para Kornfield, e o professor lhe lembrou que, embora fosse importante o trabalho árduo em todas ações convencionais — bater metas de receita, gerenciar eficazmente os colaboradores —, mais importante ainda é dar um bom exemplo em que as outras pessoas possam se espelhar. Se ele fosse mais consciente, aqueles que estavam ao redor e os que ocupavam cargos hierárquicos inferiores também seriam.

Ford precisava avançar lentamente. Ele sabia que fazia parte de uma geração emergente de líderes conscientes, mas também era sensível ao fato de que nem todos em Detroit estavam preparados para uma discussão aberta sobre tais assuntos. "Se eu confessasse que era ambientalista e praticante de meditação, acho que teriam me internado para sempre", disse Ford, do alto de sua improvável posição como praticante de meditação preocupado com as mudanças climáticas e supervisor de uma das maiores montadoras do mundo. "Mas há uma nova geração a caminho. Isso vem acontecendo nas indústrias transformadoras, vem acontecendo no setor bancário, e vem acontecendo em quase todas as áreas."

Essa nova disposição entre os executivos assinala uma modificação significativa na cultura corporativa, pois, até algumas décadas atrás, os indivíduos mais sensíveis teriam sido enxotados dos escritórios. "Havia não apenas essa noção de que era preciso trabalhar, mas também de que não se podia sequer admitir ter outros interesses para além do trabalho, ou uma família, ou algo parecido que lhe fosse importante", afirmou Ford, referindo-se ao processo anterior em sua empresa homônima. "Isso provocou ataques cardíacos em várias pessoas. E as que não sofreram ataques cardíacos se sentiam tremendamente infelizes. Estou muito satisfeito que haja uma nova geração muito mais receptiva a tudo isso."

Porém, com o tempo, ele ficou mais à vontade para externar sua compaixão. Em 1999, logo no início de seu mandato como presidente, olhou através da janela de sua sala e reparou que havia uma nuvem de fumaça sobre o complexo industrial da empresa, nas proximidades do rio Rouge. Ele pegou o casaco e disparou porta afora. Um vice-diretor tentou detê-lo. "Os generais não vão para a linha de frente", protestou o subordinado. Ford revidou: "Pois então me rebaixe", e saiu correndo.

Uma explosão de gás tinha devastado a fábrica, matando seis pessoas e ferindo outras dezenas. Foi um dos dias mais difíceis da empresa. Quando os advogados trabalhistas souberam que ele tinha ido ao local do acidente, ficaram horrorizados, temendo que sua presença pudesse deixar a empresa ainda mais vulnerável a ações judiciais. Eles protestaram novamente quando, na sequência da explosão, Ford começou a se relacionar com as famílias das seis vítimas, com quem permaneceu em contato anos depois. "Isso é o que está errado em muitas de nossas corporações", disse Ford a seus advogados. "Uma coisa é meditar sobre a compaixão, mas outra, bem diferente, é agir baseado nisso."

O comportamento de Ford no episódio da explosão em Rouge foi apenas um aspecto de seu impulso para criar uma empresa mais transparente e responsável. "Hoje em dia, existe um nível muito maior de transparência em nossa empresa, e isso se alastra. Quando os negócios são transparentes, as pessoas que administram os negócios também se mostram transparentes." Ford apontou para Susan, a executiva de relações públicas sentada ao seu lado. "Antigamente, a pessoa que ocupava o posto de Susan expunha a empresa o mínimo possível. Porque tudo tinha de estar na mais perfeita ordem. E é claro que isso é uma loucura, porque nenhum de nós é perfeito."

Atualmente, essa atitude também se estende à sala de conferências. "Há muito mais transparência nos negócios; tudo é muito menos hierárquico", me contou Ford. "Antes, os que frequentavam aquela sala eram particularmente sensíveis aos lugares que os outros ocupavam na hierarquia corporativa. Não sou ingênuo; as pessoas ainda são sensíveis a isso. Mas não é mais a limitação que costumava ser. As pessoas expressam suas opiniões e se manifestam, e, portanto, somos uma organização muito mais saudável."

Ford não foi tão longe a ponto de oferecer treinamento em consciência plena nos ambientes de trabalho. "Isso é uma jornada mais particular", disse ele. Em compensação, ele tentou usar sua influência para amenizar uma cultura corporativa notoriamente desumana e estimular algum nível de consciência em torno de questões ambientais em que antes não havia nenhum.

Ainda assim, ele comentava com os outros executivos sobre o quanto a consciência plena e a autoconsciência haviam mudado sua vida. "Costumo falar mais sobre ética, valores e senso de comunidade, porque são coisas com as quais todos nós conseguimos nos identificar. Basta usar uma terminologia com a qual eles não estão familiarizados para que se fechem, ou passem a acreditar que você vive em um planeta diferente. Mas esses termos são universais, e acho que todos são capazes de compreendê-los."

Durante a crise financeira, Ford enfrentou o maior desafio de sua carreira. As vendas de automóveis caíram vertiginosamente, seus concorrentes precisaram ser socorridos pelo governo, e ele temia estar ocupando a presidência justamente no momento em que a empresa de sua família ia à bancarrota. Ao longo daqueles meses apavorantes, ele se aconselhou diversas vezes com Kornfield, e deu continuidade à prática de sessões de meditação. A crise persistia, e diariamente, assim que acordava, ele reservava um tempo para meditar, estabelecendo a intenção de que, não importava o que acontecesse durante o dia, ele encararia tudo aquilo com um senso de compaixão e de amor universal.

Enquanto Ford supervisionava o corte de pessoal, alguns dos funcionários demitidos começaram a enviar cartas ao CEO. Mas em vez de censurá-lo, os funcionários queriam agradecer por ele lhes ter dado a oportunidade de trabalhar na Ford. Ele se desmanchava em lágrimas ao ler isso, mas ficava minimamente aliviado pelo fato de que, independentemente do agravamento do cenário econômico, os colaboradores da Ford ainda se sentiam orgulhosos de trabalhar lá. A Ford não havia se transformado em uma empresa de tabaco.

Aquelas cartas eram uma expressão do que Ford considerava uma cultura intrinsecamente positiva na empresa. Sempre que surgiam oportunidades, funcionários de todos os níveis hierárquicos se mostravam dispostos a prestar serviços voluntários na comunidade. Em função disso, ele lançou o Corpo de Voluntários da empresa, permitindo que os funcionários executem serviços comunitários durante o expediente. "Eu queria institucionalizar o espírito que já existia lá, o espírito de compaixão", disse ele. "Não é possível trabalhar pensando apenas em opções de compra de ações e em contracheques."

Montar o Corpo de Voluntários era uma parte do compromisso de Ford com a cultura da empresa e com as comunidades onde a empresa atua. Levar água potável até as cidades vizinhas às fábricas instaladas em países em desenvolvimento e melhorar a educação nas cidades norte-americanas passaram a ser ações prioritárias. "Onde for possível ajudar, devemos ajudar", disse ele. "Acredito piamente que recebemos de volta dez vezes mais aquilo que oferecemos. O bem-estar que causamos, não apenas entre as pessoas que ajudamos, mas também entre nossos próprios colaboradores — é uma recompensa incalculável. Poderíamos chamar isso de ética. Poderíamos chamar de compaixão. Poderíamos chamar de valores. Até onde sei, acaba dando tudo no mesmo lugar."

Aquilo me remeteu bastante a um carma, e, no meio de nossa conversa, perguntei se Ford se considerava budista.

Depois de certa hesitação e de uma olhada rápida para Susan, a senhora encarregada das relações públicas, ele respondeu: "Provavelmente. Acho que sim. Mas não é o componente religioso que me atrai. O que eu considero muito interessante é a própria filosofia do budismo. Na verdade, não penso nisso como uma religião, embora, para muitas pessoas, seja nitidamente uma religião. Para mim, trata-se, de fato, de uma filosofia e de um modo de vida."

Em seguida, aparentemente ávido por se estender nessa discussão, Ford começou, espontaneamente, a discursar sobre as distinções entre as várias escolas do budismo. "Também não tenho certeza se muito da filosofia oriental realmente encontraria alguma ressonância nas atuais sociedades ocidentais", disse ele. "Portanto, se você me perguntar se sou budista, eu diria que sim, mas não sei de que tipo. O budismo tibetano tem muitas coisas interessantes, mas é muito complexo. Todas aquelas divindades? Bem, é melhor esquecer. Grande parte da tradição *mahayana* é muito estilizada e eu não consigo entender. E, então, penso na tradição *teravada*, mas boa parte dela é muito rígida. Provavelmente, me identifico mais com essa última, porque é mais fácil de compreender. Mas sair às ruas e pedir comida não é uma coisa simples de se admitir nas sociedades ocidentais. Logo, não me considero um discípulo de nenhuma escola específica. Eu me identifico com os princípios." Essa foi uma das declarações mais inesperadas que já ouvi de um executivo corporativo, revelando a profundidade do temperamento contemplativo de Ford e sua faiscante inteligência.

Antes de se aposentar como CEO da empresa, Ford tinha uma visão sombria da vida que levaria após o término de seu mandato. "Uma das coisas mais tristes que existem é um ex-CEO", declarou. "Ninguém diz o quanto ele é ótimo, o avião da empresa não decola mais, a bajulação acaba. Ele não tem mais nenhuma identidade. Isso realmente me incomodava."

Durante a crise financeira, Ford rolava acordado na cama, preocupado com o fato de que poderia se tornar mais uma das muitas baixas entre os executivos. Mas, enquanto fazia isso, no fundo ele refletia: "Como seria perder absolutamente tudo, incluindo uma parcela importante de minha própria identidade?" E se a empresa quebrasse; e se ele perdesse o trabalho; e se os cofres da família secassem; e se ele se tornasse apenas mais um zé-ninguém?

"Porém, por meio da prática, percebi que aquela não era minha verdadeira identidade", observou Ford. "Aquilo tudo não passava de um conjunto de aparências, porque era com a coisa em si e com as pessoas que eu realmente me preocupava. Com a prática, percebi que minha essência ficaria intacta. E que as pessoas que eu amava e com quem me preocupava continuariam me amando e se preocupando comigo. Isso soa um tanto banal, mas também sei que se eu não viesse praticando faz algum tempo, talvez chegasse a compreender isso intelectualmente, mas não teria me sentido nada bem aqui", disse ele, apontando para o coração. "Percebi que, na verdade, perder tudo não significava perder tudo."

Atencioso, motivado por um senso de justiça e demonstrando empatia por seus funcionários, Bill Ford personifica as características da consciência plena, tendo conseguido realizar essa façanha nos mais altos escalões do capitalismo norte-americano. Para ele, teria sido fácil atravessar a vida simplesmente como o herdeiro de um império automobilístico, sem nunca questionar o *status quo*. Em vez de fazer isso, Ford, um experiente praticante de meditação, desenvolveu essas qualidades passando inúmeras horas sobre a almofada e alimentando uma desafiadora dose de introspecção. Tais práticas o fizeram ter clareza, foco e compaixão — qualidades que ele incorporou, transformando-se em um grande líder, tanto em sua empresa quanto na comunidade.

A liderança consciente vem se consolidando em grandes corporações multinacionais como a Ford, e também em pequenas organizações com equipes muito menores. E, embora as qualidades essenciais dos líderes conscientes sejam invariáveis, a liderança em si pode se manifestar sob várias formas singulares e surpreendentes. Do mesmo modo que a responsabilidade social é uma extensão da compaixão, líderes conscientes podem, por exemplo, encontrar meios de capacitar outras pessoas para que se tornem mais compassivas. Ainda que não implementem o treinamento em meditação nos ambientes de trabalho, líderes conscientes podem estimular a compaixão nos colegas, criando um efeito cascata. Foi o que aconteceu quando Bill Ford montou o Corpo de Voluntários, e foi o que aconteceu também em uma empresa de alimentos do Sul da Califórnia, por iniciativa de um famoso ator.

Às vésperas do Natal de 1980, Paul Newman e seu amigo e vizinho, o escritor A. E. Hotchner, decidiram que, em vez de comprar presentes triviais de fim de ano para os amigos, distribuiriam um delicioso molho de salada, elaborado com uma receita aperfeiçoada por ambos ao longo dos anos. Tratava-se de um extravagante passatempo de Newman, um dos maiores atores de sua geração — estrela de *Butch Cassidy* e *Rebeldia Indomável* — com a ressalva de que, para eles, a experiência de fabricar um produto saudável que os amigos pudessem apreciar era algo profundamente gratificante. Trabalhavam no porão da casa de Newman, onde enchiam garrafas vazias de vinho com a mistura, colocavam um rótulo caseiro em cada uma e as ofereciam aos amigos mais próximos e mais queridos. Algumas semanas depois, a maioria dos amigos voltava, implorando por mais.

Descobriu-se que havia um mercado para a receita da dupla, e Newman e Hotchner resolveram fundar a Newman's Own. A empresa com fins lucrativos foi inaugurada em 1982, produzindo inicialmente molhos para saladas, mas logo passando a comercializar molhos para massas, pizzas e outros alimentos. Porém, em vez de usar os rápidos lucros obtidos para encher os bolsos dos executivos da empresa e dos investidores, a missão da Newman's Own, desde o princípio, era diferente. Todos os lucros, segundo acordaram os fundadores, seriam oferecidos a instituições beneficentes. Até o momento, a Newman's Own já doou mais de US$ 350 milhões para as mais diversas causas.

Paul Newman não era propriamente um adepto da consciência plena. Ele era simplesmente, maravilhosamente, um homem generoso e compassivo, que percebeu que emprestar seu nome a uma empresa com fins lucrativos poderia gerar algum benefício para o mundo. Ainda assim, quando chegou o momento de expandir as atividades da empresa, Newman passou a trabalhar com uma pessoa que conhecia profundamente a consciência plena.

Em 1992, Nell, a filha de Newman, consultou o pai sobre a possibilidade de lançar uma linha da Newman's Own feita exclusivamente com ingredientes orgânicos. Newman concordou, dando-lhe o dinheiro necessário para iniciar as atividades, sob a condição de que o investimento fosse reembolsado à fundação assim que o negócio se mostrasse rentável. Nell Newman pretendia focar nos lanches orgânicos, oferecendo alternativas agradáveis e prazerosas aos onipresentes alimentos sem valor nutritivo e excessivamente processados que abarrotavam as prateleiras centrais dos supermercados. Para fazer com que a Newman's Own Organics desabrochasse, ela buscou a ajuda de seu amigo Peter Meehan, experiente praticante de meditação.

Fui apresentado a Meehan pelos ex-alunos do programa de estudos budistas da Universidade de Antioch. Em 2000, quando participei daquele programa em Bodh Gaya, estabeleci meu primeiro contato profundo com a consciência plena. Vinte e um anos antes, em 1979, no primeiro ano do programa, Meehan fizera o mesmo curso com alguns dos mesmos professores. Para Meehan, a prática mais importante a ser levada ao ambiente de trabalho é ter consciência das próprias intenções.

Perceber claramente por que ele toma certas decisões empresariais é uma prática por si só. Ao se manter autoconsciente dos efeitos provocados por suas ações, ele se mostra menos propenso a tomar decisões antiéticas. "O poder da intenção é extremamente importante na vida e na prática. Fundamentalmente, é a essência da sustentabilidade", afirmou ele, referindo-se ao princípio budista de ganhar a vida sem prejudicar os outros.

Um dos motivos pelos quais Meehan opta pela prática da intenção consciente é o fato de ser mais fácil explicá-la às pessoas que não adotam prática alguma. Permanecer alerta às nossas intenções é um exercício intelectual e, ao mesmo tempo, um admirável ato de concentração. Envolve o mesmo princípio da mente racional e questionadora que, muitas vezes, nos deixa em apuros, mas que também nos leva a uma busca mais virtuosa — a contínua investigação das causas de nosso estado atual e das implicações de nossas ações futuras. Meehan afirmou que é mais fácil explicar aos colegas o foco na motivação e na intenção do que lhes ensinar a meditar. "As pessoas se sentem mais à vontade", me disse ele. "Não fico lhes pedindo para prestar atenção à respiração, algo um tanto difícil de se fazer em meio a uma reunião ou quando se está ao telefone."

Durante o treinamento em meditação, Meehan deu mais ênfase à conscientização das intenções. Em determinado retiro, depois de praticar a meditação em movimento — caminhando lentamente, de modo que as mais ínfimas sensações de seus pés se tornassem tão vívidas quanto um tapa no rosto —, o professor dele perguntou se havia notado sua intenção de parar de andar. Por que ele havia parado? Será que ele tinha se dado conta daquela escolha? Ou apenas tinha parado de andar irrefletidamente, sem estar atento às próprias intenções? "Você começa a perceber que situações desse tipo podem ser desmembradas nos mínimos detalhes, ao passo que outras situações podem ser descritas em níveis mais genéricos", disse ele.

Considerando-se a singular abordagem filantrópica adotada pela Newman's Own — especificamente, a distribuição de todos os lucros —, Meehan não teve dificuldade de entrar em contato com suas intenções. Enquanto está ocupado com algo relacionado ao trabalho, seja a análise das finanças da empresa, a revisão dos planos de marketing ou o controle da cadeia de produção, Meehan também está contribuindo para o bem maior. "Pelo simples fato de irmos trabalhar, todas essas coisas extraordinárias acontecem", assinalou Meehan.

Desde os primórdios de sua história, a Newman's Own Organics seguiu um enfoque inovador na alocação dos recursos filantrópicos. A princípio, era o próprio Paul Newman quem dava as cartas. Mas assim que a empresa começou a gerar os próprios e consideráveis lucros, Newman delegou a responsabilidade a Meehan, que, por algum tempo, decidiu quais seriam as organizações que receberiam os donativos de sua empresa. Logo depois, porém, Meehan resolveu passar o bastão. "Nada disso teria sido possível sem o fabricante de pretzels da Carolina do Norte ou o fabricante de biscoitos do Centro-Oeste", disse ele. Foi então que Meehan lançou um programa que dava aos produtores o direito de opinar sobre o modo de distribuição dos lucros. E, em poucos anos, algumas instituições beneficentes que já haviam sido ajudadas começaram a indicar seus representantes, a quem foi outorgado o poder de decisão. A energia da beneficência estava provocando efeitos concêntricos, à medida que as pessoas já sensibilizadas pela força da doação se sentiam compelidas a compartilhá-la com os demais. "Foi uma grande lição", disse Meehan. "Dar é melhor do que receber."

Da mesma forma que outros líderes conscientes, como Chouinard e Ford, Meehan sabe perfeitamente que, às vezes, seu negócio causa um impacto negativo no mundo. Ele continua incomodado com o fato de que os milhões de dólares que a Newman's Own Organics tem ofertado às instituições beneficentes são provenientes do consumo excessivo de refeições rápidas. Mas a solução, segundo ele, é "associar bons resultados a essa realidade". Se você vai promover o consumo, encontre meios de usar os efeitos prejudiciais disso para fazer algo positivo em outras áreas, argumentou ele. "Não é preciso ser uma organização sem fins lucrativos", disse Meehan. "A empresa com fins lucrativos também deve buscar as intenções corretas."

Para Meehan, exercitar a compaixão como líder consciente significava descobrir uma maneira de distribuir os frutos do trabalho de sua empresa, beneficiando um diversificado conjunto de causas, e, ao mesmo tempo, capacitando outras pessoas a conhecer a força da doação. Para outros líderes conscientes, a compaixão é mais ostensiva e se materializa melhor na comunicação com os colegas. E foi por isso que, certo dia, uma postagem incomum apareceu no blog oficial do LinkedIn.[7]

• • •

O LinkedIn, rede social para contatos profissionais, promovera a abertura de seu capital no início do ano, transformando seus funcionários e executivos em milionários e bilionários. Normalmente, esse seria o momento no qual uma empresa como o LinkedIn redobraria os esforços no próprio crescimento, usando seus cofres recém-abastecidos para implementar um agressivo plano de expansão. Afinal, o site tentava se equiparar ao seu rival do outro lado do vale, o Facebook, que também acabara de promover a abertura de capital. As duas empresas competem diariamente pelo tempo dos usuários, pelas verbas dos anunciantes e pelos talentos da engenharia. Porém, em vez de enfatizar a competição e o crescimento, a postagem no blog, assinada pelo diretor executivo Jeff Weiner, intitulava-se, simplesmente, "Gerenciando compassivamente".

Weiner escreveu que, dentre todos os princípios de gestão, a compaixão é o que ele mais valoriza, ainda que seja sistematicamente difícil de se alcançar.

Conforme escreveu, a compaixão não é a mesma coisa que a empatia:

> *Embora na cultura ocidental elas sejam frequentemente utilizadas como sinônimos, a diferenciação entre ambas é importante. Como explica o Dalai Lama, se você estiver percorrendo uma trilha e vir uma pessoa sendo esmagada por uma pedra, uma reação empática resultaria em experimentar a mesma sensação de sufocamento avassalador, o que o impediria de ajudar. A reação compassiva o colocaria no lugar de quem está sofrendo, imaginando que aquela pessoa deve estar sentindo uma dor terrível, de modo que você fará tudo o que estiver a seu alcance para remover a pedra e aliviar o sofrimento dela.*

Weiner destacou que tenta agir com a mesma espécie de compaixão em seu trabalho. Quando discordamos de um colega, por exemplo, é muito natural que estejamos vendo o mundo sob nossa própria perspectiva. Mas em vez de reagir instintivamente com base em nossos próprios cálculos egocêntricos sobre o que é melhor, Weiner escreveu que "talvez seja construtivo fazer uma pausa para entender por que a outra pessoa chegou àquela conclusão. Por exemplo, qual foi o elemento de sua formação que a levou a assumir aquela posição? Será que ela tem experiência suficiente para tomar as melhores decisões? Ela está com medo de algum resultado específico que talvez não esteja óbvio à primeira vista?". Ouvir com compaixão, afirmou Weiner, significa fazer um esforço para compreender e, até mesmo, se identificar com o adversário. Ao mesmo tempo, ele sugere que examinemos mais detidamente as origens de nossas próprias ideias e emoções. Ele chama isso de "ser um espectador dos próprios pensamentos".

"Fazer essas perguntas a si mesmo, e mais importante ainda, fazer essas perguntas à outra pessoa, pode transformar aquela situação potencialmente desafiadora em um momento instrutivo e em uma experiência verdadeiramente colaborativa", escreveu ele.

Poucos meses depois de fazer aquela postagem, Weiner explicou de onde provinha a inspiração para sua reflexão a respeito da compaixão. Em plena crise da bolha da internet, ele leu *A arte da felicidade*, do Dalai Lama, em que se deparou pela primeira vez com a parábola do homem que é esmagado por uma pedra. Isso fez com que ele começasse a incorporar a compaixão a seu cotidiano, tentando ouvir com atenção e se tornar menos reativo emocionalmente.

Um dia, ele percebeu que um colega estava sendo um mau gestor, sem a menor centelha de compaixão nos relacionamentos com os funcionários. O colega sabotava os outros membros da equipe constantemente. "Ele fazia isso por meio de piadas ou de comentários depreciativos, deixando a vítima em uma situação embaraçosa perante um grande grupo ou em reuniões da equipe", disse Weiner. "Com isso, todos se sentiam desconfortáveis, e eu não tenho certeza se a pessoa que agia assim reconhecia os danos que eram causados." Finalmente, Weiner confrontou seu colega. "Da próxima vez que você sentir vontade de fazer uma piada à custa de uma pessoa ou quiser expressar sua raiva ou frustração, procure um espelho e faça isso para si mesmo. Porque, afinal de contas, aquela pessoa desempenha essa função porque você quer que ela esteja nessa função." Weiner sugeriu que o colega aproveitasse plenamente o potencial daquela pessoa, ou que encontrasse um novo cargo para ela.

Algumas semanas mais tarde, o colega o procurou para dizer que iria mudar a maneira como lidava com funcionários, e que tentaria gerenciar os subordinados com mais humildade. Mas, enquanto Weiner o escutava, ele percebeu que não estava isento de culpa. Por vezes, Weiner também sabotava os membros da própria equipe. "Enquanto ele me falava isso, percebi que eu vinha fazendo exatamente o mesmo com alguém da minha equipe", confessou ele. "É algo que vários executivos inexperientes fazem. É uma característica tipicamente humana projetar a própria perspectiva sobre outras pessoas. A tendência é esperar que elas façam as coisas do jeito que você as faz. É muito natural." Mas não é a maneira correta de gerenciar, disse ele. "É preciso dedicar algum tempo para se colocar no lugar dos outros, para entender por que eles são assim. Qual é a sua formação, qual é a sua bagagem? A partir daquele momento, decidi que este seria um dos primeiros princípios de gestão — gerenciar compassivamente."

Esse estilo mais compassivo de gestão não contraria a responsabilidade do LinkedIn para com os acionistas. "Somos uma organização muito pragmática", declarou Weiner. "Nossa visão é a de criar oportunidades econômicas para cada um dos profissionais. Geraremos receitas se fizermos isso bem. Criaremos valores acionários duradouros se fizermos isso bem." Weiner afirmou que, na verdade, a abordagem do LinkedIn para a geração de valor — criando oportunidades para que seus membros ganhem dinheiro — está alinhada com seu princípio de gerenciar compassivamente.

Em relação à compaixão nos ambientes de trabalho, Weiner reconheceu que "não basta apenas afirmá-la como uma visão". É preciso reforçá-la diariamente. No LinkedIn, isso equivale a incorporar avaliações às análises de desempenho, com o objetivo de verificar se os líderes estão gerenciando compassivamente. A empresa oferece aulas de meditação da consciência plena aos funcionários. Quando discordam uns dos outros, os membros da equipe são estimulados a examinar a perspectiva alheia e entender por que alguém está defendendo um ponto de vista tão diferente do seu. Atualmente, Weiner usa esse compromisso de promover um ambiente compassivo a fim de ajudar a divulgar o LinkedIn como um excelente local para trabalhar. "A cultura e os valores se tornaram, talvez, nossa vantagem competitiva mais importante", concluiu ele.

• • •

Se todos os nossos chefes fossem um pouco mais conscientes — tolerantes, focados, compassivos —, poderíamos ser um pouco mais felizes sob a supervisão deles. E para aqueles que já são líderes, ser consciente no trabalho poderia conduzir a uma satisfação pessoal maior em nossos empregos e a funcionários mais felizes no relacionamento conosco.

Porém, à medida que o treinamento em liderança se torna um dos caminhos mais populares por meio do qual a consciência plena é ensinada, em alguns círculos aumenta a preocupação de que algo essencial esteja se perdendo. Embora Marturano, Ford, George e Meehan tenham cultivado sua liderança consciente através de anos de meditação, muitos adotam essa prática com uma perspectiva mais utilitarista, acreditando que poderia ser, simplesmente, um exercício de aperfeiçoamento das habilidades de gestão. Seja qual for o caso, a própria insinuação de que a consciência plena possa ser utilizada não a serviço da transformação pessoal, mas a serviço dos lucros, incomoda alguns puristas. No próximo capítulo, vamos viajar até a linha de frente dessa batalha empolgante em busca do espírito da consciência plena.

9. McConsciência Plena

DOIS EXECUTIVOS DA GOOGLE estavam acomodados sobre o palco, diante de centenas de pessoas no salão de um hotel em São Francisco, discursando para uma multidão, em uma conferência que comemorava a popularidade crescente da consciência plena e da meditação nos ambientes de trabalho, e, em particular, no Vale do Silício. Ambos estavam vestidos de branco dos pés à cabeça, o que lhes conferia uma vaga aparência de líderes religiosos, sendo que um deles estava sentado sobre uma cadeira acolchoada, com as pernas cruzadas e os pés dobrados sob as nádegas. Eles falavam sobre os "Três Passos para Desenvolver a Consciência Plena Corporativa à Moda do Google", explicando que a admissão no famoso curso de consciência plena da empresa, intitulado "Procure dentro de você", havia se tornado extremamente disputada. No entanto, antes que conseguissem avançar na palestra, intrusos invadiram o palco.

Com movimentos rápidos, quase coreografados, dois manifestantes com trancinhas rastafári abriram uma faixa onde se lia CHEGA DE AÇÕES DE DESPEJO EM SÃO FRANCISCO, uma menção ao déficit habitacional que se exacerba devido aos altos salários dos especialistas em tecnologia, uma das razões para a disparada de preços das moradias naquela região.

Um terceiro conspirador sacou um megafone, virou-se para a multidão e gritou: "Sabedoria significa interromper a remoção da população! Sabedoria significa interromper a especulação! São Francisco não está à venda! São Francisco não está à venda!"

O pessoal da Google se divertiu contemplando a cena, mas, logo depois, conforme o protesto se estendia por intermináveis minutos, todos começaram a ficar irritados. A multidão se agitava, sem saber como reagir. Finalmente, os ativistas foram retirados do palco, não sem antes um corpulento segurança tentar (sem sucesso) arrancar a faixa das mãos deles. O confronto foi capturado pelas câmeras e imediatamente carregado no YouTube. E o impressionante vídeo, retratando uma acirrada disputa entre um leão de chácara vestido de preto e um ativista endiabrado em plena conferência sobre meditação, se tornou viral rapidamente.

Na sequência, um colaborador da Google subiu ao palco e fez o possível para apaziguar a situação. "Entrem em contato com o corpo de vocês e percebam o que estão sentindo", disse ele. "Vejam o que significa estar cercado por pessoas com ideias entusiásticas que podem ser diferentes das nossas." Mas o clima havia mudado. Uma nota de discórdia havia sido introduzida no encontro pretensamente tranquilo de líderes conscientes. A consciência plena foi atacada.

O protesto, um poderoso embate entre as contraculturas rivais da Bay Area, foi um divisor de águas no movimento de popularização da consciência plena. De forma totalmente pública, ele lançou luz sobre a crescente reação contra corporações e organizações que procuram utilizar as práticas da consciência plena para aprimorar não apenas o bem-estar pessoal, mas também a produtividade nos ambientes de trabalho, e, até mesmo, os lucros. Após o episódio, uma das manifestantes, Amanda Ream, budista e sindicalista, explicou por que decidiu interromper a conferência. "Assim como a gentrificação de bairros em que novos moradores ricos desalojam as pessoas que vivem lá há mais tempo, hoje em dia o darma também está passando por um processo de gentrificação em São Francisco", disse ela, esforçando-se para salientar a conexão entre a consciência plena e suas raízes budistas.[1] "Perdeu-se o contexto geral dos ensinamentos que pedem para levarmos em conta nossa interdependência e irmos além da autoajuda e dos cuidados exclusivos com o próprio sofrimento. O darma nos permite vivenciar o sofrimento dos outros."

O que começou como uma desconfiança inicial de que a consciência plena pudesse ser efetivamente ensinada em um ambiente corporativo evoluiu, em pouco tempo, para uma verdadeira revolta. A fúria vem de todos os lados, não se restringindo apenas ao que muitos acreditam ser um paradoxo, expresso sob o título de "consciência plena corporativa". Os budistas tradicionalistas se preocupam com o fato de que uma cultura compromissada com a redução do sofrimento seja apropriada em nome do capitalismo. Secularistas céticos estão enfurecidos, pois práticas aparentemente espiritualistas têm sido introduzidas nos ambientes de trabalho. E a direita religiosa protesta contra aquilo que considera um cavalo de Troia para o misticismo oriental. Ironicamente, entre os críticos mais veementes estão os próprios defensores da consciência plena, para quem, na pressa de popularizá-la, algumas qualidades essenciais da prática estão se perdendo.

Willoughby Britton, professora da Universidade de Brown, mostra a devida cautela diante de alguns estudos que alegam provar os benefícios irrestritos da meditação, salientando, ainda, que, hoje em dia, a consciência plena pertence mais à esfera da ciência do que da religião. "O principal sistema de divulgação da meditação budista no Ocidente moderno não é o budismo; é a ciência, a medicina e as escolas", afirmou ela.[2] "Há uma onda gigantesca por trás desse movimento. Os praticantes da MBSR já representam a maioria dos novos adeptos da meditação, e, em breve, serão a maioria absoluta. Se os budistas quiserem ter o direito de opinar, é melhor eles pararem de criticar e começarem a colaborar, trabalhando em conjunto, em vez de apenas trabalharem contra. Caso contrário, é bem provável que sejam desbancados pelo movimento da 'McConsciência Plena'." No entanto, do mesmo modo que os céticos fazem acusações específicas ao desgovernado crescimento da meditação, parece haver um sentido mais genérico de desconforto com a popularidade alcançada pela consciência plena.

As coisas tendem a piorar ainda mais, antes de melhorar. De uma forma ou de outra, mais e mais pessoas praticam a consciência plena, ou pelo menos se propõem a fazê-lo, e, à medida que isso acontece, a própria expressão se vê ameaçada de desvirtuamento. Atualmente, o simples fato de aplicar o rótulo de "consciência plena" parece suficiente para elevar produtos e serviços que seriam considerados comuns à rarefeita atmosfera do vagamente espiritualizado, e, portanto, potencialmente mais comercializável. Os Vigilantes do Peso promovem a alimentação consciente. A Sodexo, provedora de serviços de alimentação orçada em US$ 15 bilhões, lançou uma linha de serviços saudáveis, chamada "Consciente". Uma empresa que fabrica "Pastilhas de Hortelã Conscientes" garante que suas balas reduzem o estresse. Ao salpicar a expressão *consciência plena* em novos produtos e serviços simplesmente para acompanhar o modismo, tais corporações estão fazendo com que a própria expressão perca grande parte de sua força. A "consciência plena" corre o risco de se tornar o novo "orgânico". De fato, existe até um açougue chamado "Carnes Conscientes", administrado por adeptos da consciência plena, mas que não são praticantes de meditação. Parece que quanto mais popular a consciência plena se torna, menos isso significa.

Eu me solidarizo com os céticos, temerosos de que uma nobre prática seja rapidamente corrompida pelo marketing moderno. Porém, há quinze anos venho testemunhado a consciência plena em ação, e para mim é evidente que a exposição à meditação raramente (ou nunca) transforma alguém em uma pessoa pior. No cômputo geral, aqueles que se tornam mais conscientes tendem a ser mais felizes, mais saudáveis e mais bondosos. Ainda assim, vale a pena examinar as diversas críticas à popularização da consciência plena, mesmo que seja apenas para descartá-las.

• • •

Uma vertente das críticas sustenta que a consciência plena, quando divorciada da tradição budista que a gerou, é incompleta e pode, inclusive, ser prejudicial. Segundo esse argumento, usar a consciência plena simplesmente como uma técnica para aprimorar o desempenho e ganhar mais dinheiro tem mais a ver com o fortalecimento do que com a desconstrução do ego. Trata-se de um receio alimentado por comentários como os que costumam ser feitos por Arianna Huffington, que não demonstra nenhum pudor ao reafirmar sua crença de que a consciência plena é uma ferramenta extremamente pragmática. "Não deveria haver nenhum melindre quanto ao aumento dos lucros", disse ela.[3] "Nossa economia passa por dificuldades. A redução do estresse e a consciência plena não apenas nos deixam mais felizes e saudáveis; elas são uma reconhecida vantagem competitiva para aquelas empresas que necessitam disso". Por mais verdadeiros que possam ser, seus comentários são um chamariz para os críticos que combatem a mistura de capitalismo e contemplação. E, para os tradicionalistas, tais palavras soam como uma provocação.

David Loy e Ron Purser, dois professores de estudos budistas, escreveram um artigo bastante compartilhado, chamado *Beyond McMindfulness* [Para além da McConsciência Plena, em tradução livre.] que se tornou um mote dos críticos.[4] O artigo foi publicado em vários veículos, dentre os quais o *Huffington Post*. "A urgência em secularizar e comoditizar a consciência plena em uma técnica comercializável pode estar provocando uma infeliz descaracterização dessa antiga prática, cuja intenção era muito maior do que aliviar uma dor de cabeça, reduzir a pressão arterial ou ajudar os executivos a se tornarem mais focados e mais produtivos", disseram eles.

A McConsciência Plena como eles percebem é uma versão comercializada, higienizada e distorcida da prática. Loy e Purser sugerem que a promoção da consciência plena sem a devida ênfase aos fundamentos éticos da prática equivale a um pacto de Fausto. "Em vez de a consciência plena ser usada como um meio para que as pessoas e as organizações se libertem das raízes nocivas da ganância, da animosidade e da ilusão, normalmente ela vem sendo redimensionada para assumir a forma de uma técnica de autoajuda banal e terapêutica, que, na realidade, pode acabar reforçando aquelas raízes", escreveram eles.

De fato, existem alguns exemplos flagrantes de defensores da consciência plena que trataram a meditação como apenas mais um acessório de seus luxuosos estilos de vida. Certa vez, o fundador e ex-CEO da Green Mountain Coffee, Bob Stiller, apareceu na capa da *Forbes* relacionando o valor alcançado por sua empresa, estimado em mais de US$ 6,5 bilhões, ao fato de ele ser praticante de meditação. Stiller lançou um programa de consciência plena na sede da Green Mountain, em Vermont; treinou seus líderes em escuta consciente; e implementou um programa obrigatório de Alongamento Consciente para as centenas de operários da empresa. Ao mesmo tempo, contudo, o próprio Stiller travava uma batalha pessoal para conseguir ser a expressão de uma vida consciente. O significativo aumento dos preços das ações da Green Mountain o haviam transformado em um bilionário, impulsionando o empreendedor às mais altas esferas do capitalismo norte-americano. Ele se aposentou do cargo como CEO em 2007, e, a partir de então, começou a passar mais tempo na Flórida, uma escolha compreensível em termos meteorológicos, se comparada com Vermont. A maior parte de sua riqueza, porém, era uma riqueza de papel, refletindo o valor acionário da Green Mountain. Mas quando Stiller precisava de dinheiro, ele não vendia ações. Em vez de fazer isso, ele decidia pegar emprestado um considerável volume de dinheiro, usando como garantia o valor corrente de sua empresa. Os registros contábeis da empresa mostram que ele prometeu 46% de sua vasta fortuna em ações como garantia dos empréstimos contraídos em 2008, uma taxa que subiria para 78% em 2012.[5] Entre outras indulgências, todo aquele endividamento vinha financiando um gosto cada vez maior por um ostentoso patrimônio imobiliário.

Ele comprou uma casa caríssima de três quartos, na luxuosa Intracoastal Waterway, em Palm Beach, Flórida. Talvez sua compra mais pródiga tenha sido um apartamento de US$ 17,5 milhões, no Time Warner Center, em Manhattan. O amplo espaço, com uma vista generosa para o Central Park, pertencera, anteriormente, a Tom Brady, zagueiro do New England Patriots.

No início de 2012, a Green Mountain divulgou lucros trimestrais mais baixos do que o esperado. Os analistas começaram a ficar inquietos quanto às perspectivas da empresa, e as ações despencaram, o que fez evaporar grande parte da riqueza de papel de Stiller. Isso, por outro lado, comprometeu a linha de crédito dele. Quando os investidores obtêm um empréstimo tomando por base as ações, os bancos exigem que mantenham em suas contas correntes uma determinada porcentagem do que foi emprestado, naquilo que conhecemos como margem. E, no momento em que as ações da Green Mountain caíram, o banco de Stiller pediu que ele reforçasse as contas, por meio do chamado valor de cobertura adicional. Em meados de 2012, seus consultores financeiros do Deutsche Bank forçaram Stiller a vender US$ 123 milhões em ações da Green Mountain. A venda foi um golpe não só para os investimentos, mas para a influência sobre a empresa que ele próprio construíra, fazendo com que sua participação fosse reduzida de quase 10% para apenas 5,4%. O conselho administrativo não teve escolha senão agir. Citando as "políticas comerciais internas" da empresa, o destituiu do seu cargo de presidente e repreendeu publicamente o ex-líder.

As desgraças de Stiller não pararam por aí. Poucos dias depois, Stiller vendeu uma participação de 12% na Krispy Kreme Doughnuts, e arrecadou US$ 50 milhões para ajudar a amparar suas combalidas finanças. "Muitas pessoas não entendem que não tenho outra fonte de renda que não seja vender ações ou contrair empréstimos usando tais ações como garantia", afirmou ele, na época. "Naquele ano, eu não podia vender nenhuma ação. A opulência é muito relativa."

Claramente, a prática da consciência plena não é um antídoto contra o materialismo. Mesmo que fiquemos mais sintonizados com nossas sensações corporais e nossos panoramas emocionais e mentais, não abandonamos nossas fraquezas automaticamente. Na verdade, há ocasiões em que a consciência plena pode simplesmente exacerbar ainda mais alguns de nossos estados mentais menos respeitáveis. À medida que observamos o que se passa ao redor, descobrimos que onde esperávamos existir amor e compaixão existe, ao contrário, cobiça e frustração. Isso faz parte da confusa realidade da vida. Algumas das mesmas pessoas que promovem o desprendimento, a compaixão e, até mesmo, a consciência plena podem, elas próprias, se tornar materialistas e profundamente insensíveis. Talvez Bob Stiller tenha, efetivamente, propiciado algum bem-estar aos seus funcionários, e talvez não tenha prejudicado ninguém no processo de acumulação — e de dispêndio — de sua enorme riqueza, mas, nitidamente, ele não conseguiu administrar o próprio apetite voraz pela ostentação do patrimônio imobiliário, dentre outras extravagâncias. Consequentemente, provocou danos a si mesmo, à sua família e aos seus colegas.

Mas por que alguém que passou tanto tempo entrando em contato consigo mesmo ficaria tão dependente dos bens materiais? Como alguém aparentemente tão espiritualizado poderia, no fundo, ser tão materialista? Não há respostas simples para essas perguntas, e o próprio Stiller não ofereceu uma explicação convincente para as inclinações materialistas dele. A consciência plena não é uma panaceia para todas as nossas deficiências. Mas a consciência plena, tal como Loy e Purser pretenderam insinuar, tampouco foi a razão para que Stiller cedesse aos impulsos materialistas. Ele foi afetado pelos mesmos anseios que afligem a todos nós, as mesmas necessidades e vontades que, por vezes, turvam nossa capacidade de tomar decisões e nos colocam em apuros. A única diferença era que, sendo bilionário, ele tinha uma conta bancária capaz de saciar seus desejos. Praticar a consciência plena não nos deixa automaticamente imunes a tais falhas pessoais. Ao contrário, tudo o que a prática pode fazer é aumentar a probabilidade de que consigamos identificar essas falhas quando começarem a aparecer, dando-nos a oportunidade de realizar o penoso trabalho de mudar lentamente nossos hábitos. Infelizmente, no caso de Stiller, qualquer sinal de autoconsciência chegou tarde demais.

A derrocada de Stiller não é tão incomum. A história antiga e o passado recente — tanto no Oriente quanto no Ocidente — estão repletos de histórias de homens santos materialistas. O verniz da espiritualidade tem sido um disfarce para o mau comportamento e o acúmulo de vasta riqueza pessoal. Os homens santos de todas as épocas têm se paramentado com adornos dispendiosos e sedas luxuosas. Ainda hoje, alguns dos gurus mais populares dos Estados Unidos demonstram uma propensão à ostentação que muitos consideram incompatível com seu mantra de paz interior. Bikram Choudhury, o combativo professor de ioga, mais parece um oligarca, dirigindo pelas ruas de Beverly Hills a bordo de um Rolls-Royce e exibindo um Rolex incrustado de ouro. Em 2013, um monge tailandês com predileção por malas Louis Vuitton e jatos particulares teve seus bens confiscados pelas autoridades.[6] Esses são exemplos discrepantes e infelizes, dentre centenas de milhares de diligentes praticantes de meditação. Porém, em nosso ambiente de sensacionalismo midiático, eles tendem a obter tanta ou mais atenção do que, digamos, a consistente prática de consciência plena implementada por Stiller na sede da Green Mountain. Os críticos podem apontar para esses casos de praticantes de meditação que se desnortearam e afirmar que, pelo fato de que alguns hedonistas supostamente conscientes terem sido incapazes de manter seus desejos sob controle, tudo o que diz respeito à consciência plena é uma farsa. Essa, naturalmente, é uma lógica duvidosa. De modo geral, a prática da consciência plena modera nossos impulsos materialistas.

Um cenário alternativo, mas não menos perturbador, ocorre quando as pessoas passam a meditar apenas para descobrir que isso as faz questionar suas próprias identidades. Elas começam a compreender a impermanência de todas as coisas, incluindo a si mesmas, e ficam profundamente transtornadas. Algumas, inclusive, caem em depressão, experimentando a "noite escura da alma", ou uma súbita perda de qualquer senso de significado da vida. "Tenho observado pessoas que chegaram à meditação por meio da MBSR ou que não são budistas, mas que estão meditando para 'serem felizes'", comentou Willoughby Britton, professora da Universidade de Brown. "Elas monitoram a respiração ou entoam um mantra. E, então, se desfazem de seu senso de individualidade. Elas surtam. Essa é uma experiência muito comum na minha pesquisa."

Britton alerta que embarcar em uma viagem introspectiva profunda não é nada divertido, e que, embora os benefícios possam ser amplos e óbvios, também existem alguns riscos envolvidos. "A adoção da meditação pode produzir rupturas em sua vida; talvez você tenha de recorrer à terapia suplementar, ou fique um pouco menos funcional e apresente uma queda no desempenho à medida que a intensidade do material for aumentando e você for avançando", disse ela. "Tudo isso, na verdade, não está previsto no atual esquema de marketing."

Mas existem muitas outras advertências. Se a consciência plena não transformar você em um materialista ou em um maníaco, é possível que ela simplesmente promova uma lavagem cerebral em você. Os críticos da popularização da consciência plena alegam, ainda, que quando as corporações adotam as práticas de meditação, elas as cooptam, usando-as para sujeitar os empregados a acatar cegamente as instruções. "Até agora, o movimento da consciência plena tem evitado qualquer reflexão sobre os motivos pelos quais o estresse é tão onipresente nas instituições empresariais modernas", escreveram Purser e Loy. "Em vez de fazer isso, as empresas aderiram prontamente ao movimento da consciência plena, pois ele inverte convenientemente o ônus para o próprio empregado: o estresse passa a ser enquadrado como um problema pessoal, e a consciência plena é oferecida como o remédio adequado para ajudar os funcionários a trabalhar de forma mais eficiente e tranquila em meio a ambientes tóxicos. Envolta em uma aura de cuidado e humanidade, a consciência plena é convertida em uma válvula de escape, uma forma de descarregar energia — uma técnica para fazer face e se adaptar às situações estressantes e às tensões da vida corporativa."

É uma visão sedutoramente nefasta: corporações fazendo lavagem cerebral nos subordinados por meio da meditação, transformando-os em "abelhas-operárias" mais eficientes e rentáveis. Entretanto, em minhas viagens pelo país, observei programas de consciência plena em vários ambientes de trabalho, e constatei que os transgressores mais flagrantes se sentiam culpados mais por sua nítida incompetência do que por ensinar a meditação como meio de subjugar os colaboradores.

Em uma tarde nevada, dirigi até a sede mundial da fábrica de vestuários esportivos Reebok, na periferia de Boston. Durante o intervalo de almoço, algumas dúzias de funcionários estavam reunidas em uma sala de conferências para participar de uma aula mensal de consciência plena, ministrada por Richard Geller, diretor de uma pequena firma de consultoria chamada MedWorks, uma fusão das palavras que, em inglês, formam a frase "a meditação funciona". Além da Reebok, estão entre seus clientes a IBM e a pizzaria Papa Gino's.

Naquele dia, Geller, um homem magro de voz suave que também se dedica profissionalmente à redação de manuais técnicos, fazia uma visita de rotina a um de seus mais antigos clientes, preparando-se para oferecer uma introdução pontual à consciência plena, com duração estimada de sessenta minutos. Um pouco antes do meio-dia, ele se instalou em uma grande sala de conferências decorada com cartazes e camisetas que exibiam jogadores dos times Pittsburgh Penguins e Edmonton Oilers, da Liga Nacional de Hóquei. Os gigantescos e ameaçadores rostos dos executores olhavam fixamente para baixo, na direção de algumas dúzias de praticantes de meditação que tinham ido até lá em busca de serenidade.

Quando perguntei a Geller o que se podia esperar do encontro, ele ficou nervoso e começou a tergiversar. "Eu ensino de maneira totalmente laica", disse ele. "Uso o mesmo estilo que utilizava no ensino técnico, uma vez que este é um mundo corporativo. Gosto que meus clientes e meus futuros clientes me vejam como alguém que tem algo útil a oferecer. É muito difícil dar aulas no ambiente corporativo. Ainda se trata de uma venda agressiva. As pessoas se lembram dos Beatles e de Maharishi no programa de Johnny Carson, e alimentam outros estereótipos em sua mente. Alguns estão corretos, pois a meditação, de fato, nasceu com os iogues que praticavam em cavernas há milhares de anos. Portanto, fazê-las adquirir meus serviços já é um grande passo." O próprio Geller perpetuava alguns dos estereótipos da Nova Era. À medida que os alunos chegavam, uma caixa de som, de onde saía uma música de flauta nativa americana, permanecia ligada.

Com os alunos sentados e a música desligada, Geller lhes ofereceu noções elementares de meditação. "Levando-se em consideração as inúmeras informações sensoriais que bombardeiam nossa mente, talvez a meditação seja mais relevante hoje em dia do que era há milhares de anos, quando foi inventada", afirmou ele. "Respiramos desde que nascemos, mas normalmente não nos damos conta disso com tanta frequência. Nossa respiração é a coisa mais interessante do mundo. Nada é mais importante do que isso. Experimentar aquelas pequenas sensações corporais, o ar entrando pelo nariz e indo até os pulmões."

Geller, então, instruiu os alunos na técnica de varredura do corpo. "Nesse caso, os sapatos são opcionais. Eu gosto de tirar os meus", disse ele, removendo desajeitadamente seus mocassins, antes de concluir a frase. "Começamos sentindo nossos pés. Isso permite que a energia percorra toda a nossa coluna, o que nem sempre acontece, mas é muito bom quando acontece." Ele orientou os alunos a relaxar o corpo gradativamente. "A mente está totalmente desperta. O corpo inteiro é o nosso objeto, o centro de nossa atenção."

Ele terminou dando instruções sobre como empregar essas técnicas durante o expediente. "A meditação em posição sentada, com os olhos abertos, é muito útil no trabalho. Vocês podem executá-la durante as reuniões mais tensas; sem o conhecimento das outras pessoas presentes, vocês estão lá sentados, meditando. Com essa serenidade, talvez vocês encontrem uma boa ideia e resolvam o problema que todos estão tentando solucionar. Os componentes químicos do estresse não estão sendo descarregados em suas correntes sanguíneas." E foi isso. Não houve nenhuma referência a nos manter atentos às fugazes sensações corporais como forma de testemunhar a impermanência em ação. Nenhuma menção à redução de nossa reatividade emocional. Definitivamente, aquela não era a primeira aula de um curso de MBSR de oito semanas de duração. Ninguém fez nenhuma pergunta. Os funcionários da Reebok saíram apressados porta afora, aparentando certa perplexidade, e voltaram às suas mesas para continuar desenhando vestuários esportivos.

Geller parecia bem-intencionado, e suas instruções limitadas podem até ser proveitosas para aqueles que pretendem desfrutar de um breve momento de conexão com o próprio corpo no intervalo de almoço. Porém, na ausência de qualquer explicação sobre os insights que a consciência plena é capaz de despertar, o processo todo acabou sendo um tanto decepcionante. Era como se Geller e a direção da Reebok acreditassem que, simplesmente comparecendo a apenas uma aula de meditação, os colaboradores pudessem se livrar de tudo aquilo que os aflige. Quando, ao invés disso, o treinamento em consciência plena nos ambientes de trabalho é somente o primeiro passo de uma longa jornada pessoal.

Mas o fato é que essa cena tem grandes chances de se repetir cada vez mais nos próximos anos. A débil proposta de Geller é apenas um exemplo da enorme celeridade com que se tenta vender o treinamento em consciência plena para quem estiver disposto a desembolsar algum dinheiro por uma sessão de uma hora de duração, com a vaga promessa de acalmar trabalhadores exaustos, ávidos por algo que soe como um alívio do estresse. Em pouco tempo, esse mercado ficou saturado, repleto de produtos de procedência duvidosa e eficácia questionável.

A eMindful, empresa que aplica o treinamento em consciência plena na Aetna, tem realizado um bom trabalho. Ao enviar treinadores aos escritórios da seguradora de saúde em Connecticut, conseguiu fazer com que centenas de colaboradores adquirissem aptidão em práticas de consciência plena, que reduzem o estresse e aumentam a motivação geral na empresa. Mas a principal oferta da eMindful consiste em aulas on-line, ministradas por cabeças que "pairam" nos chats por videoconferência.

Certa manhã, me conectei à WebEx e ingressei em um treinamento da eMindful liderado por Dawn Barie, uma vivaz psicanalista de cabelos loiros, da região de Washington, DC. A princípio, fiquei confiante. Barie parecia suficientemente preparada, e sua a voz reconfortante, canalizada através dos meus alto-falantes MacBook Pro, era um doce complemento à primeira xícara de café. Outros 26 profissionais de todo o país também haviam acessado o site para participar daquela aula. Barie fez uma rápida pesquisa pela caixa de conversa em grupo da WebEx, e logo ficou claro que a maioria jamais havia praticado a consciência plena. Inesperadamente, um homem comentou que estava "um pouco ansioso por conta de todas as tarefas agendadas para aquele dia", e que, por isso, estava "tentando curtir aquele momento".

Barie começou com alguns exercícios básicos de atenção sensorial. Ela nos pediu para entrar em sintonia com as sensações de nosso corpo e registrar toda e qualquer apreensão que sentíssemos. Segui as instruções, mergulhando na prática. Mas, em pouco tempo, eu já não acompanhava Barie. Ela parecia não conseguir estabelecer um contato visual duradouro, resultado da incômoda tecnologia de videoconferência. Ela usava um par de fones pretos enorme, um inquietante lembrete de que estávamos em uma sala de aula virtual. Minha conexão Wi-Fi, um pouco lenta naquela manhã, saía do ar ocasionalmente, congelando Barie no meio de suas frases. Além disso, todas as outras maravilhosas funções do meu computador exigiam, sorrateiramente, minha atenção. Havia e-mails para verificar, o Twitter para examinar, o Facebook para espreitar, a internet inteira para navegar. Sentar-se com os olhos fechados em uma sala tranquila e livre de distrações para praticar a consciência plena já é bastante difícil, esperar que principiantes se mantenham conscientes interagindo com um dispositivo projetado para o sistema multitarefa é uma missão impossível.

Quando consegui me sintonizar novamente com Barie, ela havia começado a comandar um "exercício de visualização". Fomos instruídos a imaginar que estávamos passeando e víamos um grande amigo do outro lado da rua. Acenávamos para o amigo, mas o amigo nos ignorava. "Como vocês se sentem?", perguntou Barie.

As respostas da sala de aula virtual foram presumivelmente complacentes.

"Talvez ele estivesse sem os óculos, e por isso não tenha conseguido me reconhecer", respondeu alguém chamado Shar, que entrou na conversa pelo bate-papo da Internet.

"Eu me senti invisível", disse outro.

O exercício de visualização de Barie pareceu não infligir nenhuma perturbação psíquica aos colegas descorporificados. Mas tampouco poderia ser classificado de consciência plena.

Então, como se o curso pela WebEx já não criasse uma distância suficiente entre a professora e os alunos, Barie carregou um vídeo de uma pessoa praticando ioga em sua tela e o exibiu pela WebEx. Lá estávamos nós, diante de uma transmissão ao vivo, vinda do monitor do computador de uma terceira pessoa, observando um vídeo de um estranho praticando ioga. Se isso representa o futuro da consciência plena, os críticos têm todo o direito de se preocupar.

Kelly McCabe, CEO da eMindful, fundou a empresa em 2007, após fazer carreira em Wall Street, incluindo passagens pela Lehman Brothers e um breve contato com Jamie Dimon, presidente executivo da J. P. Morgan. Contrariando suas expectativas iniciais, a eMindful não foi um sucesso imediato, mas um verdadeiro desastre. "Achei que as empresas iriam aderir prontamente à ideia", revelou ela. Em vez disso, a eMindful mal conseguiu sobreviver nos primeiros anos. A crise financeira estava em alta, e McCabe havia optado por oferecer um produto decididamente único. Além de estar tentando vender a consciência plena, ela também pretendia fazê-lo em uma sala de aula virtual. Quando McCabe divulgou seu curso inaugural, as cartas de recusa se acumularam. Finalmente, em 2009, a Aetna fechou um contrato como cliente-âncora, e, desde então, os negócios têm aumentado continuamente.

Tais rejeições iniciais, porém, parecem ter conferido certas nuances ao perfil empresarial da eMindful. McCabe se mostra relutante em desafiar as concepções de mundo dos alunos de forma muito contundente. Em vez disso ela considera necessário usar uma abordagem mais amena. "Essas coisas surgem naturalmente", disse ela. "É impossível se dedicar à prática e observar o que sua mente faz sem que esses conteúdos apareçam — perguntas como 'O que eu estou fazendo da minha vida?', 'Por que faço algo, se isso me deixa infeliz?'"

Mas há uma outra razão capaz de explicar a superficialidade das propostas da eMindful: McCabe tem receio de assustar os clientes. Uma coisa é a consciência plena fazer com que os colaboradores fiquem mais felizes, mais saudáveis e mais fascinados com seus empregos. Acontece que essa mesma consciência poderia se transformar rapidamente em um problema se os colaboradores começassem a desafiar as hierarquias e questionar as justificativas para certas decisões empresariais. Ao que parece, um caminho mais seguro para os instrutores de consciência plena é evitar desafiar o *status quo*, ensinando a meditação, preferencialmente, como uma mera técnica de relaxamento. Porque, afinal de contas, quem banca esse treinamento é a empresa, e clientes fidelizados não devem ser afugentados.

Outra atual frente de ataque à consciência plena sustenta que esta vem sendo usada para aprimorar o desempenho em atividades antiéticas. Muito embora o discurso dos críticos em torno desse tópico enverede algumas vezes para o nível conspiratório, Purser e Loy fazem uma nítida distinção entre aqueles que simplesmente praticam técnicas de aperfeiçoamento de atenção e aqueles que incorporam uma consciência plena mais abrangente. "A atenção consciente e a concentração obstinada de um terrorista, de um franco-atirador assassino ou de um criminoso de colarinho branco não possuem a mesma qualidade de consciência plena que o Dalai Lama e outros adeptos do budismo desenvolveram", escreveram eles.

David Forbes, professor da Universidade da Cidade de Nova York, também se mostra cético em relação à popularização da consciência plena. "As pessoas vêm trabalhando arduamente para secularizá-la. Na educação e na escolarização, ela se baseia apenas na atenção, na autorregulação e no controle; em tornar o indivíduo sereno", me disse ele. "Mas em nome de quê? Quais são as ideias que você defende? Quais são seus valores éticos?" Forbes está particularmente preocupado com o uso da consciência plena no treinamento de militares.

"A consciência plena não vem sendo utilizada apenas para tratar o transtorno de estresse pós-traumático; os soldados estão sendo treinados para matar melhor", afirmou ele. "Defendo integralmente que todos eles se tornem mais autoconscientes. Mas há um perigo quando se usa a consciência plena para neutralizar a raiva, quando talvez eles devessem sentir raiva de algo." Forbes evoca uma imagem sinistra: a do franco-atirador consciente, que emprega sua habilidade recém-descoberta de controle mental para fixar o alvo e abater com eficiência zen. Basta o fantasma dessa ameaça para demover algumas pessoas da ideia de aproximar minimamente a consciência plena das forças armadas. Porém, ao desconsiderar o fato de que não há registro algum de quaisquer franco-atiradores conscientes deslocados para o Iraque ou o Afeganistão, há uma outra razão pela qual tais temores se mostrem infundados. Mesmo que houvesse franco-atiradores versados em consciência plena, o franco-atirador, por definição, não estaria agindo conscientemente no momento da matança.

"Isso não é consciência plena", disse Saki Santorelli, diretor do Centro de Consciência Plena em Medicina, Saúde e Sociedade da Universidade de Massachusetts. "O franco-atirador pode ser muito atento, muito focado. Mas se pensarmos na consciência plena puramente como uma postura de atenção, trata-se de algo bastante simples. Prejudicar, matar — isso já não é tão útil, já não está tão impregnado de consciência plena."

De modo geral, a consciência plena vem sendo utilizada nas forças armadas, sim, com um objetivo completamente diferente: o terapêutico. Em certo sentido, a consciência plena já é um dos ensinamentos fundamentais das forças armadas norte-americanas há décadas. "Devemos basear nossas decisões na conscientização, e não nos hábitos mecânicos", diz um trecho de *Warfighting*, o livro de estratégias do Corpo de Fuzileiros Navais dos Estados Unidos.[7] "Ou seja, devemos agir valorizando entusiasticamente os fatores essenciais que tornam cada situação única, e não a partir de uma resposta condicionada." Que estado é esse de consciência intuitiva que é descrito, livre de preconceitos, se não a consciência plena? E, hoje em dia, a consciência plena nas forças armadas é conduzida por uma mulher chamada Elizabeth Stanley, que conhece os militares como ninguém.

Nove gerações consecutivas da família Stanley haviam servido às Forças Armadas, e a própria Elizabeth Stanley foi destacada para operações na Alemanha, na Coreia e nos Bálcãs. Contudo, após anos de serviço militar, Stanley entrou em depressão, lutando contra o transtorno de estresse pós-traumático. Ela seguiu adiante, conquistando um MBA no Instituto de Tecnologia de Massachusetts e um Ph.D. em Harvard. Nesse processo, Stanley percorreu um itinerário já conhecido: depois de tentativas malsucedidas de erradicação da angústia com o uso de medicamentos, ela encontrou alguma forma de alívio na ioga e, em pouco tempo, estava praticando meditação.

Nos anos seguintes aos ataques do dia 11 de setembro, Stanley passou por vários retiros intensivos de meditação, aprimorando a capacidade de se concentrar profundamente, a não reatividade e a compaixão. Não demorou muito para que ela se valesse de tais conhecimentos e os utilizasse como suporte para seu trabalho na Universidade de Georgetown, onde é professora da Faculdade de Relações Internacionais Edmund A. Walsh. Em 2007, então, a Agência de Projetos de Pesquisa Avançada de Defesa (DARPA, sigla em inglês) a procurou para implementar um treinamento em consciência plena destinado aos combatentes. Até o momento, ela já treinou centenas de soldados e fuzileiros navais no Treinamento em Bem-Estar Mental Baseado na Consciência Plena, ou M-FIT, uma adaptação do curso de MBSR, feito sob medida para os agentes estressores específicos das situações de combate.

Para muitos, a noção de soldados praticantes de meditação soa como uma contradição: será que uma prática que preza o amor universal pode ocupar algum lugar na força de combate mais eficaz do planeta? Os soldados que praticam meditação não estarão em desvantagem? Ou, em vez disso, será que eles não poderiam usar a consciência plena para se transformar em máquinas de matar mais eficazes, fazendo um mau uso da prática, de forma profundamente nociva? Para Stanley, tal pensamento simplista é um sintoma do enorme abismo cultural existente entre a elite civil e os militares. Caricaturar os soldados como jovens sugestionáveis que abdicarão de seu treinamento após a exposição à meditação é subestimar sua seriedade de propósitos. Ao mesmo tempo, descrevê-los como assassinos impávidos em busca de alguma vantagem competitiva nos campos de batalha é uma simplificação grosseira. Ao deixar de lado esse raciocínio reducionista, Stanley argumenta que os membros das Forças Armadas dos Estados Unidos são exatamente como os demais membros das outras forças de trabalho norte-americanas: complexos, às vezes confusos, normalmente bem-intencionados, e também frustrados, insatisfeitos e ansiosos. E a razão que ela oferece para a utilização sensata da consciência plena nas forças armadas é simples e eloquente: tropas menos angustiadas infligirão menos angústia aos outros. "Minha intenção é reduzir o sofrimento", afirmou Stanley. "Mas a compaixão não escolhe lados. Ao reduzir o sofrimento em nossas forças, estaremos, por definição, reduzindo o sofrimento de qualquer pessoa com quem essas tropas entrarão em contato, seja onde for."

Uma maneira fácil de entender o que Stanley propõe é imaginar a experiência de um soldado em ação, digamos, no Iraque. Se esse soldado for como a média da tropa norte-americana enviada para lá, ele terá cerca de 20 anos de idade, não terá concluído nenhum curso superior, e, provavelmente, não terá se beneficiado de um treinamento muito aprofundado em regulação emocional. No entanto, exigimos demais desses jovens. Esperamos que eles se mantenham calmos sob pressão, que sejam ponderados em campo e que ajam com extrema disciplina no combate. Além de todos os agentes estressores normais, inerentes a qualquer emprego — cobranças dos chefes, longas horas de expediente, condições de trabalho por vezes desconfortáveis, colegas problemáticos —, as tropas devem lidar com as interferências adicionais das ameaças de lesão ou morte, o peso moral de usar uma força potencialmente letal, os demorados e repetitivos deslocamentos militares, e as tênues fronteiras entre os combatentes e os civis.

"Estamos colocando esses jovens em ambientes onde a única maneira de ser bem-sucedido é dispor de uma excepcional não reatividade, ter inteligência emocional, conseguir interpretar os sinais sociais e corporais, demonstrar respeito e humildade", me disse Stanley. "São facetas que demandam um incrível conhecimento das situações, não apenas das pessoas envolvidas, mas de si mesmo e das próprias reações."

Stanley não advoga pela não violência, uma meta irreal quando se trabalha nas forças armadas. Mas ela sustenta que a compaixão também tem um lado violento. "Às vezes, o ato mais compassivo está na autodefesa, em puxar um gatilho", disse ela. Stanley está sugerindo que os soldados incumbidos de defender o país precisam dar um passo além, tornando-se emocionalmente conscientes no momento em que estiverem portando armas. Hoje em dia, isso é especialmente importante, já que nossos militares dependem, mais do que nunca, da tecnologia. "Uma das consequências culturais do excesso de confiança de nossa nação na tecnologia e do menosprezo do papel do ser humano nas questões de segurança é um mal-entendido sobre o funcionamento do corpo humano e da mente, e um falso divórcio entre o desempenho e o cumprimento das missões do bem-estar", afirmou Stanley. Em outras palavras, talvez possamos até sair vitoriosos nas batalhas militares, mas nossas tropas ainda retornam para casa emocionalmente derrotadas.

As pesquisas estão começando a confirmar isso. O exército encomendou uma série de estudos ao Conselho de Saúde Mental para avaliar soldados que haviam lesionado civis, propriedades privadas ou animais de estimação durante as atividades de patrulha nas zonas de combate. Os dados revelaram que soldados acometidos por algum transtorno psicológico se mostravam três vezes mais propensos a atacar do que aqueles com um histórico isento de problemas de saúde mental. Stanley acredita que essa é uma razão ainda mais convincente para oferecer o treinamento em consciência plena aos combatentes. Se puderem gerenciar melhor as próprias emoções, talvez sejam capazes de evitar erros nos campos de batalha. "Pessoas com algum tipo de desajuste emocional têm menos capacidade de administrar seus impulsos e sua reatividade", disse Stanley. "Esse desconforto vai acabar irrompendo no ambiente ao redor. Se elas matarem um civil, estarão apenas aumentando o ciclo de violência. É preciso tentar interromper esse ciclo de sofrimento."

Uma pesquisa conduzida por Stanley em 2008 examinou dois destacamentos de fuzileiros navais enviados ao Iraque, um dos quais recebera treinamento em consciência plena, e o outro não. Durante a ocupação, mesmo tendo se mostrado céticos no início, alguns dos que haviam recebido o treinamento começaram a ligar para Stanley, a fim de lhe pedir conselhos. Outros se voltaram para seus companheiros de armas, solicitando apoio enquanto tentavam restabelecer a prática. Com o tempo, os fuzileiros navais que continuaram a praticar a consciência plena durante os plantões militares demonstraram a habilidade de controlar a atenção com mais eficácia, tornando-se menos distraídos e mais focados, ainda conseguiram controlar suas emoções, experimentando menos emoções negativas e mais emoções positivas do que seus pares que não praticavam.

Nem todos os fuzileiros embarcaram no treinamento.[8] "Não atrapalhe meu horário de descanso", disse um deles. "Já não temos muito tempo, e essa porcaria ainda consome o pouco que sobra." Outro: "Isso é ioga e meditação; não gosto." Mas muitos dos fuzileiros navais que começaram a praticar apreciaram os ensinamentos, desejando, inclusive, que fizessem parte do treinamento regular, e que não fossem ministrados apenas durante o tempo livre. No início, Jeff Davis, major da Marinha que liderou o estudo-piloto entre os fuzileiros navais, se mostrou receoso de que o treinamento pudesse "criar indivíduos menos favoráveis à ação ou mais favoráveis ao excesso de reflexão".[9] Entretanto, finalmente, verificou-se o oposto. A consciência plena, afirmou Davis, "deixou os soldados mais atentos, e quando, enfim, eles decidiam agir, tinham uma noção nítida do que estavam fazendo e mais clareza de objetivos".

Stanley vem recebendo algumas críticas. Quando Tony Perkins, presidente do Conselho de Pesquisa Familiar, um grupo cristão de direita, soube que as forças armadas estavam usando a consciência plena para promover o relaxamento e a resiliência, ele manifestou sua indignação.[10] "Os militares parecem dispostos a abrir mão da religião e substituí-la por excentricidades", disse Perkins, em seu programa matinal de entrevistas, transmitido pelo rádio. "Eles incorporaram capelães ateus, centros de culto Wicca e, agora, aulas de meditação. Mas nada disso é tão eficaz ou tão construtivo quanto uma relação pessoal com Deus." Trata-se, tipicamente, de uma das reações quase sempre instintivas que algumas pessoas têm diante da consciência plena, apesar do aumento de provas científicas que comprovam sua eficácia, e, mais importante do que isso, dos testemunhos de soldados e veteranos que exaltam suas virtudes. Só nos resta imaginar o que um pouco de consciência plena poderia fazer em benefício de Tony Perkins.

Outro fator que tem complicado o diálogo atualmente é que, no entender de algumas pessoas, a consciência plena é sinônimo de meditação, e talvez elas pressuponham que qualquer um que medita está praticando a consciência plena. Mas não é bem assim.

Há muitas formas de meditação, e práticas diferentes têm propósitos diferentes. No caso da consciência plena, a intenção é aceitar as coisas como elas são, até mesmo as situações mais difíceis. O resultado, de modo geral, é um temperamento mais pacífico e mais compassivo. Outras formas populares de meditação têm objetivos distintos. Atualmente, a Meditação Transcendental, em particular, experimenta um renascimento, graças, em parte, a um grupo de celebridades que a endossam, incluindo o comediante Jerry Seinfeld, o famoso chef Mario Batali e o diretor de cinema David Lynch.

A Meditação Transcendental é uma das várias tradições meditativas que enfatizam a prática da concentração. Para alguns adeptos da TM, como é conhecida na sigla em inglês, a recitação silenciosa de seu mantra individual é uma maneira poderosa de se isolar do mundo exterior e alcançar as esquivas reservas de energia e foco. Ray Dalio, bilionário gestor de fundos de investimento especulativo e presidente da Bridgewater Associates, afirma que a TM é um dos segredos de seu sucesso, permitindo-lhe ser mais criativo e menos dependente do *status quo*. "É um retorno estupendo para um investimento de vinte a quarenta minutos diários", disse ele, a respeito de sua prática.[11] "Acho que é a razão mais importante para qualquer sucesso que eu possa ter tido." Como todos sabem, Dalio é um homem carismático e profundamente inteligente. E ele se dedica bastante às atividades filantrópicas, doando milhões de dólares para causas nobres. Mas a Bridgewater é conhecida como uma empresa implacável para trabalhar — cruel, opressora e incansavelmente focada nos resultados financeiros, com uma cultura que beira o sectarismo. Além disso, os fundos de investimento especulativo recompensam a engenharia financeira, e não a produção de bens e serviços úteis. Será que poderíamos dizer que Dalio está atento ao bem-estar de seus funcionários, levando-se em conta que esse é o tipo de empresa que ele administra? E, mesmo que possa dar um bom destino ao seu dinheiro, valeria a pena perguntar qual é o efeito que os fundos de investimento especulativo têm sobre questões importantes, como a desigualdade crescente. Como eles distorcem e manipulam o sistema financeiro? Será que eles criam oportunidades equitativas para todos os investidores, e não apenas para aqueles com os algoritmos mais sofisticados e informações privilegiadas?

A prática de TM de Dalio pode lhe emprestar o verniz da espiritualidade, e suas meditações podem, realmente, ajudá-lo a manter o foco e a se tornar mais criativo. Mas a TM não prioriza a introspecção, tal como acontece na consciência plena. Também não salienta a importância da redução do próprio sofrimento e do sofrimento alheio. Não há nada de errado com a TM. Segundo consta, ela pode fazer muito bem para uma ampla gama de pessoas. Seria um erro, porém, confundi-la com a consciência plena.

Como se fosse tão simples. Associar a consciência plena a outras práticas meditativas é inevitável, e a ironia de encontrarmos um materialista que pratica meditação é muito forte para ser ignorada. Com o decorrer do tempo, esse mal-entendido poderá, inclusive, corroer o apoio à aplicação generalizada das práticas conscientes. Enquanto os críticos continuarem confundindo a prática autêntica com o universo mais abrangente das técnicas de autoaperfeiçoamento, alguns céticos continuarão desmerecendo completamente a consciência plena com facilidade relativa. Aliás, em um mundo dividido de tantas formas, por que deveríamos

CONSCIÊNCIA PLENA NO TRABALHO | 265

esperar que a consciência plena mantivesse qualquer espécie de integridade? Como afirmou o filósofo George Santayana, "a vida norte-americana é um poderoso solvente. Ela parece neutralizar todo elemento intelectual, não importa quão árduo e estranho ele seja, e fundi-lo à boa vontade, à complacência, à inconsequência e ao otimismo nativos".[12]

A consciência plena tampouco está imune às forças em ação no mercado contemporâneo de ideias. Em algumas situações, ela tende a ser simplificada e apreciada totalmente fora de contexto. "Muitas das religiões que chegaram ao Ocidente passaram por isso", salientou Lama Surya Das, professor norte-americano de budismo tibetano. "Elas foram comercializadas, desvirtuadas, diluídas e misturadas às tendências sociais." Surya Das expressa algumas das mesmas reservas que Loy, Purser e Forbes. "Precisamos ficar atentos", disse ele. "Ioga sem espiritualidade é apenas cultura física. Não há nenhum sentido de união. A consciência plena está sendo descaracterizada. Há muito mais coisas envolvidas do que a saúde e a diminuição da pressão arterial, ou do que o aperfeiçoamento da mente para melhorar o desempenho, como no exemplo do franco-atirador da força de operações SEAL da Marinha. A concentração sem a devida introspecção não é tão proveitosa assim." O paralelo com a ioga é especialmente oportuno. Assim como a prática da consciência plena, as técnicas de ioga existem há milhares de anos, enfatizando o funcionamento da respiração e o desenvolvimento espiritual. Nas últimas décadas, porém, à medida que a ioga se tornou popular no Ocidente, grande parte da motivação original se perdeu, e, em vez disso, a ioga se tornou uma glorificada rotina de alongamento.

Talvez a meditação esteja fadada a ser diluída, comercializada e cooptada nos Estados Unidos. Mas isso não significa que a consciência plena, ainda que sob uma forma secularizada e popularizada, não possa causar um enorme impacto positivo na vida de milhares ou, até mesmo, milhões de pessoas. Por enquanto, pelo menos, há poucas evidências sugerindo que a consciência plena esteja sendo usada como instrumento de repressão de crianças em idade escolar, trabalhadores e soldados, como querem fazer supor os cenários mais alarmistas. É verdade que alguns programas corporativos talvez não estejam se aprofundando tanto quanto deveriam. E também há razões para esperar que os professores ensinem as crianças a investigar as causas das próprias emoções, em vez de apenas ensiná-las a se comportar melhor em sala de aula. Considerando-se o quanto nossos empregos podem ser enlouquecedores, seria uma irresponsabilidade apartar o treinamento em consciência plena de determinados contextos organizacionais, simplesmente pelo medo de que ela poderia, de alguma forma, ser descaracterizada. E, além disso, há um problema mais fundamental que inibe a disseminação da autêntica consciência plena: a lei da oferta e da procura.

Em todo o país, empresas e organizações estão conhecendo os benefícios da consciência plena e procurando treinamento. No entanto, com muita frequência, suas buscas resultam infrutíferas. Lamentavelmente, há pouca oferta para empresas que pretendem introduzir o treinamento em consciência plena em seus ambientes de trabalho. Hoje em dia, a maioria dos treinamentos mais bem--sucedidos — e a maioria dos que são descritos neste livro — é resultado de iniciativas autônomas. Em parte, isso se deve ao fato de que ainda estamos em uma fase muito incipiente. Só se passaram alguns anos desde que a consciência plena se popularizou o suficiente para ser oferecida dentro de uma corporação, e o mercado, simplesmente, ainda não conseguiu acompanhar a demanda do público. Mas um outro entrave para a difusão do autêntico treinamento em consciência plena é a falta de qualquer conjunto básico de normas, qualquer coordenação ou esforço unificado por parte dos principais expoentes dessa área.

Um gerente de recursos humanos que esteja interessado em introduzir o treinamento em meditação no ambiente de trabalho, mas que não saiba por onde começar, é confrontado com uma infinidade de ofertas diferentes, dispondo de pouca informação para identificar qual delas é melhor do que a outra. Com muita facilidade, ele poderia decidir por Richie Geller, que reproduz músicas de flauta nativa norte-americana nos intervalos de almoço, assim como poderia optar por Janice Marturano, que ensina sua rigorosa versão de liderança consciente. E mesmo que ele escolhesse Marturano, a proposta dela talvez não se ajustasse perfeitamente às suas necessidades. Além de programas para os executivos, deveriam existir ofertas acessíveis aos colaboradores de nível intermediário, bem como aos operários. E, apesar de tudo, ainda haveria muito o que fazer para se chegar a um esforço coordenado por parte da comunidade da consciência plena, a fim de definir diretrizes e normas ou promover qualquer tipo de agenda comum. Não existe um repositório central de informações sobre o assunto, e nenhum organismo de certificação que dê legitimidade a esse campo. O fato é que, trinta anos depois de Jon Kabat-Zinn ter dado início a uma revolução com a MBSR, ainda não existe um movimento nacional que conjugue tudo isso, ou um grupo que esteja organizando, promovendo e proporcionando uma formação continuada à comunidade da consciência plena. Acredito que se houvesse um lugar capaz de assumir um papel pioneiro em tais esforços, seria o lugar onde tudo começou.

Era uma manhã úmida de verão quando cheguei ao Centro de Consciência Plena em Medicina, Saúde e Sociedade, integrado à Faculdade de Medicina da Universidade de Massachusetts, perto de Worcester. Lá, em um edifício de pé-direito baixo ao lado de um parque verdejante, está localizado o grupo que talvez tenha se empenhado mais do que qualquer outro na divulgação da consciência plena. Inicialmente comandado por Jon Kabat-Zinn, mas dirigido há muitos anos por seu grande amigo Saki Santorelli, o centro já ofereceu treinamento em Redução do Estresse Baseada na Consciência Plena a mais de 20 mil pessoas nas próprias dependências, além de ter certificado centenas de professores que oferecem o mesmo conteúdo programático em escala global. Uma conferência anual organizada pelo centro dá aos pesquisadores adeptos da consciência plena a oportunidade de apresentar suas mais recentes descobertas. Acadêmicos associados publicam os próprios artigos, e Kabat-Zinn e Santorelli permanecem atuantes no circuito acadêmico. Além disso, um programa em desenvolvimento no centro tem como objetivo introduzir o treinamento em consciência plena em ambientes profissionais.

Mesmo assim, após passar um dia inteiro com Santorelli e sua equipe, ficou claro que, apesar de todo o diligente trabalho deles em torno do movimento da consciência plena, tinham pouquíssimo controle sobre os rumos do movimento. Mais importante do que isso, eles pareciam ter pouca expectativa de que, algum dia, serão capazes de exercer tal controle. Eles continuarão a ministrar aulas para os estudantes em Worcester e treinar instrutores que possam ensinar a MBSR em escala internacional. Kabat-Zinn e Santorelli chegaram, até mesmo, a dar aulas de MBSR na China, um poderoso aval, considerando-se o desprezo daquele governo por algo que pareça remotamente espiritual e pelo budismo em particular. Mas quanto a coordenar qualquer movimento mais amplo para além dos próprios e louváveis esforços, Santorelli e sua equipe pareciam desinteressados.

Há uma oportunidade desperdiçada nisso. Depois de meses observando a consciência plena em ação por todo o país, fiquei impressionado com a diversidade de práticas e com os extremos a que alguns chegavam a fim de promover a prática autêntica nos ambientes mais improváveis. Algumas vezes, porém, tive a sensação de que o leque de ensinamentos, certificações, retiros e treinamentos oferecidos era diversificado *demais*. Para um novato em consciência plena, descobrir por onde começar pode ser bastante desnorteador. Se eu não tivesse passado um tempo na Índia e mantido uma prática regular que pouco se alterou ao longo de uma década, também ficaria confuso. E qual seria o fornecedor adequado para uma empresa que tenta implementar a consciência plena em seu ambiente de trabalho? Quando meu empregador, a New York Times Company, quis oferecer treinamento em consciência plena, os gerentes de recursos humanos encarregados da escolha lamentaram a escassez de programas econômicos e acessíveis voltados para as corporações. E, se a MBSR está entre os métodos mais populares, existem inúmeros outros grupos que fazem um trabalho igualmente bom. O Centro de Pesquisa de Consciência Plena da UCLA desenvolveu o próprio conteúdo programático. O Spirit Rock e a Sociedade de Meditação da Introspecção construíram uma longa história de apresentação da meditação budista e vêm trabalhando com propostas laicas. O Google e outras empresas encontraram maneiras eficazes de introduzir a prática nos respectivos ambientes de trabalho. Organizações como a Mindful Schools têm feito grandes progressos na adaptação dos ensinamentos às salas de aula. E Liz Stanley e seus colegas sabem como abrir caminho para a consciência plena em meio às burocracias governamentais. A lista não termina aqui. No entanto, apesar de todas as fecundas oportunidades de colaboração, tais grupos trabalham praticamente isolados, deixando que o poderoso solvente da vida norte-americana dilua, e, por vezes, distorça a prática.

Lancei a ideia de uma espécie de Organização Nacional de Consciência Plena para Santorelli e seus colegas. Poderia ser uma entidade de cúpula que agregasse os profissionais de Worcester, do Centro de Pesquisa de Consciência Plena da UCLA, da Sociedade de Meditação da Introspecção e do Spirit Rock, para citar alguns. Com os líderes da área sentados em torno de uma mesma mesa, seria possível definir um conjunto básico de normas para o treinamento e o ensino. Uma organização nacional sem fins lucrativos poderia certificar os bons programas e funcionar como um centro de recursos para os interessados nessa prática em rápida expansão. Uma espécie de núcleo comum poderia fornecer a base do treinamento, e plataformas diferentes poderiam se especializar em treinamentos para indivíduos, empresas, escolas e instituições afins. Os professores e os programas poderiam ser credenciados, permitindo assim que os principiantes no mundo da consciência plena tivessem o mínimo de confiança de poder contratar alguém qualificado, entre os credenciados. E os créditos de formação continuada, como já acontece em outras profissões, poderiam garantir que os professores se mantivessem atualizados. Porém, apesar de muitos terem concordado que uma organização como essa seria interessante, ainda não houve ninguém que se prontificasse a tentar ocupar esse vácuo. "Essas organizações profissionais correm o risco de embotar grande parte da criatividade", disse Santorelli. "É possível que sua existência não passe de um exercício de autoperpetuação."

É uma preocupação compreensível. Qualquer esforço nesse sentido exigiria um trabalho enorme, e uma boa dose de burocracia. Além disso, a padronização apresenta os próprios riscos, por exemplo, desencorajar muitas pessoas criativas que podem até desenvolver práticas profundas e ter motivações virtuosas, mas que, por algum motivo, não se sintam adaptadas a uma estrutura organizacional mais formal. Porém, na falta de um movimento bem organizado capaz de alimentar e promover o ensino de alto nível, os próximos anos tendem a deixar muitos que buscam treinamento em consciência plena à mercê de ofertas de baixa qualidade, ou, então, completamente desprotegidas. Enquanto isso, a porta estará aberta para uma eclosão de charlatões e mascates que tentarão vender a consciência plena às massas. Pois, de fato, quanto mais popularizada a consciência plena se torna, mais o mercado de informação, formação e treinamento nessa área se converte em um caos desordenado, confuso e ineficaz.

Talvez ainda estejamos a léguas de distância de ter milhões de membros afiliados à Organização Nacional de Consciência Plena, conduzindo sessões de meditação em cada um dos escritórios de todo o país. Isso não deveria nos impedir de definir as melhores práticas relativas ao nosso próprio engajamento com a consciência plena e à apresentação da prática a um público mais amplo. Porque, queiramos ou não, hoje a consciência plena se popularizou. Em suma, trata-se de um grande passo na direção certa. As pessoas estão ficando menos estressadas, mais focadas e mais compassivas. Organizações e empresas vêm aderindo à responsabilidade social e formando líderes mais humanitários. E a consciência plena se dissemina dignamente, sem afetar a integridade de nenhuma das grandes religiões do mundo. Budistas preocupados com o fato de que sua tradição milenar encontra-se ameaçada talvez devessem se lembrar de que o budismo é perseguido há séculos, e, mesmo assim, continua sendo uma tradição vigorosa e diversificada. Como diz um ditado popular: "O darma toma conta de si mesmo."

É verdade que o treinamento em consciência plena nas empresas poderá confirmar as piores suspeitas dos céticos. Ele pacifica os trabalhadores, dizem as más línguas, transformando-os em lemingues corporativos que cumprem cegamente as instruções de seus gananciosos soberanos. Mas a sessão da eMindful na internet não era execrável. Era, simplesmente, o primeiro passo de uma jornada muito mais longa. A oficina de Richie Geller na Reebok não era um exercício de lavagem cerebral. Era, apenas, uma primeira amostra de uma refeição substancialmente mais saborosa. Nem todos os que começam a praticar a consciência plena embarcarão em um esforço vitalício para promover a felicidade geral e a cura do planeta. Como pude observar em minhas viagens, há um amplo espectro na qualidade das propostas. Muitos programas — como os da General Mills, da Aetna e da Eileen Fisher — são abrangentes, enfatizam não só a redução do estresse e a produtividade, mas também a bondade e a compaixão. Outros são mais deficitários. Mas nunca vi o treinamento em consciência plena nos locais de trabalho causar um impacto negativo.

O mais importante é que as pessoas estão praticando a consciência plena pelos motivos corretos. "Para mim, não se trata de uma técnica de pacificação, por meio da qual se esteja reprimindo o legítimo descontentamento das pessoas", me disse Sharon Salzberg, quando discutimos o ensino da meditação da consciência plena nos ambientes de trabalho. "Mas a consciência plena nos dá, sim, inúmeras oportunidades de ver as coisas de modo diferente. E, com isso, podemos escolher com maior clareza o que pretendemos fazer ou ajudar a criar. Talvez as pessoas se deem conta de que precisam pedir demissão."

Dito de outra forma, a consciência plena não deveria ser uma busca egoísta. Embora a prática possa nos ajudar a aprimorar o desempenho no emprego, a criar locais de trabalho mais harmoniosos, a gerenciar melhor, e, até mesmo, a ganhar mais dinheiro, é importante lembrar que esses são os efeitos colaterais positivos da prática, e não os fins em si mesmos. O verdadeiro propósito da consciência plena é cultivar a compaixão consigo e com os outros; é nos libertar dessa eterna insatisfação, responsável pela sensação de que nada jamais será bom o suficiente. "Na verdade, a principal função da consciência plena é alcançar o discernimento", disse Salzberg. "Não se trata apenas de ser consciente e, por isso, apreciar mais o seu chá ao bebê-lo. Não se trata apenas de ter um dia melhor, embora isso seja maravilhoso. Em algum momento, as pessoas precisam adquirir esse sentido de que a consciência plena tem a ver com o discernimento, e de que também é possível ter uma xícara de chá ainda mais saborosa."

• • •

Loy, Purser e um coro de instigadores do medo da McConsciência Plena podem ser exagerados em suas críticas. Às vezes, suas acusações — de que o capitalismo está cooptando a consciência plena — podem beirar as teorias conspiratórias. Mas eles levantam questões importantes, e têm razão de estar preocupados com a crescente superficialidade da consciência plena. Porém, é reconfortante saber que, em vez de se alongar sobre esse tipo de crítica, alguns dos instrutores de consciência plena mais talentosos do mundo parecem estar receptivos à crescente popularidade da prática.

Thich Nhat Hanh, monge vietnamita que passou a vida introduzindo a prática no Ocidente, afirmou que, desde que os líderes empresariais pratiquem a "verdadeira" consciência plena, não haverá problema algum se eles também se beneficiarem de maior eficácia no trabalho e de melhor desempenho nos negócios. A simples prática da consciência plena, disse ele, mudará radicalmente a perspectiva que eles têm da vida, abrindo o coração deles, cultivando a compaixão, e inspirando-os, naturalmente, a reduzir o próprio sofrimento e o das outras pessoas. E ele prosseguiu, receitando uma maneira simples de distinguir a consciência plena da McConsciência Plena.[13]

"Se você achar que a consciência plena é um meio de acumular muito dinheiro, então você não terá alcançado seu verdadeiro propósito", declarou ele. "Pode até ser algo parecido com a prática da consciência plena, mas, no fundo, nem a paz, nem a alegria, nem a felicidade estarão sendo produzidas. Será apenas uma imitação. Se você não sentir a energia da fraternidade e da irmandade irradiando de seu trabalho, isso não é consciência plena."

10. O futuro em microcosmo

A PRIMEIRA CONFERÊNCIA SABEDORIA 2.0, um encontro de especialistas em tecnologia adeptos da consciência plena, aconteceu em 2010, no Museu da História da Computação, no Vale do Silício. Apenas algumas centenas de pessoas compareceram ao evento, dentre as quais engenheiros, empresários e praticantes de meditação, a fim de debater os desafios de ser consciente em um mundo digitalmente saturado. "Por mais que estejamos conectados, tenho a sensação de que estamos muito desconectados", me disse Soren Gordhamer, criador da conferência, quando cobri o evento para o *Financial Times*. "Essas tecnologias são impressionantes, mas o que significa usá-las conscientemente?" O que se verificou foi uma discussão cuidadosa sobre como ser consciente em um mundo permanentemente on-line, e sobre o papel que a tecnologia poderia ter no ensino da consciência plena. Foi um dos primeiros sinais de que a consciência plena se tornava popular e estava prestes a decolar.
Três anos mais tarde, a Sabedoria 2.0 tinha quadruplicado de tamanho. À medida que a consciência plena se popularizava em todo o planeta, os trabalhadores do Vale do Silício passaram a se dedicar à prática com particular entusiasmo. A conferência ocupava, então, um enorme pavilhão de aço e vidro, chamado

Centro de Exposições Concourse, localizado no Design District de São Francisco, um bairro de sótãos e armazéns industriais que funcionam como sede de muitos empreendimentos inovadores. Cerca de 1.700 pessoas participaram do encontro, mais do que o dobro registrado 12 meses antes. Ao longo dos quatro dias seguintes, um grupo de palestrantes mostraria quem é quem na comunidade da consciência plena do Vale do Silício, e outros representantes do mundo dos negócios subiriam ao palco e explicariam como a meditação mudara seu estilo de vida e de trabalho. Professores como Jon Kabat-Zinn e Jack Kornfield estavam presentes. Neurocientistas contemplativos, como Judson Brewer, tinham deixado para trás sua agenda acadêmica na costa leste. Havia expoentes da tecnologia na plateia, dentre os quais o fundador do Twitter, Evan Williams, e o CEO do LinkedIn, Jeff Weiner. As pessoas mais influentes do mundo corporativo norte-americano também compareceram, incluindo Arianna Huffington e o presidente da Ford Motor Company, Bill Ford, que usou o evento para se assumir publicamente como praticante de meditação. Padmasree Warrior, diretora de tecnologia da Cisco, falou sobre "a sabedoria aplicada à vida empresarial". Irene Au, ex-diretora de experiência do usuário do Google, discorreu sobre "a criação de um projeto visual empático". Havia, ainda, dois membros da Câmara dos Deputados, Tim Ryan, de Ohio, e Tulsi Gabbard, do Havaí, que expuseram expectativas acerca dos benefícios que a consciência plena poderia trazer para seus eleitores. Assim como a própria tecnologia, a Sabedoria 2.0 parecia seguir a Lei de Moore, duplicando a capacidade de processamento a um ritmo previsível. E o que antes já fora um evento sobre consciência plena e tecnologia havia se transformado apenas simbolicamente em uma conferência sobre tecnologia; naquele momento, a Sabedoria 2.0 abrangia uma discussão muito mais ampla sobre como expandir as qualidades desenvolvidas pela meditação para todo o universo profissional. A consciência plena já era praticada nos ambientes de trabalho do mundo inteiro, mas era evidente que o Vale do Silício havia reivindicado para si o papel de epicentro daquele florescente movimento.

Dentro do Centro de Exposições Concourse, parecia que o festival Burning Man se transferira para a Baía de São Francisco. Havia cúpulas de madeira vazada com estrados embutidos, que pareciam criações retrofuturistas sobre a areia. Telas enormes exibiam o logotipo da Sabedoria 2.0: um cérebro conectado a uma flor de lótus. Havia, também, uma enorme quantidade de objetos artísticos de gosto duvidoso em exposição — pinturas canhestras, de imagens pseudoespirituais, feitas com acrílicos de néon; uma mixórdia de esculturas de Buda moldadas em fibra de vidro; estrelas brancas infláveis pendendo do teto. Membros da cultura hipster, vestidos como lenhadores, praticavam ioga pelos corredores. Em dúzias de mesas redondas, os participantes organizavam as próprias "não conferências", sugerindo painéis espontâneos, como "Ambientes de trabalho: o novo zendô", "Traduzindo a consciência plena em linguagem empresarial", e "Por que a Exxon, a Chevron e o resto dos imbecis da indústria do fraturamento hidráulico não acordam?". Entre uma sessão e outra, celebridades se amontoavam em uma área privativa, atrás de um cordão de isolamento, chamada Salão da Consciência Plena, um espaço de socialização patrocinado pela revista *Mindful*. Um lance de escadas acima, uma área ainda mais exclusiva estava reservada aos executivos do Google e seus convidados de honra. Seguranças musculosos de camisetas pretas vigiavam o acesso aos bastidores, mantendo a ralé afastada das elites presentes à conferência. Ainda que estivéssemos em uma reunião que pregava ostensivamente o desprendimento do ego, parecia que algumas velhas hierarquias se mantinham inabaláveis.

Porém, um intenso alvoroço continuava no saguão, à medida que empresários, engenheiros, investidores e treinadores de executivos se misturavam a instrutores de meditação e gurus de todas as partes do mundo. Esbarrei com pessoas conhecidas de ambos os mundos — fontes que eu havia consultado regularmente quando cobria as empresas do Vale do Silício anos atrás, e especialistas em consciência plena que vim a conhecer quando comecei a escrever este livro. Era um ambiente descontraído, e cada encontro espontâneo nos corredores soava como um momento insólito, com novas e importantes conexões forjadas diante de terminais que ofereciam chá verde gratuitamente.

Em um dos primeiros painéis, Gordhamer perguntou a Jon Kabat-Zinn, o avô da consciência plena, por que ele estava lá. "Estou aqui com um único propósito, mas não tenho a menor ideia de qual seja", respondeu Kabat-Zinn. "Várias ideias diferentes me passam pela cabeça, mas há um componente misterioso nisso tudo que é muito sedutor. Isso não é uma conferência, e talvez não seja um espetáculo. Mas, possivelmente, é uma oportunidade de visibilidade. Há uma espécie de atração magnética que fez com que todos nós chegássemos aqui, quer tenhamos vindo de perto ou de longe."

Kabat-Zinn acrescentou, ainda, que, com tantas pessoas atormentadas pela sobrecarga de informações, era importante fazer uma distinção entre participar de uma conferência daquele tipo simplesmente para preencher a mente com mais informações, e comparecer com a disposição de mudar a maneira como levamos a vida. "Entendo isso, talvez, como uma manifestação dos primórdios do que eu chamaria de um renascimento global do despertar, da verdadeira sabedoria. E vale lembrar que estamos na era da informação. Este evento não se chama Informação 2.0. Este evento se chama Sabedoria 2.0", disse ele. "Para nós, será um grande desafio aprender a lidar com toda essa carga de informação avassaladora que nos leva perpetuamente à autodistração. (...) Estamos falando sobre mergulhar profundamente na dimensão plena de nosso próprio ser, e de como permitir que essa dimensão surja através de múltiplas vias, múltiplas inteligências e múltiplos ritmos."

Se essas palavras pareciam não fazer muito sentido, é porque não deviam fazer. A multidão as acatou avidamente. No dia seguinte, Arianna Huffington subiu ao palco usando um vestido justo cor de esmeralda. Eterna camaleoa, ao longo da carreira ela se transferiu do Partido Republicano para o Democrata, e da posição de comentarista para a de empresária. Fundadora do *Huffington Post*, ela vendeu a rede de blogs de política à AOL por US$ 65 milhões e deu uma nova guinada na vida, passando a se dedicar à divulgação do evangelho da saúde e do bem-estar, com a consciência plena incluída. "Para mim, isso aqui é a Disneylândia", disse ela. "Não me canso de falar sobre isso, e essas também são as conversas mais importantes que poderíamos ter neste momento."

Huffington não tem ilusão alguma de que, subitamente, as pessoas vão deixar seus smartphones de lado e parar de navegar na internet. Ela sabe que a tecnologia é algo profundamente arraigado em nossa vida, e que isso só tende a se agravar ainda mais nos próximos anos. Ela também sabe que nossa distração digital é uma receita para a infelicidade. "A multitarefa é uma das principais fontes de autoengano, pois deixamos de estar totalmente presentes", afirmou ela. A preocupação de Huffington consiste, então, em encontrar meios de combater o fogo com o próprio fogo. "Como podemos usar a tecnologia para nos ajudar a nos desconectar da tecnologia?", perguntou ela. Sua resposta, além de tentar cultivar um mínimo de consciência plena nos escritórios da *HuffPo*, com professores de meditação e salas de descanso, é abastecer seus sites homônimos com artigos que promovam as virtudes das práticas contemplativas, e desenvolver aplicativos que incentivem a meditação. "No futuro, consideraremos este momento um momento histórico, quando várias coisas entraram em alinhamento", disse ela à multidão. E, enquanto Huffington confraternizava com seus fãs após a palestra, era impossível não identificar a atmosfera de culto às celebridades pairando sobre o evento. Depois de algum tempo, ela foi reconduzida à sala VIP, onde os palestrantes se reclinavam em sofás de couro e saboreavam fatias de frutas.

Com sua mistura de psicologia do bem-estar, participações especiais de celebridades e marketing engenhoso, a Sabedoria 2.0 se tornou, de fato, a imagem pública desse movimento emergente, a conferência obrigatória no cenário da consciência plena. Ela abastece integralmente os críticos da McConsciência Plena, para quem eventos dessa natureza são uma execração da essência introspectiva da prática (foi em uma edição da Sabedoria 2.0 que os manifestantes abriram uma faixa para atacar a Google). E, em alguns casos, a conferência foi prejudicada pelo mesmo tipo de inclusividade irrestrita que desvirtua a força de todos os movimentos ditos de esquerda — imaginemos um Occupy Wall Street voltado para questões espirituais, com sua confusa conjugação de causas sociais, políticas e ambientais. Supostamente, a conferência deveria ser sobre consciência plena, compaixão e outras tradições contemplativas, mas havia pouquíssimas oportunidades de praticá-las. As palavras de Kabat-Zinn ecoavam em minha mente. Parecia que todos sabiam que deviam estar ali, mas ninguém tinha ideia do porquê.

Mas há muitas coisas que merecem ser valorizadas. Gordhamer é uma pessoa afável e um zeloso praticante de meditação, e muitos dos palestrantes da Sabedoria 2.0 desenvolvem práticas autênticas e têm sólidas motivações. Eu também já me pronunciei nesses eventos. E, no cômputo geral, a equipe da Sabedoria 2.0 conseguiu alcançar um feito notável. Eles tomaram algo que, até alguns anos atrás, era apenas um movimento marginal de praticantes secretos de meditação e fizeram com que alguns dos nomes mais influentes do mundo corporativo norte-americano declarassem lealdade a tal movimento. Eles fizeram o inimaginável ao popularizar a meditação. "Há diversas conferências inconsistentes sobre cristais, nos moldes da Nova Era, às quais eu não gostaria de ir, e, ao mesmo tempo, há uma infinidade de conferências empresariais das quais eu tenho de participar por exigência do meu ofício", afirmou Bradley Horowitz, executivo da Google e empenhado praticante de meditação, que deu uma palestra ao fim daquele dia. "Mas não há muitos lugares aos quais você possa ir e ouvir Jeff Weiner e Bill Ford falando sobre como eles focam sua atenção na atenção."

Existe um bom motivo para que a Sabedoria 2.0 prospere no Vale do Silício. Atualmente, parece que nenhuma empresa de tecnologia está completa sem o próprio programa interno de meditação. De uma forma ou de outra, a Adobe, a Apple, a Asana, a Cisco, o eBay, o Facebook, a Genentech, a Intel, a Juniper Networks, o LinkedIn, o Twitter e inúmeras outras já oferecem a consciência plena nos ambientes de trabalho. Uma vez por ano, Jon Kabat-Zinn conduz um retiro exclusivo para líderes do setor de tecnologia. Thich Nhat Hanh, monge vietnamita que transformou a consciência plena na base de seus ensinamentos extremamente populares, é, hoje em dia, uma presença assídua no vale, comandando as cerimônias do chá na área, frequentadas por diretores executivos de empresas de tecnologia, como Marc Benioff, da Salesforce.com. "Quando me apresento no Google e em outras empresas, costumo lhes recomendar que usem sua inteligência e sua benevolência para ajudar a criar os instrumentos necessários para voltarmos ao nosso eixo e nos curar", ressaltou Thich Nhat Hanh.[1] "Não é preciso rejeitar nem descartar todos esses dispositivos, mas podemos fazer um bom uso deles." Para Thich Nhat Hanh, a tecnologia deve auxiliar as pessoas a reduzir o estresse e a moderar a raiva, e ele acredita que o Vale do Silício dispõe dos recursos para fazer com que isso aconteça. "Os integrantes da equipe do Google querem aprender a transformar o próprio sofrimento, assim como todos os outros seres vivos", disse ele. "Eles dominam inteiramente o ensino e a prática, são capazes de propagá-los e têm as ferramentas para isso." O Vale do Silício, ao que parece, é a vanguarda da consciência plena no trabalho.

Não é de se admirar. Afinal, essa é a Califórnia, onde tantos movimentos progressistas se radicaram. Basta citar qualquer uma destas causas — o movimento antibélico, a reforma da imigração, o feminismo, os direitos dos homossexuais, a maconha medicinal. Cada uma delas encontrou os primeiros dos muitos e entusiasmados defensores na Bay Area. Por isso, é natural que a consciência plena também encontre sua base naquele local. Na verdade, há algo de especial no poder do Vale do Silício em moldar o futuro. Essa região é sinônimo de inovação. Não é exagero pensar que as empresas que tentam revolucionar a informação, a publicidade e os meios de comunicação também procurem inovar a cultura dos ambientes de trabalho. Sem dúvida, essa abertura de espírito é um dos motivos pelos quais professores de práticas espirituais, como Suzuki Roshi, se estabeleceram na Bay Area, e Steve Jobs se sentiu à vontade para se assumir publicamente como um CEO seguidor do budismo. "O Vale sempre esteve na interseção desses dois fenômenos", declarou Bradley Horowitz, executivo da Google. "Se levarmos em conta os primeiros místicos orientais que chegaram aqui, estamos falando de uma parte muito significativa da cultura do norte da Califórnia." Huston Smith, acadêmico especialista em estudos religiosos, escreveu, no prefácio de *Zen no Trabalho*, autobiografia de um dos primeiros funcionários da IBM que levava uma vida dupla como mestre zen, que o Vale do Silício é "o futuro em microcosmo".[2]

Hoje em dia, esse idealismo faz parte do próprio DNA de algumas empresas de tecnologia, que, como pioneiras comerciais e culturais, ajudam a propagar a consciência plena tão rapidamente quanto um vídeo viral de um panda espirrando. Geralmente aquilo que se estabelece na Califórnia inspira imitadores por toda parte, e parece não ser diferente no caso da meditação. "Talvez seja tentador desprezar esse fato, como se fosse apenas mais um modismo neoespiritual proveniente de uma parte do país que emplaca um ciclo da Nova Era atrás do outro", escreveu o jornalista Noah Shachtman, na revista *Wired*. "Mas é importante observar que os profetas desse novo evangelho estão dentro das empresas de tecnologia, sobre as quais já repousa grande parte de nossa vida. E essas empresas são incrivelmente competentes na transformação de ideias de um determinado nicho em algo que centenas de milhões irão almejar."

Tomemos, por exemplo, o bilionário fundador do Twitter, Evan Williams. Williams nunca seria o mais óbvio dos CEOs. Embora muitos líderes empresariais da atualidade subam na hierarquia corporativa por meio de uma combinação de carisma, confiança e ousadia, Williams sempre foi o tipo tímido e reflexivo. Desde o início, os êxitos dele foram notáveis, mas, na maior parte do tempo, conseguiu passar despercebido. Uma das empresas que fundou, a Pyra Labs, desenvolveu uma das primeiras plataformas de publicação digital, chamada Blogger. Mesmo depois de a Google ter adquirido a empresa em 2003, Williams não se tornou uma celebridade na área de tecnologia. Porém, alguns anos mais tarde, com uma pequena empresa chamada Twitter, ele experimentou um verdadeiro surto de popularidade.

Lembro da primeira vez que entrevistei Williams, em 2010, na conferência de lançamento do Twitter para desenvolvedores usuários de sua Interface de Programação de Aplicativos. Naquela época, a empresa conquistava uma enorme aceitação, e, nos meses anteriores, Williams já havia se deparado com o brilho dos flashes inúmeras vezes. Mas quando me sentei com ele e com o cofundador Biz Stone em uma antessala do Palácio de Belas Artes de São Francisco, Williams falava praticamente sussurrando. Meu gravador mal conseguia captar o áudio. O homem que comandava um dos maiores meios de transmissão de mensagens já inventados parecia relutante em ser ouvido.

Anos depois, quando fiquei frente a frente com Williams no escritório de sua mais recente empresa, a Medium, ele era praticamente um homem novo. Ainda alto e esbelto, com um rosto pouco expressivo e olhos grandes e plácidos, Williams exibia, contudo, um renovado ar de confiança. Talvez parte disso pudesse ser imputada ao sucesso do Twitter, que promovera a abertura de capital, fazendo com que Williams se tornasse incrivelmente rico. Mas outra parte também parecia ser fruto de uma calma e de uma tranquilidade recém-descobertas. Talvez a riqueza tenha reforçado seu senso de autoestima. Ou talvez tudo se devesse ao fato de ele ter começado a meditar.

Fundador do principal serviço de mensagens curtas, Williams seguia uma tática diferente na Medium, em comparação com a adotada em seu sucesso anterior. A empresa, que oferece uma interface simples de usuário para a publicação de textos mais longos, parece um Twitter ao avesso. Com facilidade, a empresa atraiu investimentos de capital de risco, e o escritório da Medium no centro de São Francisco tem todas as características dos atuais empreendimentos inovadores do Vale do Silício. Um punhado de integrantes da geração dos *millenials* vestidos com jeans e camisetas ocupa um arejado piso sem divisórias, abastecido com alimentos orgânicos e café extraforte. Mas a particularidade básica da cultura da Medium não é o ambiente descontraído, o currículo do fundador ou a rápida capacidade de arranque. O fato é que, nessa fase ainda bastante precoce — com apenas algumas dúzias de colaboradores —, a Medium é uma empresa consciente, que endossa o valor da escuta profunda, uma estrutura organizacional menos hierárquica, e, até mesmo, o silêncio.

Criado em uma fazenda em Nebraska, Williams soube conservar sua humildade do Centro-Oeste. Ele abandonou a faculdade e, em sua versão particular da "síndrome do impostor", diz que ainda se sente inseguro quanto à sua formação educacional. Quanto mais ele fundava uma série de empresas bem-sucedidas, mais isso se traduzia em um estilo de gestão desajeitado e, muitas vezes, ineficaz. Williams era muito bom quando se tratava de dar sua opinião sobre a concepção de um produto, mas tinha menos destreza na hora de tirar o máximo proveito de sua equipe. "Meu calcanhar de Aquiles sempre foi o relacionamento com as pessoas", disse ele. "Eu me saía bem com um grupo pequeno, porque dentro de meu círculo íntimo eu podia tratar todos com igualdade, mas quando a empresa crescia, aquilo me parecia um tanto estressante. Eu fingia, e, obviamente, as pessoas percebiam. Isso prejudicava minha eficácia."

Williams, um eterno curioso e ávido experimentador, já havia se envolvido com a meditação por vários anos. Mas foi apenas recentemente que ele passou a considerá-la com seriedade, à medida que um maior número de empreendedores do Vale do Silício passou a demonstrar interesse na consciência plena. O que, de início, era uma busca um tanto solitária foi ganhando forma quando

Williams começou a trabalhar com Jonathan Rosenfeld, *coach* de executivos que incorpora a consciência plena em seu treinamento. Esse primeiro contato levou a uma prática cotidiana sistemática. Atualmente, Williams usa um aplicativo chamado Lift para fazer o acompanhamento de sua meditação diária. Desenvolvido pelo amigo Tony Stubblebine, eventual parceiro de negócios e companheiro na prática da meditação, o Lift virou moda entre uma nova geração de vanguardistas do desenvolvimento tecnológico, fascinada com o movimento do "eu quantificado", no qual todas as atividades, calorias e situações são monitoradas e mensuradas por meio das novas tecnologias. E Williams também começou a apresentar a meditação aos colegas. Desde a fundação da empresa os colaboradores da Medium vêm frequentando retiros juntos. A equipe participou de dois eventos externos, no Condado de Marin, cada um deles incluía longos períodos em silêncio e prática da meditação da consciência plena. Depois disso, Williams procurou Will Kabat-Zinn, filho do pioneiro da MBSR, Jon Kabat-Zinn, para conduzir sessões semanais de meditação na sede da empresa. Os cursos se tornaram tão populares que Will Kabat-Zinn passou a oferecer sessões consecutivas, para que todos no escritório pudessem participar.

Em nível pessoal, a consciência plena mudou a conduta de Williams no trabalho. Ele deixou de ser um gerente relutante para se tornar mais habilidoso na gestão de um número cada vez maior de colaboradores, incorporando muitas das qualidades de um líder consciente. "Isso me afetou bastante, e, como líder da empresa, minha energia está diferente, pois estou me relacionando com a empresa de uma maneira distinta", afirmou Williams. A consciência plena também o deixou mais à vontade consigo mesmo. "O DNA de uma empresa é o reflexo da personalidade de seu fundador", disse ele. "Se eu fico menos ansioso, todo mundo fica menos ansioso." Ele percebeu que não é preciso ser um líder com personalidade do Tipo A, nem um grande orador público. Graças à autoconsciência cultivada através da consciência plena, Williams adotou uma abordagem mais serena em sua vida empresarial. Não significa que tenha parado de trabalhar arduamente, ou que não esteja tentando fazer a empresa progredir de um modo específico e ambicioso. Mas, pouco a pouco, ele foi se tornando mais tolerante com os rumos do negócio e, mais importante do que isso, consigo mesmo. E, por não ter de se esforçar tanto para agir de modo dissimulado, ele se permitiu estar mais atento àquilo em que realmente se destaca — como, por exemplo, a concepção dos produtos. "A consciência plena não lhe dá habilidades que você não tem, mas permite que você explore ao máximo o próprio potencial", disse Williams.

No caso de seus funcionários, Williams enxerga a consciência plena como um contraponto necessário a uma cultura que é famosa por provocar esgotamento. "A cultura dos empreendimentos inovadores, tanto do ponto de vista histórico quanto do estereotipado, é essa cultura de alta voltagem, de trabalhar 24 horas por dia, de dormir embaixo da mesa, uma cultura bastante machista, na qual a consciência plena parece bastante deslocada", observou ele. "Mas contratamos você por causa do seu cérebro, e a consciência plena melhora seu cérebro. A partir de uma perspectiva muito egoísta, queremos que você se dedique à prática da meditação. Aqui, ninguém vai achar que você não está fazendo nada se estiver meditando."

Para difundir essa ideia entre os funcionários da Medium, Williams redigiu um memorando interno, intitulado "Meditação: aprimorando a ação através da inação". Nele, reiterava: "Recomendamos uma pausa durante a jornada de trabalho para você não fazer nada. Isto é, feche os olhos e fique sentado calmamente, sem se deixar distrair. (...) Esperamos que aprenda o valor de não fazer nada." Mas Williams também escreveu que "a razão pela qual oferecemos a oportunidade de não fazer nada não é, porém, a felicidade pessoal. A meditação guiada pode soar como uma regalia, mas também pensamos nela como um investimento calculado. Ser mais consciente é estar mais presente em sua vida. Ao cultivar a arte do 'não fazer', você também vai aprender a agir (e a trabalhar!) com mais determinação." Williams exaltava, ainda, o valor de estar incondicionalmente presente no local de trabalho ("A prática não está preocupada em mudar quem você é ou o que está acontecendo à sua volta, mas em 'prestar atenção de forma precisa, sem emitir julgamentos, aos detalhes' da vida cotidiana; a meditação altera sua maneira de ocupar o mundo, do jeito que ele já é") e usava a conhecida analogia da meditação como um exercício para o cérebro, antes de defender alguns pontos importantes sobre a prática da consciência plena no trabalho. "A consciência plena faz com que você se torne uma pessoa melhor sob alguns aspectos que o transformarão, simultaneamente, em um melhor companheiro para sua equipe: pessoas que meditam também exibem um aumento de atividade em uma região do cérebro associada à empatia", escreveu ele. "Seja você um designer de produto ou um engenheiro de sistemas de retaguarda, a habilidade de se relacionar com outras pessoas pode se acoplar muito bem ao aumento da participação do usuário ou à eliminação dos últimos retrocessos do site." Um dos empresários mais bem-sucedidos de nossa época apelava apaixonadamente à inação, e terminou por integrar a consciência plena à própria missão de sua empresa.

"Nosso objetivo na Medium é criar uma plataforma que incentive os usuários a ler e a escrever on-line de uma forma mais consciente", afirmou Williams nesse texto. "Mas nossa vida também é vivida on-line; fazer uma pequena pausa no trabalho envolve, geralmente, uma sobrecarga sensorial contínua e um consumo indiscriminado — ou inconsciente — de mídia. Talvez a meditação só consiga melhorar e embelezar a Medium ao fazer com que vocês, as pessoas que a constroem, se tornem mais conscientes em todos os aspectos da vida."

Se esse for o novo perfil da consciência plena no mundo corporativo norte-americano, os críticos da McConsciência Plena têm pouco a temer. Williams enfatiza que a verdadeira prática da meditação, como meio de cultivar a consciência plena, transformou seu estilo de liderança para melhor, e está criando um ambiente humano, no qual os funcionários têm a chance de prosperar. Deter o aquecimento global ou erradicar a fome no mundo talvez não estejam entre as prioridades da Medium, mas a empresa vem fazendo um trabalho importante na própria área de atuação e plantando as sementes de uma indústria de tecnologia mais consciente. E, como salientou Thich Nhat Hanh, pela mera prática da meditação, Williams e seus funcionários estão mais compassivos, o que, com o tempo, os inspirará a se tornarem mais bondosos consigo mesmos, e socialmente mais responsáveis em relação aos outros.

Tudo o que as empresas do Vale do Silício querem é conquistar popularidade. Antes de perseguir os lucros, elas buscam os usuários, e valorizam a adrenalina em detrimento dos modelos de negócios. Elas também não querem ficar para trás. O medo de ser ignorada é uma poderosa motivação. Assim, quando os fundadores do Twitter e os colaboradores da Google chegaram às primeiras páginas dos jornais ao assumir publicamente o treinamento em consciência plena, não demorou para que muitos dos colegas do mundo corporativo seguissem o exemplo. Evidentemente, não há nada de errado nisso. Mas, algumas vezes, não fica claro se as empresas de tecnologia adotam a consciência plena com tanta rapidez porque realmente acreditam que ela é capaz de melhorá-las ou se estão fazendo isso porque todo mundo parece fazer o mesmo. De qualquer maneira, o treinamento em consciência plena se dissemina como um vírus de computador em todas as firmas de tecnologia da Bay Area.

No escritório da Adobe, em São Francisco, montado em um armazém retrofitado de tijolos que, no passado, foi usado como depósito de suprimentos para os mineiros durante a Corrida do Ouro, a consciência plena está intimamente relacionada ao aprimoramento da produtividade. Sob o codinome Projeto Respirar, a iniciativa de implantar a consciência plena na Adobe foi promovida pelo gerente sênior de programas Scott Unterberg, da divisão de computação em nuvem da empresa. Unterberg costuma divulgar a consciência plena entre os colaboradores como uma oportunidade de "recarregar as baterias" no decorrer do dia, ao acessar uma poderosa fonte de energia e atenção sustentada, que assim evita a busca de estímulo por meio do consumo desenfreado de café. "Em vez de tomar um *latte*, ficar animado, entrar em uma espiral descendente pelo excesso de cafeína e terminar o dia tão ligado a ponto de comprometer sua produtividade, você pode fazer uma pausa, esfriar a cabeça e seguir em frente", me disse ele, quando visitei a Adobe em certo verão.

A demanda pelo Projeto Respirar é alta. Centenas de colaboradores já participaram, acadêmicos se candidatam para acompanhar os resultados, e o programa se expande, no sentido de abranger uma sessão com palestrantes convidados. Apareci no escritório da Adobe, em São Francisco, bem a tempo de participar da prática semanal de meditação, realizada nas tardes de quarta-feira. Duas dúzias de funcionários de todos os departamentos da organização estavam reunidos em uma apertada sala de concreto. Empoleirados em almofadas coloridas, os engenheiros deveriam entrar em silêncio ao ouvir o badalar de um sino. Ficamos sentados por cinco minutos, o sino tocou, o grupo trocou gentilezas, e, em seguida, o sino tocou novamente, dando início a um período de 15 minutos de silêncio. O sino tocou pela última vez, sorrisos ocuparam a sala, e, logo depois, os colaboradores voltaram aos seus iMacs. Foi um intervalo agradável no meio de um dia atarefado. Ninguém deu uma palavra sequer sobre mudar o modo de funcionamento de nosso cérebro. Não houve nenhuma menção à redução de nossa reatividade emocional. Foi apenas um recarregamento rápido antes de voltar às baias de trabalho. Para o departamento de recursos humanos, responsável por dar o aval ao Projeto Respirar, essa abordagem de baixa complexidade é, sem dúvida, uma parte do apelo do programa. Colaboradores mais felizes são mais produtivos, e colaboradores mais saudáveis são menos dispendiosos. Centenas de funcionários da Adobe já participaram, e o programa vem crescendo rapidamente.

Um esforço semelhante está em andamento na fabricante de chips Intel. Lindsay Van Driel, uma das gerentes da empresa, desenvolveu o programa com o auxílio de um instrutor local de ioga e meditação, sob inspiração do emergente movimento do Vale do Silício. Uma mistura de meditação e reflexão, o Desperta@Intel é mais parecido com a MBSR do que o Projeto Respirar da Adobe. Marne Dunn, gerente do programa estratégico de habilidade digital da Intel, começou como aluna do curso Desperta@Intel e, hoje em dia, colabora como instrutora. Ela afirmou que o curso lhe permitiu administrar melhor sua autocrítica. "Os principais benefícios são uma maior consciência de mim mesma e do quanto eu me critico, e não permitir o surgimento de pensamentos negativos", disse ela.[3] "Eu me sentia frustrada por não conseguir chegar a lugar algum e não ser ouvida. Comecei a perceber que, quando coisas negativas estão acontecendo, é porque você mesmo as está projetando."

Logo após o lançamento, a Intel gastou mais de US$ 75 mil no programa e o ampliou, disseminando-o para outros escritórios em todo o mundo. Mais de 1.500 colaboradores já participaram, e os resultados iniciais estimulam novos investimentos. Os alunos do Desperta@Intel afirmaram se sentir mais felizes e mais criativos, e mais capazes de se concentrar e de cooperar com os colegas. "Se mostrarmos às pessoas o gigantesco retorno que obtivemos, ninguém poderá desabonar a validade dessa experiência", disse Van Driel.[4]

A consciência plena está mudando o Vale do Silício sob vários aspectos, desde a campanha do CEO do LinkedIn, Jeff Weiner, no sentido de se tornar um líder mais consciente, até os experimentos de engenharia compassiva do Facebook. Mas o Desperta@Intel, o Projeto Respirar da Adobe e inúmeros programas similares conduzidos em locais como a Salesforce.com, a AOL e muitos outros devem sua existência ao curso que definiu o parâmetro dos programas de ensino da consciência plena no trabalho. O curso liderado por um pequenino multimilionário, nascido em Singapura. O curso com as mais surpreendentes ambições. O curso, é claro, ministrado na Google.

O extenso Googleplex, sede da empresa de tecnologia mais influente do mundo, ao sul da eternamente ensolarada Baía de São Francisco, ficou famoso ao longo dos anos, tanto por sua cultura e pelos benefícios que oferece quanto pelos produtos que desenvolve. Ao lado do esqueleto de tiranossauro e da trilha de tijolos amarelos estão uma horta comunitária e uma cafeteria que serve comida orgânica de graça. Uma genuína economia de serviços prospera dentro das instalações, complementada com lavanderia, oficina de conserto de bicicletas e preparadores físicos particulares. Os funcionários que desfrutam desses luxos corporativos são os mesmos engenheiros que digitalizam os livros do mundo, fazem avançar a inteligência artificial e projetam carros autônomos. É essa estranha conjugação de luxo material e rigor intelectual que torna a Google uma das empregadoras mais procuradas do mundo. Por quatro vezes, a revista *Fortune* a elegeu como o melhor lugar para se trabalhar, incluindo os anos de 2011 e 2012. Parte do magnetismo da Google nasceu do impulso missionário dos fundadores, que se propuseram a organizar todas as informações do mundo e disponibilizá-las universalmente, enquanto transformavam a empresa em uma defensora da cidadania global. E embora a empresa não tenha estado sempre à altura de suas mais nobres aspirações — invadindo a privacidade das pessoas de um lado, aniquilando concorrentes de outro —, ela não abriu mão de seu idealismo. Quando conversamos com os colaboradores da Google, ainda temos a sensação de que eles acreditam realmente que podem resolver os problemas do mundo.

Atualmente, a Google vem aplicando internamente seu lema corporativo "Não seja mau". Com o Procure Dentro de Você, um curso de consciência plena e Inteligência Emocional que se tornou uma das ofertas mais populares em suas instalações, a Google busca intervir na vida de seus colaboradores com técnicas que promovem a compaixão, o amor e o altruísmo. Mas não é apenas a Google que está tentando evitar qualquer mal; ao menos alguns dos colaboradores têm metas muito mais audaciosas. Como me disse Chade-Meng Tan, o fundador do programa: "Estamos tentando criar a paz mundial nesta existência."

Meng tem 40 e poucos anos, ascendência chinesa, um enorme sorriso, bochechas marcadas por cicatrizes e fartos cabelos negros. Ele está sempre sorridente e sempre pronto a soltar uma piada com seu inconfundível sotaque, embora a jovialidade oculte sua profunda inteligência. Ele foi o colaborador número 107 da Google, e esse tipo de antiguidade — e de riqueza — significa que, hoje em dia, pode fazer praticamente o que quiser. Alguns anos atrás, ele se autoempossou no cargo de "Bom Companheiro", passando a servir como embaixador extraoficial para as celebridades que iam visitar as dependências de Mountain View. Quando o ex-presidente Jimmy Carter vai à Mountain View, é Meng quem lhe dá as boas-vindas. Quando Justin Timberlake aparece para visitar, Meng o saúda com um sorriso. Mas essa emblemática capacidade de entabular uma conversa é apenas uma engenhosa fachada para a verdadeira missão de Meng na empresa. Enquanto seus companheiros da Google trabalham para construir novos algoritmos, Meng continua dando vazão a seu próprio projeto, a *engenharia social*. Ele é o fundador do Procure Dentro de Você, talvez o programa mais apurado do planeta de introdução da sabedoria contemplativa nos ambientes de trabalho. E, em pouquíssimos anos, ele transformou a Google — que já era o epicentro do mundo tecnológico — também no epicentro do movimento da consciência plena no trabalho.

Foi numa tarde quente que cheguei à Google para participar da última sessão do curso de dois meses. Algumas dúzias de colaboradores da Google — uma mistura de engenheiros, gerentes de produto e vendedores altamente capacitados — se espremiam em uma sala banhada de sol, com paredes pintadas com as cores primárias que formam a logomarca da Google. Sentado de pernas cruzadas sobre uma banqueta, como se estivesse levitando, Meng comandava a aula. Ao seu lado, podia-se ver Rich Fernandez, que está para Meng assim como Watson está para Sherlock Holmes. O tema da aula daquele dia era "Habilidades para a Liderança Eficaz". Parecia o tipo de ementa lacônica que encontraríamos na Escola de Administração de Empresas de Stanford, localizada nas proximidades. No entanto, em vez de ensinar os colaboradores da Google a se tornar gerentes intransigentes, espremendo os subordinados amedrontados até a última gota de produtividade, Meng discursava sobre a compaixão. "Em uma empresa como a Google", disse ele, "olhar apenas para si mesmo não nos levará muito longe." As organizações são sistemas complexos e interdependentes, que exigem não apenas a cooperação, mas, muitas vezes, o autossacrifício. Como colega, você deveria compreender que o próprio sucesso depende do sucesso dos companheiros de equipe. Em vez de tentar reduzir o trabalho ao mínimo possível e continuar querendo que a tarefa seja realizada, tente oferecer ajuda a um colega, na esperança de que, atuando em conjunto, sua equipe possa ser mais eficiente. E, como gerente, em vez de elaborar avaliações tão rígidas a ponto de deixar a equipe esgotada, procure gerenciá-la de forma eficaz, administrando sua carga de trabalho para que se possa assegurar um nível básico de eficiência.

"Existe uma falsa dicotomia entre delegar as tarefas chatas e ser amado", afirmou Meng. "Normalmente, escolhemos 'delegar as tarefas chatas', porque precisamos pagar o financiamento da casa própria", disse ele. "Mas ser amado faz bem para sua carreira. Se você for amado, as pessoas se esforçarão mais para ajudá-lo." A fim de sustentar esse argumento, ele citou a obra de James Kouzes e Barry Posner, autores de *O coração da liderança*, um clássico volume sobre a teoria de gestão. "A liderança não é uma questão da mente", escreveram eles.[5] "A liderança é uma questão do coração."

Baseando-se em alguns dos princípios fundamentais da consciência plena e da compaixão, Meng prosseguiu, explicando que, se os colaboradores do Google quisessem se destacar em seus empregos, eles precisavam ser não apenas competentes e produtivos, mas também compassivos e amorosos. "Por que estamos aqui, em uma aula dentro do Google, falando sobre compaixão?", perguntou Meng, retoricamente, às duas dúzias de alunos presentes. "Porque a compaixão é essencial à liderança." Os colaboradores da Google ficaram extasiados.

Após concluir a palestra introdutória, Meng passou a palavra a Fernandez. Homem radiante, com 45 anos e uma barba muito bem-cuidada, Fernandez vestia calças jeans e camiseta azul clara com uma estampa do Google Maps, onde se lia ESTOU AQUI ("Não tem nada a ver com os mapas", me disse ele, antes da aula). Fernandez começou a exibir uma série de slides em um projetor digital, enquanto discorria sobre a importância da empatia, da abertura de espírito e, inclusive, da tolerância política. Um dos slides mostrava um gigantesco gorila abraçando um gatinho. Em outro, via-se um cão de aparência feroz dando beijos melosos em um gato assustado. Para a geração de colaboradores da Google viciada em memes da internet, aquela era uma valiosa moeda cultural. Os slides também propiciavam uma saudável frivolidade, à medida que Fernandez se preparava para mergulhar naquilo que ele e Meng afirmavam ser os princípios da liderança eficaz. O primeiro deles era liderar com compaixão, citava a definição operacional de Thupten Jinpa, tradutor do Dalai Lama: "Um estado mental dotado do senso de preocupação com o sofrimento dos outros e da vontade de aliviar esse sofrimento."

Depois dessa introdução sobre compaixão feita por Fernandez, Meng iniciou uma discussão sobre liderança hierárquica, de autoria do consultor de gestão Jim Collins. Na parte inferior da pirâmide de Collins está o indivíduo altamente capacitado, que contribui com trabalho árduo e talento. Trabalhadores mais qualificados são definidos por agir em prol dos objetivos do grupo, possibilitando ganho de eficiência e liderando uma equipe, ao estabelecerem padrões elevados. No topo da pirâmide de Collins está o executivo de Nível 5, que "constrói uma excelência duradoura, por meio da paradoxal combinação de humildade pessoal e força de vontade profissional".[6] É uma realidade contraditória: na verdade, alguns dos líderes mais eficazes são algumas das pessoas mais humildes que você conhecerá. Em vez de se mostrar tão confiantes nas próprias posições a ponto de desmerecer as opiniões dos outros, eles pedem conselhos e fazem com que os demais se sintam acolhidos. Em vez de intimidar os colegas e obrigá-los a se submeter, seu esforço consiste em fazê-los se sentir incluídos e livres de ameaças. Em outras palavras, eles exibem características que se parecem muito com a compaixão. "A razão pela qual praticamos a compaixão é que ela leva ao Nível 5 de liderança", disse Meng. "E à felicidade. E à paz mundial."

Antes mesmo de os alunos conseguirem digerir essa lição, Meng passou imediatamente aos ensinamentos sobre a prática e a aprendizagem da compaixão. "A compaixão não é muito diferente de tocar piano ou de resolver problemas de matemática", argumentou Meng. "Todas as mais altas qualidades da mente são passíveis de treinamento", disse ele. "Elas são hábitos." Ao iniciar, ele apresentou aos colaboradores da Google a *tonglen*, uma antiga prática tibetana para cultivar a compaixão. A técnica consiste em visualizar a si mesmo assumindo o sofrimento dos outros durante a inspiração, e, em seguida, exalar votos de felicidade e bem-estar para todos os seres sensíveis. O objetivo, segundo Meng, é desenvolver uma inclinação ao amor incondicional por todos os seres. "Essa técnica cria o hábito de enxergar virtudes em todos, até mesmo nos imbecis", disse Meng. "Se você for apresentado a alguém, e essa pessoa for medíocre, ela continuará sendo medíocre, mas você também passará a reconhecer as virtudes dela." Os estudantes praticaram a *tonglen* por vários minutos, fazendo profundas respirações diafragmáticas que preencheram a sala com suaves suspiros. Na sessão seguinte de perguntas e respostas, uma engenheira pediu que Meng falasse sobre a alegria, que ela mencionou vir sentindo ultimamente, em parte porque havia começado a meditar.

Meng começou a discorrer sobre a *piti*, a palavra em páli para designar a arrebatadora concentração encontrada em estados meditativos profundos. Isso levou a uma discussão sobre a autocompaixão, e sobre como podemos lidar com nossa própria infelicidade de forma mais eficaz. "A dor atinge a todos e sempre atingirá", disse Fernandez. "O sofrimento é outra coisa. Ele surge porque nos apegamos àquela dor e a transformamos em uma parte de nossa identidade. É possível sentir dor sem sofrer. As coisas são impermanentes por sua própria natureza."

Se essa abordagem parece um tanto aleatória, é porque de fato é. O Procure Dentro de Você abarca uma infinidade de ensinamentos em um curto período de tempo, com a certeza de que os alunos altamente capacitados conseguirão absorver algumas ideias radicais e transformar a própria vida a curto prazo. Meng acredita que até mesmo pequenas doses de práticas vigorosas podem se mostrar eficazes. Os pesquisadores sabem que um curso de MBSR de oito semanas de duração é capaz de reprogramar o cérebro, reduzir o estresse e atenuar a depressão efetivamente. Mas será que os princípios básicos da consciência plena podem ser transmitidos em um curso que dura um fim de semana? Ou um dia? Ou três horas? Meng e a equipe do Procure Dentro de Você estão tentando descobrir isso, investigando o que eles chamam de "dose mínima eficaz" que possa conduzir as pessoas a uma vida mais consciente. Há cada vez mais evidências de que bastam pequenas irrupções da prática da consciência plena para se causar um grande impacto. Pesquisadores da Universidade de Boston revelaram que apenas três horas e meia de consciência plena eram suficientes para promover alterações significativas na estrutura do cérebro. "Estamos repetindo coisas", disse Fernandez. "Estamos testando novidades. Às vezes elas funcionam. Às vezes não funcionam. Essa é a Google."

É um raciocínio típico do Vale do Silício: eficiência e velocidade, mesmo quando se trata de buscar a iluminação. Treinar a mente e mudar o cérebro podem exigir muito tempo e muito esforço. Mas se for necessário descobrir algum atalho, é melhor atribuir essa tarefa ao pessoal da Google.

Ao longo do Procure Dentro de Você, os felizardos colaboradores da Google selecionados para participar do curso recebem, também, uma cartilha sobre a Inteligência Emocional, a MBSR e o trabalho de Jon Kabat-Zinn, os perigos que o estresse pode acarretar à saúde, a fisiologia de um sequestro da amígdala e a neuroplasticidade. "Aquilo que pensamos, aquilo que fazemos, e, mais importante do que isso, aquilo a que prestamos atenção pode mudar o cérebro", Meng costuma dizer aos alunos. Milhares de colaboradores da Google já participaram do curso, oferecido a todos os funcionários, em um sistema de atendimento por ordem de chegada. Para suprir a demanda, Meng tem se empenhado em treinar novos instrutores auxiliares. Normalmente, a lista de espera compreende algumas centenas de nomes.

Às vezes, o Procure Dentro de Você soa como um misto de Deepak Chopra com Escola de Administração de Empresas de Harvard, e as palestras estão salpicadas de histórias retiradas diretamente do cânone budista, bem como citações de pesquisas acadêmicas. Sua estirpe, porém, é incomparável. Meng desenvolveu o Procure Dentro de Você com Mirabai Bush, experiente praticante e uma das primeiras professoras a introduzir a consciência plena nos locais de trabalho, e Daniel Goleman, pioneiro da Inteligência Emocional. E, mais do que qualquer outro programa desenvolvido no interior de empresas, o Procure Dentro de Você é bastante abrangente em sua mescla de prática meditativa, ensinamentos intelectualmente rigorosos e técnicas verdadeiramente pragmáticas, com potencial de modificar as incontáveis horas que passamos no trabalho.

Hoje em dia, com o Procure Dentro de Você funcionando a todo vapor, Meng pretende ampliar seus horizontes para além da própria empresa. A intenção dele é verificar se a exclusiva fórmula de treinamento em consciência plena e Inteligência Emocional oferecida pela Google pode se tornar popular em outros ambientes corporativos norte-americanos. No autêntico estilo do Vale do Silício, ele não encomendou nenhuma pesquisa de mercado nem contratou uma firma de consultoria para saber se a ideia poderia emplacar. Em vez de fazer isso, lançou um empreendimento inovador, fadado a decolar ou fracassar.

O Instituto de Liderança Procure Dentro de Você (SIYLI, na sigla em inglês, e cuja pronúncia equivale a "bobo") foi fundado com o intuito de oferecer o conteúdo programático do curso a outras grandes empresas. Os primeiros resultados são animadores. Corporações de todo o país se inscreveram, recebendo professores credenciados pelo SIYLI para ministrar aos colaboradores a combinação única de consciência plena e Quociente Emocional elaborada por Meng. As empresas de tecnologia Plantronics e VMware foram os primeiros clientes. Fornecedores de sistemas de defesa e outras multinacionais da costa leste adotaram versões mais compactas do curso. Contratos firmados com a Farmers Insurance, a SAP, a Autodesk e outras empresas sugerem que o SIYLI exerce apelo em um amplo espectro do mundo empresarial. Na Plantronics, o primeiro cliente pleno, "o curso alterou o teor da resolução de conflitos nas reuniões", declarou o diretor de estratégias Barry Margerum. "Os alunos utilizam novas formas de expressão quando precisam externar seus sentimentos", disse ele. "É algo menos conflituoso, mais aberto, e as pessoas estão mais cuidadosas na hora de se pronunciar."

Os esforços da Google com o Procure Dentro de Você e o SIYLI são uma extensão de seu DNA corporativo. Em 2004, quando o Google abriu o capital, o cofundador Larry Page redigiu uma carta aos investidores, advertindo-os de que aquela não era uma empresa comum. Logicamente, todos conhecem o famoso lema: "Não seja mau." Page se deteve nisso, ao escrever: "acreditamos que realmente teremos mais a lucrar a longo prazo — como acionistas e de todas as outras formas possíveis — sendo uma empresa que faz coisas boas para o mundo, mesmo que tenhamos de renunciar a alguns ganhos em curto prazo." Porém, logo no trecho seguinte, a carta ia ainda mais longe, declarando que a intenção da Google era não apenas *não* ser má, como também ser proativamente uma força do bem. Page usou, até mesmo, a palavra *consciente*, uma observação profética, que antecipava o trabalho do Procure Dentro de Você. "Queremos que a Google seja uma instituição capaz de fazer do mundo um lugar melhor", escreveu Page. "Em busca desse objetivo, estaremos sempre conscientes de nossas responsabilidades para com nossos acionistas, funcionários, clientes e parceiros comerciais."

Hoje, dez anos depois, os colaboradores da Google tendem a ser desconcertantemente diretos ao reafirmar a missão da empresa. Quando perguntei a Meng por que a consciência plena era tão popular no Vale do Silício, e por que o Procure Dentro de Você era tão popular na Google, a resposta foi caracteristicamente franca. "Aqui, o espírito corporativo consiste em mudar radicalmente para melhor, a tomar medidas radicais para aprimorar o mundo", disse Meng. "Na Google, criamos algo útil e oferecemos as joias da coroa gratuitamente. O Procure Dentro de Você trabalha nesse sentido. E se conseguirmos fazer algo revolucionário aqui dentro — ensinando a Inteligência Emocional e a consciência plena no trabalho —, e, em seguida, repassarmos isso adiante, de modo que o mundo se torne um lugar melhor? É uma cultura bastante altruísta e idealista."

Fernandez corroborou tal posição: "No tocante às pessoas que trabalham aqui diariamente, temos a ambição de criar o local de trabalho mais feliz, mais produtivo e mais inovador possível." E o presidente e ex-diretor executivo do Google, Eric Schmidt, também concorda com isso. Quando Meng escreveu um livro sobre o Procure Dentro de Você, Schmidt resumiu, na contracapa: "Este livro e o curso no qual ele é baseado representam um dos aspectos mais interessantes da cultura da Google — o de que um indivíduo com uma grande ideia pode realmente mudar o mundo."

Meng, que nunca se esquiva de dizer o que pensa, foi ainda mais contundente ao definir o Vale do Silício. "O norte da

Califórnia está se transformando na capital espiritual do mundo", disse ele, situando a revolução da consciência plena na história dos ensinamentos budistas ao longo dos tempos. "O que estamos fazendo é o quarto giro da roda do darma (um termo para descrever as diferentes épocas budistas). O primeiro foi Buda, depois veio o *mahayana* (as escolas que englobam o zen-budismo) e, em seguida, o *vajrayana* (a tradição tibetana). E agora é isso."

Atualmente, o Procure Dentro de Você e o SIYLI são as mais emblemáticas representações da popularização da consciência plena. Fundamentado na literatura científica, enfatizando os benefícios da redução do estresse e a melhoria da produtividade, tudo isso em um tom alegre e descontraído, o programa consegue fazer com que o árduo trabalho de confrontar nossa mente indisciplinada — e de tentar diminuir nossa reatividade emocional — pareça um esforço totalmente gerenciável. Focada parcialmente na redução do estresse, parcialmente no aprimoramento do desempenho, parcialmente na compaixão e parcialmente na busca de lucros, a consciência plena, conforme vem sendo praticada no Google e em todo o Vale do Silício na atualidade, é uma janela para o mundo mais amplo da consciência plena no trabalho, e, como disse Huston Smith, é o futuro em microcosmo.

Ela não é perfeita. Os críticos podem rotulá-la de McConsciência Plena e tergiversar sobre as motivações dos praticantes e a autenticidade das técnicas. Mas se por meio da prática os colaboradores se tornarem um pouco menos estressados; se as relações entre colegas de trabalho se tornarem ligeiramente mais harmoniosas; se as empresas se sentirem inspiradas a se comportar um pouco melhor — isso, com certeza, será algo bom. Além disso, talvez seja a melhor coisa que acontece no momento. Até que uma Organização Nacional de Consciência Plena comece a certificar professores e a disponibilizá-los amplamente em todo o país, esforços como o Procure Dentro de Você e o SIYLI serão, mais do que nunca, necessários.

No entanto, por melhores que sejam, os programas conduzidos no interior das empresas só conseguem fazer o bem até certo ponto. Estar consciente no trabalho não é responsabilidade de nossos empregadores. É nossa responsabilidade. Não é uma tarefa do departamento de recursos humanos. É uma jornada pessoal íntima. E não é algo que aconteça apenas no escritório, das nove às cinco; é um esforço contínuo, que exige toda a atenção de nosso coração e mente. Nossa vida profissional não se restringe mais ao escritório. A maioria dos profissionais verifica o e-mail em casa, se preocupa com listas de afazeres no fim de semana e volta a trabalhar na segunda-feira sentindo que dois dias de folga foram apenas uma breve trégua na avassaladora mesmice de seus empregos. Com a consciência plena, podemos mudar essa dinâmica. Quando cada instante de nossa vida representa uma oportunidade de praticar, o trabalho deixa de ser uma carga enfadonha que consome nossa energia e condiciona nossa existência. Ao contrário, o trabalho se torna uma oportunidade a mais de estar atento.

Grande parte desse exercício começa no nível pessoal. Se realmente quisermos experimentar uma nova forma de trabalhar, será preciso começar conosco. Pouco importa se o ambiente de trabalho incorpora salas de meditação ou se o fundador da empresa está repleto de boas intenções; se você não estiver fazendo sua parte para se tornar um trabalhador mais consciente, todo o restante dificilmente terá alguma importância. Conforme descobri 15 anos atrás na Índia, um dos fundamentos essenciais da consciência plena é a prática diligente da meditação. E ela pode acontecer de várias maneiras. Para alguns, pode ser uma rotina diária de sessões em posição sentada. Para outros, pode ser a meditação em movimento, andando pelo escritório. Outros, ainda, podem se voltar para a meditação do amor universal. Independentemente da técnica, um compromisso com a prática é fundamental caso queiramos buscar a consciência plena no trabalho.

Costumo usar diferentes rotinas, dependendo das outras coisas que estejam acontecendo em minha vida. Às vezes, ao acordar, vou direto à almofada de meditação. Outras vezes, especialmente quando as manhãs são muito atarefadas, frequento grupos semanais de meditação em posição sentada, ao lado de outros trabalhadores conscientes de Nova York. E, algumas vezes, quando a prática diária de meditação fraqueja, simplesmente reservo um tempo para entrar em contato com minhas sensações corporais, pensamentos e emoções em vários momentos fugazes ao longo do dia. Ao percorrer o longo corredor que separa minha mesa do toalete, presto atenção às sensações durante o deslocamento, em vez de deixar minha mente divagar até o próximo artigo que terei de escrever. Quando entro no elevador para ir até o refeitório, me sintonizo com a estranha experiência de ver meu corpo sendo suspenso pelo espaço. Técnicas como essas vêm se mostrando eficazes há cerca de 2.600 anos, e ainda exercem magia até hoje. As mesmas práticas que pioneiros como Jack Kornfield, Sharon Salzberg e Joseph Goldstein trouxeram aos Estados Unidos, há mais ou menos quarenta anos, continuam sendo muito poderosas. As mesmas técnicas praticadas por Steve Jobs isoladamente não são menos vigorosas quando executadas dentro dos escritórios, muitas décadas depois.

E, embora a prática não tenha sofrido alterações, na atualidade conseguimos perceber melhor o que acontece exatamente quando nos deixamos transformar pela meditação. A resposta da amígdala é matizada, nos impede de entrar no modo luta ou fuga ao primeiro sinal de conflito. A massa cinzenta de nosso córtex pré-frontal, uma região do cérebro associada ao pensamento de ordem superior e às emoções pró-sociais, como a compaixão, a empatia e o amor, fica cada vez mais forte. Nossa mente e nosso corpo se tornam mais saudáveis. Isso pode nos ajudar a melhorar nossa resposta imune, a nos curar mais rapidamente, e, até mesmo, a perder peso.

A consciência plena, por si só, não modificará todo o sistema econômico. Se quisermos criar um mundo com distribuição mais equitativa de riquezas, com menos corrupção e ganância, e com um futuro sustentável, precisaremos não apenas da consciência plena, mas também de uma infinidade de novas políticas públicas, além de eliminar hábitos e sistemas tão antigos quanto a própria história. Não se deveria esperar a perfeição de uma simples técnica de meditação. Embora a consciência plena venha modificando vidas há milênios, ela não erradicou a pobreza nem pôs fim às guerras, e seria tolice presumir que faça isso agora, especialmente em função da magnitude dos desafios que enfrentamos.

Mas a consciência plena pode, sim, nos mudar de dentro para fora. Pode nos fazer aceitar compassivamente as imperfeições. Pode nos fazer trocar a reação pela resposta, a ganância pela gratidão, o medo pelo perdão. E pode fazer o mesmo no mundo dos negócios. Quando trabalhadores conscientes ocupam posições que vão desde os cargos de chefia até as linhas de produção, há uma oportunidade real de que os indivíduos, os conjuntos de trabalhadores e as empresas mudem para melhor. Os locais de trabalho podem se tornar mais humanitários, os produtos podem se tornar mais sustentáveis, os consumidores podem fazer escolhas melhores. E, lentamente, a consciência plena pode começar a mudar a cultura e o capitalismo, centavo por centavo.

Seja qual for o tipo de trabalho ao qual nos dedicamos, a prática da consciência plena pode trazer uma nova densidade aos nossos empregos. Para os funcionários administrativos, pode reduzir o estresse, tornando mais suportáveis os monótonos dias nas baias de trabalho. Para os atletas ou equipes de socorristas, pode melhorar a concentração, dando-lhes uma vantagem em meio ao frenesi da ação. Para os executivos, pode abrir espaço para uma liderança mais eficaz. E, com boa sorte e trabalho árduo, uma revolução silenciosa pode vir a acontecer nos ambientes de trabalho de todo o mundo. Cada um de nós tem o poder de fomentar essa mudança dentro de nós mesmos. Para começar, basta acompanharmos nossa própria respiração.

Agradecimentos

ESTAS PÁGINAS ESTARIAM EM BRANCO se não fossem a inspiração, o apoio e a sabedoria de diversos orientadores.
Robert Pryor, da Universidade de Antioch, me levou à fonte dessas incríveis tradições. Anagarika Munindra, meu primeiríssimo professor, continuará a ser lembrado do fundo do meu coração. S. N. Goenka me ensinou a praticar a meditação em posição sentada, a praticá-la de verdade. E Chökyi Nyima Rinpoche ainda me faz lembrar o quanto os ensinamentos podem ser vigorosos.
Sharon Salzberg, primeiro como a autora a quem tive acesso, e agora como amiga, foi muito generosa com sua erudição e compaixão. Joseph Goldstein foi, ao mesmo tempo, acolhedor e paciente enquanto eu desbravava meu caminho no material a ser pesquisado. Mark Epstein me incentivou permanentemente. Daniel Goleman, companheiro do *New York Times*, me orientou enquanto eu descobria tudo o que a redação de um livro deveria e não deveria ser. Robert Thurman me fez recordar que a sabedoria, às vezes, é enlouquecedora. E faço uma profunda reverência a Jon Kabat-Zinn, a primeira pessoa a sugerir que eu escrevesse *Consciência Plena no Trabalho*. Entre os professores com quem tenho menos intimidade, mas cujos ensinamentos me propiciaram uma inestimável inspiração, estão Guy e Sally Armstrong, James Baraz, Tara Brach, Eugene Cash, Jack Kornfield, Phillip Moffitt e Rodney Smith.
Do *Financial Times*, onde esse projeto começou, agradeço particularmente a Gillian Tett, que apoiou a ideia desde o início, e a Sue Matthias, editora da *FT Weekend Magazine*, que apostou em uma matéria pouco convencional. Richard Waters deu o primeiro im-

pulso ao me contratar. E Andrew Edgecliffe-Johnson, meu amigo e vizinho, continua a me ensinar muito sobre o trabalho e a família.

No *New York Times*, cumprimento com entusiasmo Andrew Ross Sorkin e Jeff Cane, primeiro por me aceitarem na equipe, e, depois, por me deixarem investigar esse tema. Agradeço aos colegas da DealBook, especialmente a Michael J. de la Merced, que incentivaram esse meu projeto paralelo, diante de um ritmo de trabalho sempre atribulado. Matt Richtel me deu conselhos profissionais sobre como realizar as tarefas. Dean Murphy me possibilitou ser um repórter de fusões e aquisições consciente. Jill Abramson e Susan Chira deixaram claro que, no *Times*, eu não precisaria ser um praticante secreto de meditação.

Foi na Faculdade de Jornalismo da Universidade da Califórnia em Berkeley que aprendi a praticar meu ofício. Embora Lydia Chavez achasse, inicialmente, que eu não deveria ter sido admitido no curso, ainda assim ela me ensinou a apurar, apurar e apurar. Marcia Parker me fez compreender que o jornalismo de negócios não precisa ser entediante. Deirdre English me ensinou algumas coisas sobre liderança, isso sem falar nas revistas. E Michael Pollan e Russ Rymer me ensinaram a escrever e a refletir.

Ao longo dos últimos anos, muitas de minhas fontes se tornaram meus amigos. Jud Brewer, Mirabai Bush, Rich Fernandez, Alan Fleischmann, Hanuman Goleman, Tara Bennett-Goleman, Soren Gordhamer, Amy Gross, Jeremy Hunter, Janice Marturano, Melvin McLeod, Chade-Meng Tan, Jessica Morey, Jonathan Rose, Tim Ryan, Jeff Walker, Pamela Weiss e muitos outros me mostraram o quanto a consciência plena no trabalho pode ser diversificada. Sou pelo menos 0,1% mais feliz por ter conhecido Dan Harris, e este livro é pelo menos 10% melhor graças às contribuições dele. E Jim Gimian e Barry Boyce foram generosos interlocutores, incentivadores e cúmplices.

À medida que esse trabalho ganhava corpo, fui abençoado com um time multitalentoso. Amanda Urban, da ICM, acreditou que eu seria capaz de escrever um livro antes mesmo de definir um tema, tendo, em seguida, me ajudado a preparar um breve argumento de venda ao me apresentar a um dos melhores editores do mercado. Eamon Dolan foi, ao mesmo tempo, gentil e firme, encorajador e também cético, me retirou de minha zona de conforto e, logo depois, passou a me controlar — em suma, tudo o que um bom editor deve ser. Sua equipe da Houghton Mifflin Harcourt é bastante ousada, e, mais importante do que isso, Eamon e a HMH publicam livros que mudam a mente das pessoas. É um prazer ocupar um lugar na estante dela.

Bill e Susan Morgan não se comunicaram muito nos últimos anos, já que estiveram em retiro de silêncio durante todo esse tempo, mas, ainda assim, a prática deles foi útil para mim, ao me apontar a direção certa. Outros queridos amigos que me ajudam a manter a tranquilidade são Chris Abraham, Megan Berner, Andrew Curry e Effie Kapsalis, Raman Frey, Josh e Mollye Fryday, a família Lader, Aimee e Minh Le, John Peabody, Brian Pollack, Eric Simons, Ian e Ceylan Thomson, Oliver Uberti e Malia Wollan.

Seth Boyd e Melanie Berner foram incansavelmente solidários, e o gato malhado alaranjado deles, Horace, ronronava alto enquanto eu trabalhava neste manuscrito nos bosques de New Hampshire. Karen Boyd me permite ser autêntico e me ofereceu um espaço para escrever este livro. E Marc e Linda Boyd nos ajudam a conciliar as coisas e nos lembram como nos divertir. Depois de todos esses anos, Ruth Felt permanece uma querida amiga e mentora. A bondade de Christine Garvey é ilimitada.

Quando eu era criança, meu pai, George Gelles, me disse que eu deveria ser escritor. Ele estava certo, e acabou por me ensinar a revisar meus textos. Desde então, ele me mostrou o que significa realizar o próprio ofício com seriedade, e o valor da prática. Minha mãe, Bonnie Pitman, é a pessoa mais inspiradora que conheço. Contratempos que teriam devastado espíritos mais fracos só fizeram com que ela se fortalecesse. Com sua curiosidade voraz e sua alegria, ela é um exemplo que eu tento seguir todos os dias, e sei que isso vai soar como uma revelação. Sou mimado com o amor deles.

Ali, você me faz mais feliz do que um retiro de meditação de dez dias de duração. Não desejo nada além de sua companhia, que me faz sofrer menos. Como se isso não fosse suficiente, você nos trouxe Frances Rose Gelles, que já é a melhor professora que eu tenho neste mundo.

Que todos vocês sejam felizes.

Instruções

A MEDITAÇÃO BÁSICA DA CONSCIÊNCIA PLENA é uma prática simples. Mas iniciá-la pode ser uma tarefa árdua. Se você for um principiante, tente começar com cinco minutos por dia. Não se preocupe se, a princípio, isso lhe parece complicado, ou se você ficar sonolento enquanto estiver meditando. Transformar-se em um especialista na prática da meditação da noite para o dia não é o que importa. O que é importa é fazermos um esforço para nos tornar mais conscientes de nosso corpo, nossos pensamentos e nossas emoções.

- Encontre uma postura que considere confortável. Sentar-se em posição vertical, com as costas retas, é o ideal. Você pode se sentar em uma cadeira ou em uma almofada no chão, mas certifique-se de que sua coluna está ereta.
- Feche os olhos e respire profundamente algumas vezes, acomodando-se no lugar em que está sentado. Sinta o peso de seu corpo. Relaxe o maxilar, o pescoço, os ombros, os braços e as pernas. Deixe sua respiração fluir e refluir naturalmente, com tranquilidade, sem nenhum esforço.
- Perceba as sensações ao longo de todo o seu corpo, desde sua cabeça até os dedos do pé. Talvez você identifique sensações de entusiasmo, frescor e prazer, ou, até mesmo, algum desconforto. Por enquanto, apenas fique atento a essas sensações, sem modificar sua postura.
- Quando estiver pronto, escolha uma sensação — como a do ar entrando e saindo de suas narinas — e concentre toda a

sua atenção nela. Deixe que as outras sensações ocupem cada vez menos a sua percepção e foque apenas naquela escolhida.
- À medida que você for relaxando, com a atenção focada na respiração, observe o quanto o ato de respirar é complexo. Os pulmões se expandem e se contraem, fazendo com que o peito suba e desça. O ar entra pelo nariz, provocando cócegas nas narinas, fazendo um som sibilante ao entrar e ao sair.
- Escolha uma região, talvez o espaço entre os lábios e o nariz, e perceba qual é a sensação da respiração ao passar por aquela pequena área da pele. Atenha-se a essa sensação, mantendo o foco nisso enquanto inspira e expira.
- Depois de algumas respirações, ou talvez logo após a primeira, sua atenção provavelmente vai começar a divagar. Talvez você perceba outras sensações corporais, o que acontece ao seu redor, ou fique pensativo, fantasiando sobre o passado ou o presente, possivelmente julgando a si mesmo ou aos outros.
- Quando isso acontecer, apenas perceba qual pensamento ou o que ocasionou sua distração. Reconheça essas coisas, desvencilhe-se delas e, suavemente, volte sua atenção à respiração, percebendo cada inalação e exalação.
- Depois de algumas respirações, inevitavelmente, a mente voltará a divagar. Quando isso acontecer, comece tudo de novo. Perceber a causa de sua distração e reconquistar o controle de sua atenção — inúmeras vezes — é o cerne da prática, e, com o tempo, isso lhe trará enormes recompensas.
- Quando estiver pronto — depois de dez minutos, trinta minutos ou uma hora —, abra os olhos. Embora sua prática formal de meditação possa ter terminado, sua consciência plena poderá perdurar o dia todo.

Fontes

ON-LINE

Há uma profusão de textos sobre consciência plena na internet, e nem sempre é fácil separar o joio do trigo. Para começar, eis aqui alguns bons lugares de consulta, mantidos por praticantes de meditação que sabem do que estão falando:

Greater Good
[Centro de Ciências para o Bem Maior]

Nascido na Universidade da Califórnia em Berkeley, o Centro de Ciências para o Bem Maior patrocina pesquisas em bem-estar social e emocional, além de publicar artigos e vídeos sobre consciência plena, compaixão, gratidão e felicidade.
http://greatergood.berkeley.edu

Mindful

Os editores da revista *Mindful* mantêm um site dinâmico, com notícias sobre as últimas pesquisas em consciência plena e artigos a respeito de suas aplicações no trabalho e na vida cotidiana.
http://www.mindful.org

Mindfulness Research Guide
[Guia de Pesquisas em Consciência Plena]

Compilando as mais recentes pesquisas científicas e acadêmicas em consciência plena, esse guia, junto ao seu boletim informativo mensal, proporciona uma abrangente atualização na área.
http://www.mindfulexperience.org

Wisdom 2.0 [Sabedoria 2.0]

Maior conferência sobre consciência plena no mercado, a Sabedoria 2.0 produz vídeos de todos os seus programas, disponíveis gratuitamente on-line.
http://www.wisdom2summit.com

TREINAMENTO

Um número cada vez maior de grupos oferece treinamento em consciência plena nos ambientes de trabalho, ainda que essas ofertas não sejam suficientes para atender ao repentino aumento de demanda. Eis aqui um punhado de programas de treinamento que têm a mente e o coração em sintonia.

Appropriate Response [Resposta Adequada]

Oferecendo cursos aprofundados que focam no desenvolvimento da consciência plena nos locais de trabalho, a Resposta Adequada apresenta como carro-chefe o Projeto de Excelência Pessoal, usado pela Salesforce.com e a Genentech, entre outras.
http://www.appropriateresponse.com

The Center for Contemplative Mind in Society
[Centro para a Mente Contemplativa na Sociedade]

O foco atual é na educação superior, mas o centro foi um dos precursores na introdução da consciência plena nos ambientes de trabalho, e continua a oferecer retiros e treinamento.
http://www.contemplativemind.org

Center for Mindfulness in Medicine, Health Care, and Society
[Centro de Consciência Plena em Medicina, Saúde e Sociedade]

A organização fundada por Jon Kabat-Zinn continua realizando um trabalho pioneiro, após ter expandido suas atividades para o ensino da consciência plena nos locais de trabalho.
http://www.umassmed.edu/cfm

eMindful

O grupo que selou uma parceria com a Aetna tem uma ampla gama de ofertas de ensino da consciência plena nos locais de trabalho, algumas mais eficazes do que outras.
http://www.emindful.com

Institute for Mindful Leadership
[Instituto de Liderança Consciente]

Janice Marturano aproveitou o trabalho que realizou na General Mills e criou um conteúdo programático amplamente aplicável a líderes de qualquer área.
http://instituteformindfulleadership.org

The Potential Project [Projeto Potencial]

Nascido na Dinamarca, com programas em todo o mundo, esse grupo vem expandindo seus negócios ensinando a prática da consciência plena dentro de grandes corporações.
http://www.potentialproject.com

Search Inside Yourself Leadership Institute
[Instituto de Liderança Procure Dentro de Você]

Uma ramificação do programa interno do Google, o SIYLI introduz a consciência plena — ao estilo do Vale do Silício — em outros escritórios de todo o país.
http://www.siyli.org

Wisdom Labs [Laboratórios de Sabedoria]

Fundados por Richard Fernandez, instrutor do Procure Dentro de Você, os Laboratórios de Sabedoria oferecem programas de bem-estar holístico para grandes e pequenas empresas, com um conteúdo programático que enfatiza a consciência plena no trabalho.
http://wisdomlabs.com

PESQUISA

Os acadêmicos e os cientistas estão investigando os efeitos da consciência plena no cérebro, no corpo e em nosso comportamento. Apesar de esse trabalho vir sendo desenvolvido em centenas de universidades em todo o mundo, algumas instituições se destacam em relação às outras.

The Center for Compassion and Altruism Research and Education
[Centro de Pesquisa e Educação em Compaixão e Altruísmo]

Nascido na Faculdade de Medicina da Universidade de Stanford, o CCARE promove pesquisa e debates, com o intuito de estimular a compaixão e suscitar o altruísmo entre os indivíduos e a sociedade como um todo.
http://ccare.stanford.edu

Center for Investigating Healthy Minds
[Centro de Investigação de Mentes Saudáveis]

O grupo de Richard Davidson na Universidade de Wisconsin-Madison conduz pesquisas em consciência plena, compaixão, bondade e altruísmo.
http://www.investigatinghealthyminds.org

Center for Mindfulness in Medicine, Health Care, and Society
[Centro de Consciência Plena em Medicina, Saúde e Sociedade]

Ao mesmo tempo que se ramificou para o ensino da consciência plena nos locais de trabalho, o Centro de Atenção Plena também promove pesquisas significativas e abriga uma conferência anual que reúne as mais brilhantes mentes nessa área.
http://www.umassmed.edu/cfm

Duke Integrative Medicine
[Medicina Integrativa de Duke]

O centro realiza pesquisas e oferece treinamento, em uma tentativa de estabelecer um diálogo entre a medicina ocidental e as técnicas alternativas, incluindo a consciência plena.
http://www.dukeintegrativemedicine.org

UCLA Mindful Awareness Research Center
[Centro de Pesquisa de Consciência Plena da UCLA]

Patrocinando pesquisas e oferecendo treinamento e retiros, o MARC divulga a consciência plena através do ensino e da pesquisa, a partir de sua base em Los Angeles.
http://marc.ucla.edu

CENTROS DE RETIRO

Garrison Institute [Instituto Garrison]

Na periferia da cidade de Nova York, o Instituto Garrison abriga vários professores laicos e budistas, em um espetacular antigo mosteiro cristão.
http://www.garrisoninstitute.org

Insight Meditation Society
[Sociedade de Meditação da Introspecção]

Primeiro centro de retiro aberto nos Estados Unidos voltado para o ensino da meditação da consciência plena, a IMS, com sede na região oeste de Massachusetts, oferece programas de um ano de duração, alguns de apenas alguns dias e outros que duram alguns meses.
http://www.dharma.org

Omega Institute [Instituto Omega]

Localizado na zona norte de Nova York, o Omega oferece cursos de consciência plena, ioga e vida sustentável.
http://www.eomega.org

Spirit Rock [Pedra Espiritual]

Instituição irmã da IMS, localizada ao norte de São Francisco, o Spirit Rock também é um centro de retiro tradicional, que oferece retiros mais longos, assim como programas diários para principiantes.
http://www.spiritrock.org

LIVROS

Há uma bibliografia cada vez mais extensa de excelentes livros sobre consciência plena e meditação. Eis aqui alguns dos meus favoritos.

Boyce, Barry, ed. *The Mindfulness Revolution*. Boston: Shambhala Publications, 2011.
Brach, Tara. *Radical Acceptance*. Nova York: Bantam Dell, 2003.
Davidson, Richard; Begley, Sharon. *O estilo emocional do seu cérebro — Como o funcionamento cerebral afeta sua maneira de pensar, sentir e viver*. Rio de Janeiro: Sextante, 2013.
Epstein, Mark. *Going to Pieces Without Falling Apart: A Buddhist Perspective on Wholeness*. Nova York: Broadway Books, 1998.
Goleman, Daniel. *Foco: a atenção e seu papel fundamental para o sucesso*. Rio de Janeiro: Objetiva, 2014.
Harris, Dan. *10% mais feliz*. Rio de Janeiro: Sextante, 2015.
Kabat-Zinn, Jon. *Coming to Our Senses: Healing Ourselves and the World Through Mindfulness*. Nova York: Hyperion, 2005.
_____. *Wherever You Go, There You Are: Mindfulness Meditation in Everyday Life*. Nova York: Hyperion, 1996.
Kornfield, Jack. *Um caminho com o coração*. Rio de Janeiro: Cultrix, 1999.
Marturano, Janice. *Finding the Space to Lead: A Practical Guide to Mindful Leadership*. Nova York: Bloomsbury, 2014.

Ryan, Tim. *A Mindful Nation: How a Simple Practice Can Help us Reduce Stress, Improve Performance and Recapture the American Spirit*. Carlsbad, CA: Hay House Publishing, 2013.

Salzberg, Sharon. *Fé: confie na sua experiência mais profunda*. Rio de Janeiro: Gryphus, 2010.

_____. *A real felicidade: o poder da meditação*. São Paulo: Lumen Editorial, 2012.

Tan, Chade-Meng. *Busque dentro de você*. Ribeirão Preto: Novo Conceito, 2012.

Notas

Introdução

1. *Seu convidado de honra:* Jonathan Rotenberg, "June 6, 1981: The Day I Met Steve Jobs", HighTechHistory.com, http://hightechhistory.com/2012/01/11/june-6-1981-the-day-imet-steve-jobs/.

1. O momento da consciência plena

1. David Gelles, "The Mind Business", *Financial Times*, 24 de agosto de 2012.
2. "Can 'Mindful' Meditation Increase Profits?", BBC.com, 29 de janeiro de 2013.
3. Bill George, "Mindfulness Helps You Become a Better Leader", Harvard Business Review Blog Network, 26 de outubro de 2012.
4. Google Trends, http://www.google.com/trends.
5. Jon Kabat-Zinn, *Wherever You Go, There You Are: Mindfulness Meditation in Everyday Life* (Nova York: Hyperion, 2005), 4.
6. Jon Kabat-Zinn, "Why Mindfulness Matters", in *The Mindfulness Revolution*, editado por Barry Boyce (Boston: Shambhala Publications, 2011), 58.
7. Karl Weick, *Making Sense of the Organization*. Vol. 2, *The Impermanent Organization* (Nova York: John Wiley & Sons, 2012), Capítulo 6.
8. Institute for Mindful Leadership, "Research", 2011, http://instituteformindfulleadership.org/research.
9. "Job Satisfaction: 2012 Edition", *The Conference Board*, http://www.conference-board.org/publications/publicationdetail.cfm?publicationid=2258.

10. Kabat-Zinn, "Why Mindfulness Matters", 59.
11. William James, *The Principles of Psychology* (Nova York: Cosimo, 2007), 424.

2. Como os cisnes chegaram ao lago

1. Mirka Knaster, *Living This Life Fully* (Boston: Shambhala Publications, 2010), 11.
2. J. J. Miller, "Three-Year Follow-up and Clinical Implications of a Mindfulness Meditation-Based Stress Reduction Intervention in the Treatment of Anxiety Disorders", *General Hospital Psychiatry* 17 (1995): 192.
3. Jack Kornfield, "Doing the Buddha's Practice", *Shambhala Sun*, http://www.shambhalasun.com/index.php?option=content&task=view&id=3101&Itemid=247.
4. Rick Fields, *How the Swans Came to the Lake* (Boston: Shambhala Publications, 1992), 54.
5. Stefanie Syman, *The Subtle Body: The Story of Yoga in America* (Nova York: Farrar, Straus and Giroux, 2010), 27.
6. Rick Fields, "Thoreau the Buddhist", *The Review of Arts, Literature, Philosophy and the Humanities*, http://www.ralphmag.org/thoreau-swansJ.html.
7. Jon Kabat-Zinn, *Wherever You Go, There You Are: Mindfulness Meditation in Everyday Life* (Nova York: Hyperion, 1994), 24.
8. "Buddhism & the Beat Generation", *Tricycle*, Outono 1995.
9. Stephen Prothero, "Boomer Buddhism", in *Mindfulness in the Marketplace: Compassionate Responses to Consumerism*, edited by Allan Hunt Badiner (Berkeley: Parallax Press, 2002), 161.
10. National Center for Complementary and Alternative Medicine, "Meditation: An Introduction", http://nccam.nih.gov/health/meditation/overview.htm.
11. Painel de discussão na Academia de Ciências de Nova York, 6 de fevereiro de 2013.
12. Bill Moyers, *Healing and the Mind*, PBS, 1993.
13. "Why Mindfulness and Meditation Are Good for Business", Knowledge @ Wharton, http://knowledge.wharton.upenn.edu/printer_friendly.cfm?articleid=3218.

CONSCIÊNCIA PLENA NO TRABALHO | 321

14. David Loy, "Why Buddhism Needs the West", *Tricycle*, Primavera 2009.
15. Agradeço a Jon Kabat-Zinn por essa analogia.

3. A ciência das sessões de meditação

1. Jill Suttie, "The New Science of Mind", *Shambhala Sun*, março de 2012, 54.
2. Barry Boyce, "Taking the Measure of Mind", *Shambhala Sun*, março de 2012, 42.
3. Eleanor Maguire, Katherine Woollett e Hugo J. Spiers, "London Taxi Drivers and Bus Drivers: A Structural MRI and Neuropsychological Analysis", *Hippocampus* 16 (2006): 1091.
4. Thomas Elbert et al., "Increased Cortical Representation of the Fingers of the Left Hand in String Players", *Science* 270, no. 5234 (1995): 305.
5. Sara Lazar et al., "Meditation Experience Is Associated With Increased Cortical Thickness", *Neuroreport* 16, no. 17 (2005): 1893.
6. Britta Hölzel et al., "Mindfulness Practice Leads to Increases in Regional Brain Gray Matter Density", *Psychiatry Research: Neuroimaging* 191 (2011): 36.
7. Sue McGreevey, "Eight Weeks to a Better Brain", *Harvard Gazette*, 21 de janeiro de 2011, http://news.harvard.edu/gazette/story/2011/01/eight-weeks-to-a-better-brain/.
8. Gaelle Desbordes et al., "Effects of Mindful-Attention and Compassion Meditation Training on Amygdala Response to Emotional Stimuli in an Ordinary, Non-meditative State", *Frontiers of Human Neuroscience* 6 (2012): 292.
9. Jeff Warren, "Enlightenment: Is Science Ready to Take It Seriously?", *Psychology Tomorrow*, novembro de 2012.
10. Greg Miller, "A Quest for Compassion", *Science* 324, no. 5926 (2009): 458.
11. Linda Heuman, "Meditation Nation", Tricycle.com, 25 de abril de 2014, http://www.tricycle.com/blog/meditation-nation.

4. Menos estressados

1. Jon Kabat-Zinn, *Coming to Our Senses: Healing Ourselves and the World Through Mindfulness* (Nova York: Hyperion, 2005), 72.
2. American Psychological Association, "Fact Sheet: Workplace Stress", http://www.apa.org/practice/programs/workplace/phwp-fact-sheet.pdf.
3. "Who's Stressed in the US? Carnegie Mellon Researchers Study Adult Stress Levels From 1983—2009", Eurekalert.com, 11 de junho de 2012, http://www.eurekalert.org/pub_releases/2012-06/cmu-wsi061112.php.
4. Noah Shachtman, "Enlightenment Engineers", *Wired*, junho de 2013.
5. Arianna Huffington, "Mindfulness, Meditation, Wellness and Their Connection to Corporate America's Bottom Line", *Huffington Post*, 18 de março de 2013, http://www.huffingtonpost.com/arianna-huffington/corporate-wellness_b_2903222.html.
6. American Psychological Association, "Stress: The Different Kinds of Stress", http://www.apa.org/helpcenter/stress-kinds.aspx.
7. Michael Chaskalson, *The Mindful Workplace* (Chichester, West Sussex: Wiley-Blackwell, 2011).
8. Richard Davidson et al., "Alterations in Brain and Immune Function Produced by Mindfulness Meditation", *Psychosomatic Medicine* 65 (2003): 564.
9. Paul Grossman et al., "Mindfulness-Based Stress Reduction and Health Benefits: A Meta-Analysis", *Journal of Psychosomatic Research* 57 (2004): 35.
10. "Mindfulness From Meditation Associated With Lower Stress Hormone", *UC Davis News and Information*, 27 de março de 2013, http://www.news.ucdavis.edu/search/news_detail.lasso?id=10538.
11. Willem Kuyken et al., "Effectiveness of the Mindfulness in Schools Programme: Non-Randomised Controlled Feasibility Study", *British Journal of Psychiatry*, agosto de 2013: 203.
12. Jill Ladwig, "Study Shows Mindfulness Training Can Help Reduce Teacher Stress and Burnout", *University of Wisconsin—Madison News*, 28 de agosto de 2013, http://www.news.wisc.edu/22069.

CONSCIÊNCIA PLENA NO TRABALHO | 323

13. Cara Geary e S. L. Rosenthal, "Sustained Impact of MBSR on Stress, Well-Being, and Daily Spiritual Experiences for 1 Year in Academic Health Care Employees", *The Journal of Alternative and Complementary Medicine* 17, no. 10 (2011): 939.
14. David Creswell et al., "Mindfulness Meditation Training Effects on CD4+ T Lymphocytes in HIV-1 Infected Adults: A Small Randomized Controlled Trial", *Brain, Behavior and Immunity* 23 (2009): 184.
15. Jon Kabat-Zinn et al., "Influence of a Mindfulness Meditation-Based Stress Reduction Intervention on Rates of Skin Clearing in Patients With Moderate to Severe Psoriasis Undergoing Phototherapy (UVB) and Photochemotherapy (PUVA)", *Psychosomatic Medicine* 60, no. 5 (1998): 625.
16. "SWRP 72412", YouTube.com, 25 de julho de 2012, http://www.youtube.com/embed/9AuCmqZfubg?rel=0.
17. Pauline Chen, "How Mindfulness Can Make for Better Doctors", *The New York Times*, 15 de outubro de 2009.
18. Abdool Karrim Ismail et al., "Towards Gaining a Competitive Advantage: The Relationship Between Burnout, Job Satisfaction, Social Support and Mindfulness", *Journal of Contemporary Management* 10 (2013): 448.
19. Therese Borchard, "How Does Mindfulness Reduce Depression? An Interview with John Teasdale, Ph.D"., EverydayHealth.com, 11 de novembro de 2013, http://psychcentral.com/blog/archives/2014/01/19/how-does-mindfulness-reduce-depression-an-interview-with-john-teasdale-ph-d/.

5. Mais focados

1. Chögyam Trungpa, *Work, Sex, Money* (Boston: Shambhala Publications, 2011), 19.
2. Adam Moore e Peter Malinowski, "Meditation, Mindfulness and Cognitive Flexibility", *Consciousness and Cognition* 18 (2009): 176.
3. David Levy et al., "The Effects of Mindfulness Meditation Training on Multitasking in a High-Stress Information Environment", Graphics Interface Conference, 2012, https://faculty.washington.edu/wobbrock/pubs/gi-12.02.pdf.

4. Phil Jackson, *Eleven Rings* (Nova York: Penguin Press, 2013), 17.
5. Mason Fries, "Mindfulness Based Stress Reduction for the Changing Work Environment", *Journal of Academic and Business Ethics* 2 (2009), 8.
6. Alyssa Roenigk, "Lotus Pose on Two", *ESPN the Magazine*, agosto de 2013.
7. Ilene Raymond Rush, "Athletes Using Meditation to Improve Performance", *The Philadelphia Inquirer*, 17 de março de 2014.
8. Sharon Salzberg, *Real Happiness at Work: Meditations for Accomplishment, Achievement, and Peace* (Nova York: Workman Publishing Company, 2013), 45.
9. Joshua Pramis, "Number of Mobile Phones to Exceed World Population by 2014", DigitalTrends.com, 28 de fevereiro de 2013, http://www.digitaltrends.com/mobile/mobile-phone-world-population-2014.
10. Matthew A. Killingsworth e Daniel T. Gilbert, "A Wandering Mind Is an Unhappy Mind", *Science* 330 (2010): 932.
11. Patricia Poulin et al., "Mindfulness Training as an Evidenced-Based Approach to Reducing Stress and Promoting Well-Being Among Human Services Professionals", *International Journal of Health Promotion & Education* 46, no. 2 (2008): 35.
12. Michael Mrazek et al., "Mindfulness Training Improves Working Memory Capacity and GRE Performance While Reducing Mind Wandering", *Psychological Science* 24, no. 5 (2013): 776.
13. Hölzel et al., "Mindfulness Practice Leads to Increases in Regional Brain Gray Matter Density".
14. Yi-Yuan Tang et al., "Short-Term Meditation Training Improves Attention and Self-Regulation", *Proceedings of the National Academy of Sciences* 104, no. 43 (2007): 17152.

6. Compassivos

1. Tim Ryan, *A Mindful Nation: How a Simple Practice Can Help Us Reduce Stress, Improve Performance, and Recapture the American Spirit* (Carlsbad, CA: Hay House Publishing, 2012).

2. "Conversations on Compassion: Congressman Tim Ryan", YouTube.com, September 7, 2012, https://www.youtube.com/watch?v=eo4vQVekCf8.
3. David DeSteno, "The Morality of Meditation", *The New York Times*, 5 de julho de 2013.
4. Kristin Neff e Christopher Germer, "A Pilot Study and Randomized Controlled Trial of the Mindful Self-Compassion Program", *Journal of Clinical Psychology* 69, no. 1 (2012): 28.
5. Salzberg, *Real Happiness at Work*.
6. Dan Harris, *10% Happier* (Nova York: It Books, 2014).
7. Jason Marsh, "Can Science Make Facebook More Compassionate?", *Greater Good*, 25 de julho de 2012.
8. Shachtman, "Enlightenment Engineers".

7. Socialmente responsáveis

1. Jagdish Sheth, Nirmal Sethia e Shanthi Srinivas, "Mindful Consumption: A Customer-Centric Approach to Sustainability", *Journal of the Academy of Marketing Science* 39, no. 1 (2011): 21.
2. Thich Nhat Hanh, *The World We Have: A Buddhist Approach to Peace and Ecology* (Berkeley: Parallax Press, 2008).
3. Yvon Chouinard e Vincent Stanley, *The Responsible Company: What We've Learned From Patagonia's First 40 Years* (Ventura, CA: Patagonia Books, 2012).
4. Jo Confino, "Google Seeks Out Wisdom of Zen Master Thich Nhat Hanh", *The Guardian* (Londres), 5 de setembro de 2013.
5. Nicole E. Ruedy e Maurice E. Schweitzer, "In the Moment: The Effect of Mindfulness on Ethical Decision Making", Russell Ackoff Fellowship of the Wharton Risk Center Working Paper #2010-07-02, julho de 2010, http://opim.wharton.upenn.edu/risk/library/WPAF2010-07-02_NR,MS.pdf.
6. Barry Boyce, "She Wears It Well", revista *Mindful*, dezembro de 2013.
7. "Social Consciousness", EileenFisher.com, http://www.eileenfisher.com/EileenFisherCompany/CompanyGeneralContentPages/SocialConciousness/madeinchina.jsp.
8. Diane Levick, "A Closer Look at Aetna's Next CEO", *The Hartford Courant*, 26 de agosto de 2007.

9. Ruth Wolaver et al., "Effective and Viable Mind-Body Stress Reduction in the Workplace: A Randomized Controlled Trial", *Journal of Occupational Health Psychology* 17, no. 2 (2012): 246.
10. Informações fornecidas pela eMindful, 14 de março de 2013.
11. "Aetna Launches New Programs Designed to Help Reduce Metabolic Syndrome Risk Factors", *BusinessWire*, 15 de abril de 2013.
12. Estudo de caso fornecido pela Aetna.
13. Bruce Smith et al., "A Preliminary Study of the Effects of a Modified Mindfulness Intervention on Binge Eating", *Journal of Evidence-Based Complementary & Alternative Medicine* 11, no. 3 (2006): 133.
14. Jennifer Daubenmier, "Mindfulness Intervention for Stress Eating to Reduce Cortisol and Abdominal Fat Among Overweight and Obese Women: An Exploratory Randomized Controlled Study", *Journal of Obesity*, 2011.

8. O espaço para liderar

1. Janice Marturano, *Finding the Space to Lead: A Practical Guide to Mindful Leadership* (Nova York: Bloomsbury, 2014).
2. Jeremy Hunter e Michael Chaskalson, "Making the Mindful Leader: Cultivating Skills for Facing Adaptive Challenges", in *The Wiley-Blackwell Handbook of the Psychology of Leadership, Change and Organizational Development*, editado por H. Skipton Leonard, Rachel Lewis, Arthur M. Freedman e Jonathan Passmore (Chichester, West Sussex: Wiley-Blackwell, 2013).
3. Bill George, "Developing Mindful Leaders for the C-Suite", Harvard Business Review Blog Network, 10 de março de 2014, http://blogs.hbr.org/2014/03/developing-mindful-leaders-for-the-c-suite.
4. Bill George, "Mindfulness Helps You Become a Better Leader", Harvard Business Review Blog Network, 26 de outubro de 2012, http://blogs.hbr.org/2012/10/mindfulness-helps-you-become-a/.
5. Jack Kornfield, *A Path with Heart: A Guide Through the Perils and Promises of Spiritual Life* (Nova York: Bantam, 1993).
6. "Wisdom 2 Bill Ford, Jack Kornfield", YouTube.com, February 24, 2013, https://www.youtube.com/watch?v=9W0Wy8-06t4&feature=kp.
7. Jeff Weiner, "Managing Compassionately", LinkedIn.com, 15 de outubro de 2012.

9. McConsciência Plena

1. Joshua Eaton, "Gentrifying the Dharma: How the 1 Percent Is Hijacking Mindfulness", Salon.com, 5 de março de 2014, http://www.salon.com/2014/03/05/gentrifying_the_dharma_how_the_1_is_hijacking_mindfulness/.
2. Heuman, "Meditation Nation".
3. Huffington, "Mindfulness, Meditation, Wellness and Their Connection to Corporate America's Bottom Line".
4. Ron Purser e David Loy, "Beyond McMindfulness", *Huffington Post*, 1º de julho de 2013, http://www.huffingtonpost.com/ron-purser/beyondmcmindfulness_b_3519289.html.
5. Emily Glazer, "Coffee Mogul Defends Loans", *The Wall Street Journal*, 10 de maio de 2012.
6. Rob Williams, "Buddhist Monk Filmed Enjoying the High-Life on Private Jet Has Assets Frozen", *The Independent* (Londres), 4 de julho de 2013.
7. U.S. Marine Corps Staff, *Warfighting* (CreateSpace Independent Publishing Platform, 2012).
8. Elizabeth Stanley et al., "Mindfulness-Based Mind Fitness Training: A Case Study of a High-Stress Predeployment Military Cohort", *Cognitive and Behavioral Practice* 18 (2011): 566.
9. Georgetown University, "Troops' PTSD May Be Reduced With Mind Fitness", http://explore.georgetown.edu/news/?ID=52782.
10. Laura Gottesdiener, "Christian Fundamentalists Freak Out Over Yoga in the Military", *Salon*, 9 de janeiro de 2013.
11. Courtney Comstock, "Ray Dalio Explains How the Beatles Inspired Him to Meditate", *Business Insider*, 26 de outubro de 2010, http://www.businessinsider.com/ray-dalio-talking-about-meditation--hedge-fund-manager-bridgewater-the-beatles-2010-10.
12. Frederic Pryor, "Buddhist Economic Systems", in *Mindfulness in the Marketplace*, editado por Allan Hunt Badiner (Berkeley: Parallax Press, 2002), 163.
13. Jo Confino, "Thich Nhat Hanh: Is Mindfulness Being Corrupted by Business and Finance?", *The Guardian* (Londres), 28 de março de 2014.

10. O futuro em microcosmo

1. Confino, "Google Seeks Out Wisdom of Zen Master Thich Nhat Hanh".
2. Huston Smith, introdução a *Zen at Work*, de Les Kaye (Nova York: Random House, 1996), xiii.
3. Elizabeth Hayes, "Ommmmm... Intel Employees Use Mindfulness and Meditation to Cut Stress, Enhance Focus", *Portland Business Journal*, 22 de janeiro de 2014.
4. Kristine Wong, "There's No Price Tag on a Clear Mind: Intel to Launch Mindfulness Program", *The Guardian* (Londres), 8 de abril de 2014.
5. James M. Kouzes e Barry Z. Posner, *Encouraging the Heart: A Leader's Guide to Rewarding and Recognizing Others* (San Francisco: Jossey-Bass, 2003).
6. Jim Collins, "Level 5 Leadership: The Triumph of Humility and Fierce Resolve", *Harvard Business Review*, julho de 2005, http://hbr.org/2005/07/level-5-leadership-the-triumph-of-humility-and-fierce-resolve/ar/1.

Índice

#

10% mais feliz (Harris), 171

A

A cura e a mente (série de televisão/ Moyers), 59
Abramson, Jill, 92
acidente de trem, Santiago de Compostela, Espanha, 148
Adobe e consciência plena, 288-289
adrenalina e reação de estresse, 105, 169
adultos soropositivos e estudos sobre a consciência plena, 111
Aetna
  alimentação consciente e, 211-214
  benefícios da consciência plena/ioga, 208-211, 214-216, 272-272
  consciência plena para consumidores, 207, 210, 216
  crise financeira e, 206
  responsabilidade social e, 203-204
  Saúde Metabólica em Pequenas Doses, 211
  Universidade Duke e, 208, 214
  ioga/consciência plena para funcionários, 207-216
alimentação consciente
  Aetna e, 211-214
  capitalismo e, 243
  descrição/exemplo, 211-214
Alpert, Richard (Ram Dass), 54, 79
amígdala
  descrição/localização, 85
  efeitos da consciência plena na, 86
  reação de estresse e, 85
amor universal. *Ver: metta*
A arte da felicidade (Dalai Lama), 238
artigo "Beyond McMindfulness", 245
ashtanga ioga, 205
Ashvagosha, 53
asma e estudos sobre consciência plena, 87-88
Associação Norte-Americana de Psicologia, 104, 107
autocompaixão com a consciência plena
  descrição, 163-164, 167
  exemplo da agente policial, 168-170
  Meng/Google e, 295-296
  metta e, 167
  nos esportes, 167
  pesquisa sobre, 167

B

Baime, Michael, 142
Barie, Dawn, 254, 255
Batali, Mario, 263
Be Here Now (Ram Dass), 54
Beatles, 54, 252
Bejar, Arturo
  compaixão e Facebook, 175, 176–180
  o papel do Facebook, 175
benefícios da consciência plena
  compreendendo nossa mente, 38
  opinião de Kabat-Zinn sobre os, 36–37, 42
  resumos, 12–14, 17, 24, 36–41, 43–44, 154–155
  supervalorização no início dos anos 1970, 80
  Ver também: estudos sobre consciência plena; benefícios específicos
Benioff, Marc, 281
Bertolini, Mark
  acidente com esqui/consequências, 203–204
  Aetna e, 203, 204, 207–208, 211, 214, 215, 216
  consciência plena/meditação e, 205–208
  dores provocadas pelo acidente e, 204–206, 211
  família, 203
  terapia craniossacral, 205
  tratamento convencional/medicamentos, 205
  ioga e, 205–208
Bhagavad Gita, 205
Bikram Choudhury, 249
Bloomberg/Agência de notícias, 95, 126
Bodh Gaya, Índia
  Burmese Vihar, 46
  descrição, 46
  Gelles em, 45–48, 101, 234, 301
  iluminação de Buda e, 46
  meditação/consciência plena e, 45–48, 55
  Meehan e, 233
bondade. *Veja* compaixão
Brach, Tara, 195
Brackett, Marc, 178–179
Brady, Tom, 247
Brewer, Judson
  conferências Sabedoria 2.0 e, 276
  consciência plena/estudos sobre mudanças no cérebro, 69–75, 86, 88
  formação, 69
Bridgewater Associates, 263
Briggs, Josephine, 89
Britton, Willoughby
  críticas às pesquisas científicas/consciência plena, 91, 243
  formação, 91
  malefícios da consciência plena, 250
  "movimento da McConsciência Plena" e, 243
Brower, David, 191
Buda
  Bodh Gaya e, 46
  citações de, 82, 158
  consciência plena e, 48–49, 300
  iluminação e, 46
budismo
  como algo duradouro, 271
  disseminação pelo Ocidente, 49–56, 66

Ford e o, 229-231
fundamentos da consciência plena, 49-49
primórdios, 48
bullying cibernético, 178-179
Bunch, Tandon, 212-213
Bush, Mirabai
Centro para a Mente Contemplativa na Sociedade, 66
colaboradores da Monsanto e consciência plena, 63-67
Guatemala e, 63
Procure Dentro de Você/Meng, 297

C

calçados Merrell, 184
Câmara de Comércio Federal, 25, 29
Um caminho com o coração (Kornfield), 225
Caminho do Círculo, empresa Eileen Fisher, 200
Carroll, Pete, 140
Carter, Jimmy, 292
Centro de Atenção Plena em Medicina, Saúde e Sociedade (Universidade de Massachusetts), 32, 35, 59, 146, 258, 267-269
Centro de Estudos Infantis de Yale, New Haven, Connecticut, 69
Centro de Investigação de Mentes Saudáveis (Universidade de Wisconsin), 80, 86-88
Centro de Pesquisa de Atenção Plena, UCLA, 269
Centro de Pesquisa e Educação em Compaixão e Altruísmo (CCARE), Stanford, 164, 176
Centro de Retiro Menla Mountain,

Catskills, 158
Centro Nacional de Medicina Complementar e Alternativa (NCCAM), 88
Centro para a Mente Contemplativa na Sociedade, 66
cérebro
crenças sobre a falta de plasticidade, 81
envelhecimento (primeiras crenças), 81
envelhecimento/consciência plena e, 84
estudo com motoristas de táxi de Londres, 81-82
neuroplasticidade e, 39, 77-78, 79, 81-85
neuroplasticidade trabalhando contra nós, 85
"reorganização cortical uso-dependente", 82
violinistas e, 82
Ver também: estudos sobre consciência plena/cérebro; partes específicas
Chade-Meng Tan. *Veja* Meng (Chade-Meng Tan)
Chambers, Pat, 142
China e consciência plena, 61, 268
Chouinard, Yvon
ambientalismo e, 184-187, 189-193
atividades físicas, 182, 183, 185
canoagem sem remo, 182
formação, 181
opinião sobre o consumo, 186-187, 189-192
os primórdios da Patagonia e, 181
pesca com mosca e, 183, 184-185
prática zen/consciência plena e, 182-185

preocupações com o futuro, 183, 191–192
Sheahan e, 184–185
Ver também: Patagonia
ciência
temas anteriormente controversos e, 90
Ver também: estudos sobre consciência plena
Cohen, Darlene, 134
Coleman, Mark
Centro de Meditação Spirit Rock e, 196, 198
consciência plena/ambientalismo e, 195–199
Prana e, 197–199
colesterol, 105
Collins, Jim, 294
comércio justo
Patagonia e, 192
Prana e, 199
Coming to Our Senses (Kabat-Zinn), 103
compaixão
descrição, 295
empatia versus, 237, 238
importância, 171
opinião de Salzberg sobre a, 171
compaixão com a consciência plena
conexão com os outros e, 38–39, 164
definição de, 164
descrição, 20, 38–39, 164
exemplo da agente policial, 168–171, 173
exemplo do âncora de telejornais, 171–173
experimento na Universidade Northeastern, 165–166
Facebook e, 174–180, 290
forças armadas e, 260
Ford/empresa Ford e, 227–230, 232
importância, 171, 272
líderes e, 220
Meng/Google e, 291–296
pesquisas sobre, 164–166
Ryan e, 157–164
Weiner e, 237–239
Ver também: metta (amor universal); autocompaixão com a consciência plena
comportamento pró-social
córtex pré-frontal e, 83
descrição, 82
concentração. Ver também: foco com a consciência plena
Conferências Sabedoria 2.0
em 2010, 176, 275
em 2013, 275–281
consciência plena
acessibilidade, 55
definições/descrições, 12, 24, 25, 34–36, 61, 263
McConsciência Plena versus, 272–273
mudando nosso corpo e, 89, 90
pequenas doses/efeitos, 296
prática contínua e, 33
primeiros textos budistas, 34
propósito, 272
relação com seus próprios pensamentos e, 73–74
resumo dos obstáculos, 39
termos em outras línguas, 35
Ver também: MBSR (Redução do Estresse Baseada na Consciência Plena); meditação; empresas específicas; indivíduos específicos

consciência plena no local de trabalho
    artigo "The Mind Business" e, 32-33
    Centro de Investigação de Mentes Saudáveis, Universidade de Wisconsin, 80
    como responsabilidade pessoal, 300-301
    exemplo de Cesar Quebral, 112-114
    necessidade, 41-42
    razões para a expansão, 34
    resumo da expansão, 33
    resumo dos benefícios, 34, 40, 43-44, 303
    visão geral, 11-13
    Ver também: empresas específicas
Conselho de Pesquisa Familiar, 262
consumo consciente
    acumular coisas *versus*, 188-190
    consumo desenfreado *versus*, 187-189
    descrição, 187-192
    Patagonia e, 185-187
    pessoas com menos/mais recursos, 188-190
Conway, Moncure, 51
O coração da liderança (Kouzes e Posner), 293
Corpo de Voluntários da empresa Ford, 229, 232
córtex cingulado posterior (cérebro)
    "atenção sem esforço" e, 70
    "rede neural padrão"/dispersão da mente e, 70-75
    estudos sobre consciência plena e, 70-75
    localização/funções, 70
percepção *versus* ansiedade/capacidade de avaliação, 73
córtex pré-frontal
    consciência plena e, 83, 87, 109
    evolução/funções, 83
cortisol
    efeitos da consciência plena no, 109, 154
    resposta de estresse, 85, 105, 106
Couric, Katie, 104
crise financeira (2008-2009)
    Aetna e, 206
    eMindful e, 255
    Ford e, 229, 231
    opinião de Kabat-Zinn sobre a, 42
críticas à popularização da consciência plena
    "consciência plena corporativa" e, 243, 251-256, 271, 300
    ausência de normas/coordenação, 266-272
    capitalismo/lucros e, 243-245, 250-251
    conferências Sabedoria 2.0 e, 241-242, 279
    corporações fazendo lavagem cerebral nos funcionários, 250-251
    corporações invertendo o ônus para os funcionários, 250-251
    executivos do Google/exemplo de confronto, 241-242, 280
    incompreensão da consciência plena e, 263-265
    práticas laicas/espiritualistas, 243
    problema de oferta/demanda, 266-267
    problemas com a liderança consciente, 240

separação da tradição budista, 242–246, 265, 266, 271
uso nas forças armadas e, 257–258, 262
versus consciência plena "verdadeira", 273
Ver também: indivíduos específicos

D

dados estatísticos sobre o tempo dedicado à televisão, 102
Dalai Lama
Centro de Investigação de Mentes Saudáveis (Universidade de Wisconsin), 88
compaixão *versus* empatia, 237, 238
encontros com cientistas ocidentais, 75–78, 87–88
MBSR e, 77
residência, 76
tecnologia da ressonância magnética e, 78
tradutor, 164, 294
Dalio, Ray, 263
Davidson, Richard
adiamento da construção da carreira em torno da consciência plena, 79
como (famoso) neurocientista da consciência plena, 78, 80–88, 108
Dalai Lama e, 78, 80, 88
descrição, 78
formação em consciência plena, 78–79
primórdios da carreira na ciência da meditação, 79–80
Davis, Jeff, 262

déficits habitacionais
especialistas em tecnologia de São Francisco e, 241
executivos da Google/confronto na conferência e, 241–242
gentrificação, 241, 242
definição de "espiritual", 61
depressão
alívio pela consciência plena, 120–122
pensamentos ruminativos e, 122
estresse e, 105–106
descrição da resposta de lutar ou fugir, 85
Desperta@Intel, 290
dispersão da mente
como uma conquista evolutiva, 151, 152
córtex cingulado posterior (cérebro) e, 70–75
estudo sobre a relação com o desempenho acadêmico, 153–155
estudo/resultados com aplicativo de Internet móvel, 150–151
infelicidade e, 150–152
"mente de macaco" e, 26, 58–59, 106, 132, 150
opinião de James sobre a, 43
pesquisa Killingsworth/Gilbert, 150–151
problemas com a, 43
tecnologia e, 143
Ver também: distração
distração
mídias sociais/efeitos e, 142–143, 150, 152
motoristas e consequências fatais, 149

no mundo de hoje, 130, 143
opinião de Salzberg sobre a, 144
opinião de Thoreau sobre a tecnologia do futuro, 147-148
sistema multitarefa e, 149
trabalho e, 130
Ver também: dispersão da mente
dor
  causas, 163
  consciência plena e, 103, 206
  sofrimento versus, 206, 211, 296
Dremiller, Ryan, 131
Dunn, Marne, 290

E

economia
  consciência plena e, 302-303
  opinião de Kabat-Zinn sobre a, 42
  Ver também: crise financeira (2008-2009)
Educação para o Bem-Estar Baseada na Consciência Plena (MBWE), 152-153
efeito espectador, 166
Emerson, Ralph Waldo, 49
eMindful
  Aetna e, 207-210, 254, 256
  histórico da empresa/descrição das sessões, 254-257
empresa Eileen Fisher
  algodão orgânico e, 201
  Caminho do Círculo, 200
  cuidado com os colaboradores e, 200-201
  matérias-primas para roupas sustentáveis, 201
  programas de reciclagem Eileen Ecológico, 202
  responsabilidade social e, 198-203, 271
  reuniões World Café, 200
  trabalhadores na China e, 201
  Ver também: Fisher, Eileen
Engle, R. Adam
Dalai Lama e, 75-76
  formação, 75
Ens, Joe
  formação, 144
  antes/depois da consciência plena, 144-147
  pausas silenciosas e, 147
epigenética, 79
epinefrina, 106
equilíbrio entre a vida profissional e a vida privada, 41
Escala de Atenção e Consciência Plenas (MAAS), 194-195
Escala de Estresse Percebido, 210
escolas e consciência plena
  estudos sobre alunos do ensino médio/professores, 109-110
  estudos sobre alunos em idade pré-escolar/professores, 86-87
  Ryan e, 159-162
esgotamento, 119-121
espessura do córtex cerebral e consciência plena, 83
esportes
  assumindo publicamente a prática da consciência plena, 140
  autocompaixão com a consciência plena, 167
  consciência plena e, 135-143, 155
estância turística Miraval, 30
estresse
  amígdala e, 85

causas (origens), 101, 107
comportamento negativo e, 84–85
custos para as empresas norte-
-americanas, 106
efeitos no trabalho, 104
esgotamento, 119–120
estresse agudo, 107
hipocampo e, 85
principais causas do, 103–105
universitários e, 153
visão geral dos efeitos sobre a
saúde, 104–107
estudo com funcionários de um
banco em Joanesburgo/esgota-
mento, 120
estudo com motoristas de táxi de
Londres, 81–82
estudo sobre vacinas contra a gripe/
MBSR, 109
estudos sobre consciência plena
adultos soropositivos e, 111
alunos do ensino médio/profes-
sores, 110
alunos em idade pré-escolar/pro-
fessores, 86–87
ampla credibilidade e, 81, 89–90
asma e, 87
auge das pesquisas e, 89
aumento do número de pesquisas,
75, 88
críticas aos, 91–92
forças armadas e, 261, 262
funcionários de um banco em Jo-
anesburgo/esgotamento, 120
importância da fMRI, 77–79, 81,
82, 86, 89
médicos com esgotamento, 119–120
"neurocientistas contemplativos"
e, 75, 78, 85, 91–92

objetivo da felicidade e, 91
pacientes com psoríase, 111
pequenas doses/efeitos, 296
redução do estresse e, 107–110
resumo dos benefícios, 39–41
sistema imunológico e, 87
Ver também: estudos sobre foco e
consciência plena
estudos sobre consciência plena/
cérebro
comportamentos pró-sociais e,
83, 86–90
consciência plena modificando o
cérebro, 82–84
córtex cingulado posterior e, 70–75
córtex pré-frontal e, 83
diferenças na memória, 154–158
efeitos duradouros e, 86
eletroencefalografia/gráficos e,
70–75, 86
envelhecimento do cérebro e, 83
espessura do córtex cerebral e,
83–84
estudando o cérebro dos monges
budistas, 62, 78
Gelles como sujeito de um experimento, 69–75
MBSR/colaboradores da Promega
e, 108–109
melhorias gerais, 84–85
neuroplasticidade e, 39, 77, 79,
81–85
tecnologia da fMRI e, 77–79, 81,
82, 86, 89
estudos sobre foco e consciência
plena
com profissionais de recursos
humanos, 134–135
universitários/MBSR e MBWE,
152–153

relação entre a dispersão da mente/desempenho acadêmico, 153–155
resumo, 19
tarefas múltiplas e, 135
Teste de Stroop, 132–133
testes de atenção, 132–133
estudos sobre pacientes com psoríase/consciência plena, 111
eventos/grupos do Mente e Vida
Dalai Lama e, 76–80
descrição, 76–78
fMRI e, 77–78
resultados publicados, 76
exercício da uva passa/propósito, 78–100

F

Facebook
compaixão com a consciência plena, 174–175, 290
processo de marcação de fotos, 175–178
usuários adolescentes e, 178–179
fatiador de banana, 190
Fernandez, Rich
descrição, 294
treinamento em consciência plena/Inteligência Emocional e, 293, 294–295, 296, 297, 299
Fields, Rick, 51
Financial Times
Gelles e, 17, 27, 32, 72, 95, 96, 103, 125–130, 174, 275
matéria sobre a consciência plena e, 27, 32
Financial Times Weekend Magazine, 27
Finding the Space to Lead (Marturano), 220

Fisher, Eileen
consciência plena/ioga e, 199–200
cultura do consumo e, 202
Ver também: empresa Eileen Fisher
Flook, Lisa, 86–87
ressonância magnética funcional (fMRI)
Dalai Lama e, 78
importância nos estudos sobre a consciência plena, 77–80, 81, 82, 86, 89
foco com a consciência plena
colaboradores da General Mills e, 130–131
descrição, 37–38, 131–132, 219
esportes e, 135–143, 155
Gelles e exemplo do trabalho/família, 125–130
Green Mountain Coffee e, 131
líderes e, 219
opinião de Chögyam Trungpa sobre o, 130
opinião de Salzberg sobre o, 144
Ver também: distração
Forbes, 246
Forbes, David, 257, 265
forças armadas e consciência plena
compaixão e, 260
descrição da utilização, 257–258, 259–263
pesquisas sobre, 261, 262
redução do estresse e, 122–123
Ryan e, 160, 161, 162
Stanley e, 258–262, 269
Treinamento em Bem-Estar Mental Baseado na Consciência Plena (M-FIT), 258
Ford, Bill
ambientalismo/natureza e, 224–227

colaboradores e, 227–230
compaixão e, 227–228, 229, 232
conferências Sabedoria 2.0 e,
   276–277, 280
consciência plena/como líder
   consciente, 225–232
Corpo de Voluntários da empresa,
   229–230, 232
crise financeira e, 229, 231
explosão em Rouge e, 227
formação, 223–224
Kornfield e, 225, 226, 229
mudança na cultura da empresa
   Ford e, 227–232
opinião sobre budismo, 230–231
transparência na empresa e, 228
Fortune, 291
Fórum Econômico Mundial, Davos,
   Suíça (2013), 33
Frazier, Tim, 141–142, 168
Fried, Laura, 115–116, 118–119
Fries, Mason, 139–140
Fundação Ojai, 76
Furacão Ike, 110

G

Gabbard, Tulsi, 276
Galveston e o Furacão Ike, 110
ganância
   crise financeira (2008–2009) e, 42
   opinião de Kabat-Zinn sobre a, 42
Gandhi, Mahatma, 46
Gautama, Sidarta. Ver também: Buda
Geller, Richard
   consciência plena corporativa e,
      251–254, 267, 271
   formação/descrição, 251
Gelles, David

Alison (esposa) e, 96, 97, 100–103,
   177
aula de Liderança Consciente de
   Marturano, 218–219
budismo e, 14, 15, 16
como sujeito do laboratório de
   Brewer, 69–75, 164
conferências Sabedoria 2.0 e,
   279–280
em Bodh Gaya, Índia, 45–47, 101,
   234, 301
entrevista no New York Times, 92
Financial Times e, 17, 27, 32, 72, 95,
   103, 125–130, 174, 275
foco no exemplo do trabalho/
   família, 126–130
formação em meditação/consciên-
   cia plena, 15–17, 27–28, 45–48,
   96, 101, 233–234, 268, 301
promoção/estresse, 95–96
religião e, 16
rotina de trabalho no Financial
   Times, 125–126
rotinas de consciência plena,
   301–302
Ver também: MBSR no Centro
   Aberto, cidade de Nova York
General Mills
demissões/efeitos, 27
negócios/marcas, 23–24
Pillsbury e, 29
sede, 23
General Mills/consciência plena
foco e, 130–131
história de Ens, 144–147
impactos/benefícios da consciência plena, 27–28, 271
necessidade da consciência plena, 43

salas de meditação e, 28
treinamento/curso de Liderança
   Consciente, 23–28
   Ver também: indivíduos específicos
George, Bill
   formação, 222
   opinião sobre a liderança consciente, 222–223
Gere, Richard, 15
Germer, Christopher, 167
Gervais, Mike, 140
Gilbert, Daniel, 150–151
Ginsberg, Allen, 52
Goldman Sachs, 33
Goldstein, Joseph, 15, 55, 302
Goleman, Daniel
   Dalai Lama e, 78
   eventos do Mente e Vida, 76–78
   ressonância magnética funcional e, 78
   formação, 77
   Inteligência Emocional e, 62, 77, 297
   Good Morning America Weekend (programa de televisão), 171
Google
   abertura de capital, 298–299
   como lugar de se trabalhar, 291
   executivos/exemplo de confronto, 241–242, 280
   Inteligência Emocional e, 291, 297–298, 299
   lema corporativo, 291, 298
   missão/idealismo, 292, 298–299
   Procure Dentro de Você, 291–296, 297, 299, 300
   Ver também: Meng (Chade-Meng Tan)
Googleplex, 291

Gordhamer, Soren, 167, 275, 278, 280
gordura abdominal, 105
Green Mountain Coffee/consciência plena
   descrição, 115–119, 131, 246, 249
   foco com a consciência plena e, 131
   opinião dos colaboradores sobre os benefícios, 116–118, 131
   redução do estresse/benefícios, 115–118
   ioga/Alongamento Baseado na Consciência Plena e, 116–118, 246
   Ver também: Stiller, Bob
Gross, Amy
   como instrutora de MBSR, 97–101
   formação, 97
Gunderson, Beth, 32

H

Halifax, Joan, 76
Halpern, Charlie, 63
Harris, Dan
   consciência plena/compaixão e, 171–174
   formação, 171
Harvard Business Review, 33
Hilton, Paris, 172–173
hinduísmo, 48, 53
hipocampo
   efeitos da consciência plena, 84
   funções, 82, 83–85
   motoristas de táxi de Londres/"o Conhecimento" e, 82
   reações de estresse, 85
história da consciência plena
   budismo e, 49
   primórdios, 48

resumo, 18
história da consciência plena/Estados Unidos
   anos posteriores à Segunda Guerra Mundial e, 52-54
   nos anos 1800s, 48-52
   nos anos 1960s/*hippies*, 54
   nos anos 1970s, 54-56
   resumo, 18
   Ver também: indivíduos específicos
Hölzel, Britta, 84
Horowitz, Bradley, 280, 282
Hotchner, A. E., 232-233
How the Swans Came to the Lake (Fields), 51
Huffington, Arianna
   consciência plena e capitalismo, 245
   consciência plena/eventos, 88, 104, 276, 278-280
   opinião sobre o sistema multitarefa, 279
   política/negócios, 278-279
Huffington Post, 245, 279
Hunter, Jeremy, 112, 222
Hyman, Mark, 104-105

I

imagem por ressonância magnética funcional
   Ver também: ressonância magnética funcional
IMS. *Ver também: Sociedade de Meditação da Introspecção*
Índia
   Dalai Lama e, 76
   descrição, 46
   história da consciência e, 48
   Ver também: indivíduos específicos; locais específicos
Instituto de Liderança Consciente, 218
Instituto de Liderança Procure Dentro de Você (SIYLI), 298, 300
Instituto de Tecnologia de Massachusetts (MIT), 57
Instituto Garrison
   aulas de Marturano no, 207-221
   história/descrição, 217
   liderança consciente e, 218-221
Instituto Mente e Vida, 76-77, 78
Institutos Nacionais de Saúde, 88
Intel e consciência plena, 290
Inteligência Emocional
   Goleman e a, 62, 76, 297
   Google e a, 291-292, 297-298, 299
ioga
   ashtanga ioga, 205
   viniyoga, 207-210

J

Jackson, Phil
   assumindo publicamente a prática da consciência plena, 140
   Chicago Bulls, 136-139
   consciência plena e treinamento esportivo, 136-138, 140
   formação, 136
   Los Angeles Lakers e, 138, 139
James, William, 43, 107
Jobs, Steve
   Applefest (1981) e, 9-12
   consciência plena e, 10, 11, 13, 183
   tradição zen-budista e, 11, 15, 282
Jordan, Michael, 136-138, 155
Josephs, Stephen, 149

Journal of Academic and Business Ethics, 139
Journal of Clinical Psychology, 166
Journal of Occupational Health Psychology, 208

K

Kabat-Zinn, Jon
  caráter/personalidade, 56
  cisão ciências/humanidades e, 57
  definição de "espiritual", 61
  formação/biologia molecular, 57, 77
  opinião sobre o estresse, 103
  pais, 56
Kabat-Zinn, Jon/consciência plena
  benefícios, 37, 42
  Centro de Atenção Plena em Medicina, Saúde e Sociedade (Universidade de Massachusetts) e, 35, 267-268
  conferências Sabedoria 2.0 e, 276, 278, 280
  descrição/definição de consciência plena, 35, 61
  equipe masculina de remo dos Estados Unidos nos Jogos Olímpicos e, 139
  estudos e, 87, 91, 111, 267-268
  evento do Mente e Vida, 77
  influência de, 35, 60-62, 69, 208, 297
  lugar para a prática da consciência plena, 52
  Marturano e, 30, 31, 35, 97
  o legado de Thoreau e, 51
  opinião sobre a crise financeira (2008-2009), 42
  opinião sobre tecnologia/distração, 147
  palestrando/ensinando, 30, 31, 35, 59, 97, 146, 158, 176, 281
  primórdios/introdução à, 57
  Santorelli e, 32, 60, 146, 267-268
  secularização/dissociação do budismo, 56, 60-61
Kabat-Zinn, Jon/MBSR
  colaboradores da Promega e, 108-109
  como fundador/professor da MBSR, 35, 52, 67, 77, 81, 267
  efeitos da série de televisão de Moyers, 59
  ensinando, 30, 31, 35
  primórdios, 57-59
Kabat-Zinn, Will, 285
Keltner, Dacher, 176, 178
Kerouac, Jack
  leituras, 53
  livros de Thoreau e, 53
  livros de, 53-54
Kerslake, Scott
  Coleman/Spirit Rock e, 197-198
  Prana e, 197, 198
Killingsworth, Matthew, 150-151
Kornfield, Jack
  Ford e, 225, 226, 229
  Sociedade de Meditação da Introspecção e, 55
  formação em consciência plena, 55, 302
  Spirit Rock e, 55
  Conferências Sabedoria 2.0 e, 176, 275-276
Kouzes, James, 293
Krasner, Michael, 119-120
Krzyzewski, Mike, 138

L

Lao Tzu, 146
Lazar, Sarah, 83–85, 88
Leary, Timothy, 79
liderança consciente
  Ford e, 225–232
  Google e, 293–294
  Instituto Garrison e, 217–221
  LinkedIn/Weiner e, 236–239
  Marturano ensinando, 217–221
  necessidade da, 20, 221–222, 240
  Newman's Own e, 233–235
  opinião de Bill George sobre a, 222–223
  perspectiva utilitarista sobre a, 240
liderança hierárquica (Collins), 294–295
liderança. Ver também: liderança consciente
Lift (aplicativo), 285
LinkedIn e liderança consciente, 236–239
Loy, David
  artigo "Beyond McMindfulness", 245–246
  budismo e consciência plena, 66
  críticas à popularização da consciência plena, 245–246, 248, 250–251, 257, 265, 272
  formação, 245
Lutz, Antoine, 86
Lynch, David, 263

M

MAAS (Escala de Atenção e Consciência Plenas), 194–195
Madison Magazine, 88
Madoff, Bernie, 32
Mahesh Yogi, Maharishi, 54, 252
Maples, Cheri
  compaixão com a consciência plena, 168–170, 173–174
  trabalho de, 168–170
Margerum, Barry, 298
Marturano, Janice
  benefícios da consciência plena, 30–32, 40, 219
  Câmara de Comércio Federal e, 25, 29
  cargo/trabalho na General Mills, 25, 29–30
  como praticante secreta de meditação, 30–31
  ensinando liderança consciente, 218–221, 267
  Instituto de Liderança Consciente e, 218–219
  introdução/treinamento em MBSR, 30
  liderando a sessão de treinamento em Liderança Consciente (General Mills), 24–28, 145
  necessidade da consciência plena nos ambientes de trabalho e, 42–43
  pais e, 29–31
  primórdios da consciência plena na General Mills e, 32
materialismo
  consciência plena e, 248, 249
  homens santos e, 249
  Stiller e, 246–247, 248
MBCT (Terapia Cognitiva Baseada na Consciência Plena), 120–121
MBSR (Redução do Estresse Baseada na Consciência Plena)

alimentação consciente e, 213–214
Dalai Lama e, 77
descrição, 58
dor e, 58
eMindful e, 208
estresse e, 58, 84
estudo sobre vacinas contra a gripe e, 109
estudos com colaboradores da Promega e, 108–109
estudos com universitários/enfermeiros, 152–153
expansão/clínicas hoje em dia, 59–61
funcionários da Universidade do Texas em Galveston, 110
Gelles, crítica à, 102
hipocampo e, 84
Moyers e, 59
resumo dos benefícios, 59–60
Ver também: Kabat-Zinn, Jon/ MBSR
MBSR no Centro Aberto, cidade de Nova York
autocompaixão e, 101
descrição do ambiente, 97
entendendo a impermanência, 100–101
exercício da uva passa, 98–99
outros alunos, 101
professora, 97–101
propósito do exercício da uva passa, 99
razões para participar, 96–98
resultados, 102–103, 125
visão geral, 96–103
MBWE (Educação para o Bem-Estar Baseada na Consciência Plena), 152–153

McCabe, Kelly, 255–256
meditação
estatísticas de praticantes, 56
religiões e, 17
técnica, 13
tipos de, 263
Ver também: tipos específicos
Meditação da Introspecção, 46, 83–84, 198
Meditação Transcendental, 263–264
meditação zen/centros, 46, 55
meditação/centros de budismo tibetano, 46, 55, 61
Medium (empresa), 283–285, 286–288
MedWorks, 251
Meehan, Peter
formação, 233
Newman's Own/liderança consciente e, 233, 235–236
poder das intenções e, 234, 235, 236
Meng (Chade-Meng Tan)
autocompaixão e, 296
cargo no Google, 292
compaixão e, 292, 293, 294, 295–296
engenharia social e, 292
formação/descrição, 292
liderança e, 292–295
liderança hierárquica (Collins) e, 294
opinião sobre o Google/Vale do Silício, 299–300
paz mundial e, 292, 297–298, 299
Procure Dentro de Você (Google), 291-292, 293–296, 297, 299, 300
treinamento em consciência plena/Inteligência Emocional para o mundo, 297–298, 299
mente dispersa. *Ver também:* dispersão da mente

metta (amor universal)
autocompaixão e, 167
descrição da meditação, 74–75, 92, 164
em experimentos de pesquisa, 167
Gelles e, 74–75, 164
Harris e, 171–172, 173
responsabilidade social e, 193
M-FIT (Treinamento em Bem-Estar Mental Baseado na Consciência Plena), 259
Mindful Nation, A (Ryan), 161–162
Monsanto
consciência plena/benefícios e, 63–67
erradicando a consciência plena corporativa, 66
reputação da, 62, 63
sementes "exterminadoras", 62
Shapiro e, 62–63, 66
Moyers, Bill, 59
mudanças climáticas, 195, 227
Munindra, Anagarika
descrição/formação, 46
influência/legado, 48, 62
meditação/ensinando e, 47–49, 55, 101
momento presente e, 47
Museu da História da Computação, 175–176, 275

N

natureza e consciência plena, 195–196
NCCAM (Centro Nacional de Medicina Complementar e Alternativa), 88
Neff, Kristin, 167

"Nesse momento: o efeito da consciência plena na tomada de decisão ética" (Ruedy e Schweitzer), 194
"neurocientistas contemplativos", 75, 78, 85, 91
neuroplasticidade do cérebro, 39, 78, 79, 81–85
New York Times, 17, 72, 92, 125–126, 166
New York Times Company, 269
Newman, Nell, 233
Newman, Paul
formação/filmes, 232
Newman's Own e, 233, 235
presentes de fim de ano (1980) e, 232–233
Newman's Own/Organics
liderança consciente e, 233–236
lucros/instituições beneficentes e, 233, 235–236
primórdios, 232–233
Nhat Hanh, Thich
ambientalismo e, 194
consciência plena e, 168, 273, 281, 288
opinião sobre a tecnologia, 281
opinião sobre o consumo consciente, 188
Vale do Silício e, 281
Nightline (programa de televisão), 171
Nike, 184

O

Obama, Barack, 157
Okung, Russell, 141
On the road – Pé na estrada (Kerouac), 53

Onze Anéis (Jackson), 136
Organização Mundial de Saúde, 106
Organização Nacional de Consciência Plena (ideia), 269–270, 300

P

Page, Larry, 298–299
"Pastilhas de Hortelã Conscientes", 244
Patagonia
  ambientalismo e, 183, 185, 191, 192–193
  conservação e, 191
  consumismo e, 186–187, 191
  consumo consciente e, 186–187
  descrição/atividades nas dependências, 182, 186
  importância dos colaboradores e, 185–186
  materiais reciclados, 184, 192
  primórdios, 181
  produtos sustentáveis, 191
  responsabilidade social e, 181–187, 190–193
  Ver também: Chouinard, Yvon
Perkins, Tony, 262–263
Pillsbury, 29
Pinger, Laura, 86
piti, 296
políticos e consciência plena, 44
  Ver também: indivíduos específicos
Porter, Michael, 106
Posner, Barry, 293
Prana
  algodão orgânico e, 198
  ambientalismo e, 197–199
  escalada/ioga e, 197
  pausa vespertina dos colaboradores, 197
  responsabilidade social e, 197–198
  pressão arterial e resposta de lutar ou fugir, 85
Primeiro Instituto Zen, 52
Princípios de Psicologia (James), 43
Procure Dentro de Você, 291–296, 297, 299, 300
Programa de Medicina Integrativa, Universidade Duke, 208, 214–215
Projeto Interdependência, Nova York, 162
Projeto Respirar, Adobe, 288–289
Promega
  colaboradores e MBSR, 108–109
  descrição, 108
Prothero, Stephen, 55
Purser, Ron
  artigo "Beyond McMindfulness", 245–246
  críticas à popularização da consciência plena, 245–246, 248–249, 250, 256–257, 265, 272
  formação, 245

Q

Quebral, Cesar, 112–114

R

Ram Dass (Alpert, Richard), 54, 78
reação de estresse
  como algo automático, 104–106
  descrição da resposta de lutar ou fugir, 85
  descrição, 85, 104–106
  evolutivamente *versus* atualmente, 106

problemas de saúde com a, 104–106
"sequestro da amígdala" e, 85, 86, 169, 297
real felicidade, A (Salzberg), 144, 171
Ream, Amanda, 242
rede de televisão BBC, 33
redução do estresse
   compreendendo a impermanência e, 100–101, 115
   compreendendo o estresse e, 37
   consciência plena e, 37, 40, 86, 107–114, 123
   forças armadas e, 122
   Green Mountain Coffee, 114–118
   locais de trabalho e, 40
   médicos e, 120–121
   mudando nossa resposta e, 101
   para aliviar o esgotamento, 120
   Ver também: MBSR (Redução do Estresse Baseada na Consciência Plena)
Redução do Estresse Baseada na Consciência Plena
   Ver também: MBSR (Redução do Estresse Baseada na Consciência Plena)
região de Bihar, Índia, 45–46
   Ver também: Bodh Gaya, Índia
Reibel, Diane, 167
Reisman, Lonny, 207
"reorganização cortical uso-dependente", 82
responsabilidade social
   ambientalismo e empresas, 193–194
   a vida dos outros e, 198
   consciência plena e, 192–195
   exemplo da Aetna, 203–216
   exemplo da empresa Eileen Fisher, 199–203
   exemplo da Patagonia, 181–187, 190–193
   exemplo da Prana, 197–199
   exemplo de trapaça e, 195
   experimentos conduzidos por Ruedy/Schweitzer, 194–195
   mudanças climáticas e, 195, 227
   paradigma do acionista e, 196
Responsible Company, The (Chouinard), 192
Reuters, 126
revista *Mindful*, 33, 277
revista *Mindfulness*, 89
revista *O*, 97
Revista *The Dial*, 49
Rinpoche, Chögyam Trungpa
Rinpoche, Chökyi Nyima
Rose, Jonathan/Diana, 217
Rosenfeld, Jonathan, 285
Rosenkranz, Melissa, 87–88
Rotella, Bob, 138–139
Rotenberg, Jonathan, 9–11
Ruedy, Nicole, 194–195
Ryan, Tim
   antes da consciência plena, 158–159
   descrição do distrito, 157, 158
   formação/descrição, 157, 160
Ryan, Tim/consciência plena
   compaixão e, 157–163
   conferências Sabedoria 2.0 e, 276
   escolas e, 160, 162
   para as forças armadas e, 160, 161, 162
   questões ambientais e, 162
   retiro de silêncio, 158
   uso dos estúdios de yoga e, 162

S

Salzberg, Sharon
  formação em consciência plena, 15, 39, 55, 302
  opinião sobre a bondade, 171
  opinião sobre a consciência plena/meditação, 39, 114, 271–272
  opinião sobre distrações/foco, 144
  Sociedade de Meditação da Introspecção e, 55
sânscrito e consciência plena, 35–36
Santayana, George, 265
Santorelli, Saki
  Centro de Atenção Plena em Medicina, Saúde e Sociedade (Universidade de Massachusetts), 32, 146, 258, 267–269
  Clínica de Redução do Estresse e, 59
  Kabat-Zinn e, 32, 59–60, 146, 267–268
  Marturano e, 31
  opinião sobre a crítica de Forbes, 257
  Organização Nacional de Consciência Plena (ideia) e, 269
Saúde Metabólica em Pequenas Doses, Aetna, 211
Schweitzer, Maurice, 194–195
Science, 150
sede da Reebok/sessão de consciência plena, 251–254
Seinfield, Jerry, 263
"sequestro da amígdala", 85, 86, 169, 297
Shachtman, Noah, 179–180, 282
Shapiro, Bob, 62–63, 66
Sheahan, Casey
  Chouinard e, 183–185
  formação, 183–185
  meditação/consciência plena, 185
  Patagonia e, 184–187, 192
  Tara (esposa) e, 182, 186
Sidarta Gautama. *Ver também:* Buda
Simon-Thomas, Emiliana, 176–177
simplicidade e consciência plena, 183
sistema imunológico
  adultos soropositivos e, 111
  células T CD4+ e, 111
  conexão mente-corpo e, 87
  cortisol/reação de estresse e, 105
  efeitos da consciência plena no, 109–112, 154
  estudo sobre vacinas contra a gripe/MBSR e, 109
sistema multitarefa
  distração e, 149
  opinião de Huffington sobre o, 279
  problemas com o, 149
  teste com profissionais de recursos humanos e, 134–135
SIYLI (Instituto de Liderança Procure Dentro de Você), 298, 300
Slater, Michael, 109
sonolência e meditação, 218
Smith, Dean, 138
Smith, Huston, 282, 300
Snow, C. P., 57
Snyder, Gary, 53
Spirit Rock
  fundador, 55
  meditação/consciência plena e, 55–56, 64, 196–199, 225, 244
  Sociedade de Meditação da Introspecção
    como centro de retiro budista, 56, 64, 268

fundadores, 55
Organização Nacional de Consciência Plena (ideia) e, 269
Sodexo, 244
Some of the Dharma (Kerouac), 53
Stanley, Elizabeth
   família/histórico, 258-259
   forças armadas e, 258-262, 269
   formação/cargo em Harvard, 258
   treinamento em consciência plena para as forças armadas, 258-262, 269
Stiller, Bob
   bancos e margem/valor de cobertura adicional, 247
   Green Mountain Coffee/consciência plena e, 246, 249
   materialismo/problemas financeiros, 246-249
Stone, Biz, 283
Stroop, John Ridley, 132
Stubblebine, Tony, 285
Sullivan, Prudence, 116
"surto de budistas", 55
Surya Das, Lama, 265
sutras, 60, 69
Suzuki, D. T., 53
Suzuki Roshi, 282

T

Tao Te Ching (Lao Tzu), 146
Teasdale, John, 121-122
Teisberg, Elizabeth, 106
Terapia Cognitiva Baseada na Consciência Plena (MBCT), 121
terapia craniossacral, 205
Teresa d'Ávila, Santa, 17

Teste de Stroop, 132-133
"The Mind Business" (Gelles), 27, 32-33
Thoreau, David
   consciência plena/budismo e, 49-52
   influência, 52
   lago de Walden e, 50-52
   opinião sobre o futuro da tecnologia, 147-148
   publicações, 49-52
Thupten Jinpa, 165, 294
Timberlake, Justin, 292
tonglen, 295
Toynbee, Arnold, 66
trabalho
   pesquisas sobre satisfação no, 41
   Ver também: consciência plena no local de trabalho
tradição vipássana, 45
   Ver também: Meditação da Introspecção
transcendentalistas, 49-51
Treinamento em Bem-Estar Mental Baseado na Consciência Plena (M-FIT), 259
"tripé da sustentabilidade", 34

U

"Uivo" (Ginsberg), 53
Universidade de Antioch, 46, 233
Universidade Duke, Programa de Medicina Integrativa, 208, 214
Universidade Naropa, Boulder, Colorado, 54
Unterberg, Scott, 289
Upanixades, 48, 205

V

Vagabundos Iluminados, Os (Kerouac), 53
Vale do Silício
   criatividade e, 281–282
   espiritualidade e, 299–300
   conferências Sabedoria 2.0 e, 275, 276, 280
   consciência plena e, 21, 281–282, 288, 299
   Ver também: empresas específicas; indivíduos específicos
Van Driel, Lindsay, 290
Varela, Francisco, 76
Vedas, 205
A vida de Buda (Ashvagosha), 53
Vigilantes do Peso, 244
viniyoga, 207–210

W

Walden (Thoreau), 50–51, 147–148
Wall Street Journal, 95, 126
Wallace, B. Alan, 76
Wallace, Scott, 106
Warfighting (livro de estratégias do Corpo de Fuzileiros Navais dos EUA), 258
Warrior, Padmasree, 276
Weiner, Jeff
   compaixão e, 237–239
   conferências Sabedoria 2.0 e, 276, 280
   liderança consciente e, 236–239, 290
Wherever You Go, There You Are (Kabat-Zinn), 51
Williams, Evan
   conferências Sabedoria 2.0 e, 276
   descrição/personalidade, 282–286
   formação, 284
   meditação/consciência plena e, 283–288
   Medium e, 283–287
   Pyra Labs/Blogger e, 283
   Twitter e, 279, 282, 283
Winfrey, Oprah, 97
Wired, 179–180, 282

Z

Zen no trabalho (Raye), 282
Zuckerberg, Mark, 32, 174

best.
business

Este livro foi composto na tipografia Palatino LT Std,
em corpo 10,5/15, e impresso em papel off-white no
Sistema Cameron da Divisão Gráfica da Distribuidora Record.